国家社科基金项目"社会主要矛盾转变背景下被征地农民社会保障供给优化研究"（18BGL196）

国家社科基金项目"M-health导向下农村公共卫生服务供给侧创新研究"（16BGL179）

国家社科基金项目"基于双层效率评价的农村公共产品与服务供给模式研究"（13CGL084）

湖南农业大学公共管理学科博士点建设专项资助（HNNDbx2018001）

乡村振兴战略下
中国农村残疾人社会保障研究

江维国　胡扬名　于勇　著

中国社会科学出版社

图书在版编目（CIP）数据

乡村振兴战略下中国农村残疾人社会保障研究/江维国，胡扬名，于勇著．—北京：中国社会科学出版社，2018.10

（乡村振兴战略下中国农村社会保障研究）

ISBN 978 - 7 - 5203 - 3409 - 9

Ⅰ.①乡…　Ⅱ.①江…　②胡…　③于…　Ⅲ.①农村—残疾人—社会保障—研究—中国　Ⅳ.①D669.69

中国版本图书馆 CIP 数据核字（2018）第 242903 号

出 版 人	赵剑英
责任编辑	刘晓红
责任校对	孙洪波
责任印制	戴 宽

出　　版	中国社会科学出版社
社　　址	北京鼓楼西大街甲 158 号
邮　　编	100720
网　　址	http://www.csspw.cn
发 行 部	010 - 84083685
门 市 部	010 - 84029450
经　　销	新华书店及其他书店

印　　刷	北京明恒达印务有限公司
装　　订	廊坊市广阳区广增装订厂
版　　次	2018 年 10 月第 1 版
印　　次	2018 年 10 月第 1 次印刷

开　　本	710×1000　1/16
印　　张	17.5
插　　页	2
字　　数	257 千字
定　　价	78.00 元

凡购买中国社会科学出版社图书，如有质量问题请与本社营销中心联系调换

电话：010 - 84083683

作者简介

江维国，湖南益阳人，管理学博士，硕士研究生导师。湖南农业大学公共管理与法学学院副教授、高级经济师，湖南农业大学"1515"人才培养团队核心人员，主要从事农民社会保障与农村公共管理研究。主持在研国家社科基金项目1项，作为主要研究人员参与完成国家社会科学基金项目1项，主持完成省级科研项目1项、厅级科研项目2项。近五年在《华南农业大学学报》（哲学社会科学版）、《马克思主义与现实》、《现代经济探讨》等CSSCI来源期刊上发表论文10篇，在其他中文核心期刊上发表论文12篇，在省级期刊上发表论文21篇，在湖南人民出版社、上海交通大学出版社等出版社出版专著5本。

胡扬名，湖南祁东人。现为湖南农业大学公共管理与法学学院副教授，博士生导师，湖南农业大学"1515"学术创新团队带头人才培养对象，湖南省普通高等学校优秀青年骨干教师，湖南省民政厅社会组织评估委员会专家。主要研究领域：农村社会保障、农村公共产品、基层社会治理等。先后在《光明日报》（理论版）、《中国行政管理》等刊物发表论文40余篇，在国家行政学院出版社等出版著作、教材5部（含合著）。获湖南省科技进步奖二等奖1项，三等奖1项，湖南省教学成果奖三等奖1项。主持国家社科基金、教育部人文社科基金、湖南省社科基金重点项目、湖南省自然基金等省部级以上纵向科研课题 6 项，主要参与国家社科基金重大课题、国家社科基金一般项目 5 项。

于勇，湖南永州人，博士。现就职于湖南农业大学公共管理与法学院，硕士生导师，湖南农业大学"1515"学术骨干人才。主要研究领域：农村健康服务、卫生信息管理、卫生资源配置等。近年来主持国家社科基金项目"M－health 导向下农村公共卫生服务供给侧创新研究"，主持、参与多项省厅级项目，公开发表论文 10 余篇，在上海交通大学出版社出版专著 2 本。

总　序

务农重本，国之大纲。习近平总书记多次指出："重农固本，是安民之基""没有农村的小康，特别是没有贫困地区的小康，就没有全面建成小康社会""中国要强，农业必须强；中国要美，农村必须美；中国要富，农民必须富。"农业、农村、农民问题是关系国计民生的根本性问题，"三农"问题也是全党工作的重中之重。2017年10月18日，习近平总书记在党的十九大报告中提出乡村振兴战略，全面解决"三农"问题的战略蓝图应运而出。作为多年研究"三农"问题的学者，我对此深感欢欣鼓舞！

当前，中国特色社会主义建设进入一个新时代，我国社会主要矛盾已经转化为人民日益增长的美好生活需要和不平衡不充分发展之间的矛盾。乡村振兴作为国家战略，是新时代做好"三农"工作的新旗帜，是从根本上解决城乡差别、乡村发展不平衡不充分问题的总抓手，它关系到中国整体发展的均衡，关系到城乡统筹一体化的可持续发展。乡村振兴战略的总要求包括"产业兴旺、生态宜居、乡风文明、治理有效、生活富裕"，其中，生活富裕是最能体现农民群众获得感的根本，关系着农民群众最关心、最直接、最现实的利益问题。因此，从根本上看，乡村振兴战略的实施需要坚持"以人为本"宗旨，造福于民；乡村振兴战略实施的关键在于积极培育农村人力资源，保障民生，丰富优质的农村人力资源是振兴乡村的原动力。2018年中央一号文件《中共中央国务院关于实施乡村振兴战略的意见》对战略的实施进行了宏观布局，要求加强农村社会保障体系建设，其主要内容包括：完善城乡居民基本养老保险制度，构建多层次农村养老保障体系，创新多元化照料服务模式；统筹城乡社会救助体系，完善最低生活保障制度，做好农村社会救助兜底工作；完善统一的城乡居民基本医疗保险制度和大病保险制度，做好农民重特大疾病救助工作；将进城落户农业转移人口全部纳入城镇住房保障体系；健全农村留守儿童和妇女、老年人以及困境儿童关爱服务体系；加强和改善农村残疾人服务，等等。这些内容体现了我国农村社会保障体系建设的重点和方向。

　　湖南农业大学公共管理与法学学院劳动与社会保障系的教师，专注于农村社会保障研究，笔耕不辍，持之以恒。此次，他们在李立清教授带领下，发扬团队合作精神，共同撰写"乡村振兴战略下中国农村社会保障研究"系列丛书6部，包括《乡村振兴战略下中国农村贫困人口社会保障研究》《乡村振兴战略下中国农村老年人社会保障研究》《乡村振兴战略下中国农村儿童社会保障研究》《乡村振兴战略下中国农村妇女社会保障研究》《乡村振兴战略下中国农民工社会保障研究》和《乡村振兴战略下中国农村残疾人社会保障研究》。这些著作紧扣中央一号文件关于农村社会保障建设主旨，详细论述了在乡村振兴战略下重点人群社会保障体系的完善工作。这套系列丛书以习近平新时代中国特色社会主义思想为引领，具有研究选题的前沿性、研究内容的系统性、研究方法的规范性、学术观念的创新性等特点，每本著作既相对独立，六部著作合成又体现出农村社会保障建设的完整体系，洋洋百万余字，为我校公共管理一级学科博士点社会保障方向的发展立下新功，可喜可贺！

　　尽管这套系列丛书仍然存在有待进一步完善之处，但作者立志学术、奉献"三农"、服务社会的精神令我甚感欣慰！故而，应邀为之作序，祝愿他们在中国农村社会保障领域取得更加丰硕的成果！

李燕凌

2018 年 8 月 12 日于长沙勺水斋

序

  党的十九大报告指出，我国社会主要矛盾的变化，并没有改变我们对我国社会主义所处历史阶段的判断，我国仍处于并将长期处于社会主义初级阶段的基本国情没有改变，我国是世界上最大发展中国家的国际地位没有改变。党的十九大报告同时也提出，中国坚持以人民为中心，坚持在发展中保障和改善民生。中国将进一步发展残疾人事业，促进残疾人全面发展和共同富裕。自改革开放以来，我国残疾人事业的发展已经走过了四十年的探索历程，也初步形成了一条符合中国国情、具有中国特色且取得了一定成效的道路，为我国残疾人事业的未来发展奠定了坚实的基础。

  然而，因生理上的弱势和身体上的缺陷，残疾人大多学历低，没有参加过劳动技能培训，素质普遍不高，就业门路窄，就业方式单一，无法真正实现稳定就业，也无法真正融入社会。同时，因受国家政策和地方财力的双重制约，目前残疾人社会保障的覆盖面窄，残疾人低保尚不能做到应保尽保。特别是农村地区的残疾人，可谓是各类群体里"弱势"中的"弱势"群体，不少农村残疾人一辈子都在贫困陷阱中挣扎，生活极其艰难。因此，在我国社会主要矛盾转变的新时代，如何通过社会保障这个制度安排，提高农村残疾人可行能力、生活水平，是一个非常有现实价值的课题。

  正是基于此，本书作者综合运用人口学、社会学、管理学等学科知识以及实证与规范结合、模型分析等研究方法，在科学发展观、城乡统筹发展、乡村振兴等重大战略思想以及马克思主义相关经典理论指导下，围绕"乡村振兴战略下中国农村残疾人社会保障"这一核心议题展开研究，以期为完善中国农村残疾人社会保障制度、顺利推进乡村振兴，进而促进社会和谐发展提供理论参考与实践指导。

《乡村振兴战略下中国农村残疾人社会保障研究》共分为六部分。第一，首先从研究背景、研究意义入手，回应了问题的提出。其次从文献综述、理论梳理角度阐述了本书的理论基础，之后对残疾人、残疾人社会保障、乡村振兴等核心概念进行了界定，确定了本书的研究边界。第二，基于《中国残疾人事业统计年鉴》（2011—2016）以及《中华人民共和国国民经济和社会发展统计公报》（2011—2016）的相关数据，分析了中国农村残疾人的基本情况，探讨了中国农村残疾人社会保障事业的近期进展。第三，采用 Logistic 回归模型对影响农村残疾人参与乡村振兴的因素进行了分析，探讨了乡村振兴战略下农村残疾人社会保障存在的主要问题以及导致这些问题产生的主要原因。第四，介绍了乡村振兴战略的时代意义与理论内涵，阐述了我国经济社会发展的阶段目标与乡村振兴战略推进的阶段目标；构建了乡村振兴战略下农村残疾人社会保障制度评价体系，进而提出了中国农村残疾人社会保障制度 2020 年、2035 年、2050 年阶段目标。第五，介绍了英国、韩国的残疾人社会保障制度，多角度地反思了我国农村残疾人社会保障实践，阐明了中国农村残疾人社会保障制度完善的指导思想、基本理念、基本原则，并从多维视角提出了其完善建议。第六，得出全书结论并作了进一步的研究展望。全书布局合理，结构严谨，叙述清晰，论证有力。

本书的贡献突出体现在以下几个方面：首先，以中国乡村振兴为时代背景，基于中国社会主要矛盾转变的时间窗口，以统计数据为基础，系统梳理了近 5 年来中国农村残疾人社会保障事业的发展现状，并以乡村振兴的三阶段目标为参照，提出了农村残疾人社会保障事业发展阶段目标；其次，从政府、社会、家庭等多维视角提出了相应的完善建议，这对中国的医疗健康、社会保障和人口管理等方面的理论探索具有重要理论指导价值；再次，通过社会保障制度的完善，为农村残疾人提供更多的就业岗位，创造更多的创业机会，制定针对性更强的扶贫政策，加快农村残疾贫困人口脱贫致富步伐，提高其生活保障水平，从而促进农村残疾人发展；最后，促使社会各界认清当前我国农村残疾人社会保障的现实并把握未来的建设方向，进而指导农村残疾人社会保障制度的完善。

该著作者团队是一支长期坚持奉献"三农"、牢牢守护农村公共管理研究阵地的青年学者群体。特别是江维国博士，社会保障理论知识深厚、研究经验丰富、学术功底扎实，近年来，他主持国家社科基金课题专注于农村社会保障研究，取得了丰硕成果，为我校公共管理一级学科博士点社会保障方向做出了突出贡献。江维国博士关注乡村、关注社会保障、关注农村儿童，大爱无疆，大道无垠，其学风与精神都令我十分欣慰与敬佩。期待他出更多学术精品，为中国农村残疾人社会保障事业做出更大贡献！

是为序！

李燕凌
2018 年 8 月 18 日于长沙勺水斋

目　录

第一章 绪论

作为一个数量庞大、特性鲜明、生存困难的社会群体，残疾人是人类文明和社会进步过程中所付出的惨重代价之一，一个国家或地区的残疾人社会保障水平在一定程度上体现了其社会公正和社会文明的程度。本章主要对为什么要选取乡村振兴战略下农村残疾人社会保障问题的这个议题，其价值和意义在哪里，选题的依据又有哪些等问题进行系统性的阐明。

第一节 问题的提出

作为当今社会的一个特殊群体，残疾人因其身体缺陷以及功能障碍的制约，与四肢健全、身体健康的人相比，在社会生产活动与日常生活中往往处于"弱势"地位，导致其面临生存和发展的双重困境。因长期二元体制的深远影响，我国农村残疾人可谓是各类群体里"弱势"中的"弱势"者，有不少农村残疾人至今仍然无法真正融入社会，其生活十分艰难，更有少数者甚至处于无人照料的凄凉境地。因此，在我国社会主要矛盾转变的新时代，非常有必要加强对农村残疾人生活水平、社会地位的提高，以及农村残疾人合法权益保护与社会保障体系完善的相关研究。

一 研究背景

党的十九大报告指出，我国社会主要矛盾的变化，并没有改变我们对我国社会主义所处历史阶段的判断，我国仍处于并将长期处于社会主义初级阶段的基本国情没有变，我国是全球最大发展中国家的国际地位没有变。党的十九大报告同时也提出，中国坚持以人民为中心，坚持在发展中保障和改善民生。中国将进一步发展残疾人事业，促进残疾人全面发展和共同富裕。自改革开放以来，我国残疾人事业的发展以及扶贫工作已经走过了四十年的探索历程，已初步形成了一条符合中国国情、具有中国特色且取得了一定成效的道路，为我国残疾人事业的未来发展奠定了坚实的基础。

2016 年 8 月颁布的《"十三五"加快残疾人小康进程规划纲要》（国发〔2016〕47 号）指出，党中央、国务院高度重视残疾人的民生改善，推动残疾人事业与经济社会协调发展。"十二五"时期特别是党的十八大以来，残疾人权益保障制度不断完善，基本公共服务体系初步建立，残疾人生存、发展状况显著改善。"十二五"时期，588 万农村贫困残疾人脱贫，950 多万困难和重度残疾人得到生活补贴或护理补贴。残疾人就业稳中向好，收入增长较快。1000 多万残疾人得到康复服务，残疾儿童少年义务教育入学率持续提高，残疾人文化体育服务不断拓展，无障碍环境建设过程推进加快。人道主义思想日益深入人心，扶残助残的社会氛围更加浓厚。残疾人社会参与日益广泛，各行各业涌现出了一大批残疾人自强自立、自强不息的典型，越来越多的残疾人的人生和事业梦想得以实现。

目前，我国仍有相当数量的农村贫困残疾人、近 200 万城镇残疾人生活十分困难，残疾人就业还不够充分，城乡残疾人家庭人均收入与社会平均水平差距仍然较大。康复、教育、托养等基本公共服务还不能满足残疾人的需求，残疾人事业城乡区域发展还很不平衡，基层为残疾人服务的能力非常薄弱，专业服务人才相当匮乏。残疾人平等参与社会生活还面临不少现实困难与障碍。整体上看，残疾人群体仍然是我国全面建成小康社会的难中之难、困中之困，也是重中之重。

"十三五"时期是我国全面建成小康社会的决胜阶段。残疾人是一个特殊困难群体，需要格外关心、格外关注。残疾人既是全面小康社会的受益者，也是重要的参与者和建设者。没有残疾人的小康，就不是真正意义上的全面小康。"十三五"时期，必须补上残疾人事业的"短板"，加快推进残疾人小康进程，尽快缩小残疾人状况与社会平均水平的差距，让残疾人和全国人民共同迈入全面小康社会。

二　研究意义

（一）理论意义

德国社会学家乌尔里希·贝克（Ulrich Beck）曾提出，从一定意义上说，人类历史上各个时期的各种社会形态都是一种风险社会。随着工业化发展，现代化进程不断推进，人类社会逐渐进入社会化大生产后，过去依靠家庭、地方性社区、慈善组织以及教会提供社会救助、分担风险的模式的存在空间日益压缩甚至开始瓦解。于是，在18世纪末19世纪初开始成型的现代民族国家便自然而然地担当起了风险控制、风险管理的重任，这当然也可以视为现代性的一种体现。以民族国家为边界所进行的空前而积极的社会动员对于传统社会救济、风险救助领域的影响，便是因为行政技术和监控技术的发展，使得对于社会弱者和经济贫困者进行照顾的义务和责任，逐渐从家庭、亲属单元及其所在社区转向集中化组织的福利国家，由此导致了广泛的整个民族国家范围内的医疗健康、保险、社会保障和人口管理制度的产生。于是，建立在现代民族国家基础之上的社会风险管理、控制机制逐渐形成并日益发展。应该说，经济发达的西方许多国家都为残疾人保障事业的发展做出了极大的贡献，并且伴随着其经济社会的不断发展，这些国家也为残疾人的出行、日常生活以及残疾人的康复、就业、教育、职业培训等人力资本积累提供了比较好的社会保障与社会服务。

而我国对于残疾人这一弱势群体的关注，近十几年才有所提升，但学界依然对残疾人没有进行具体划分，研究大多是一概而论，而不同地区的残疾人具有不同的特质，因此，对于中国农村残疾人社会保障的研究，必将对国内残疾人的理论体系起到重要的补充作用。本书以中国乡村振兴战略实施为时代背景，基于中国社会主要矛盾转变的时间窗口，以数据统计为基础，系统梳理近5年来中国农村残疾人社会保障事业的发展成就及不足之处，并以乡村振兴的三阶段为参照，就农村残疾人的出行、日常生活及就业、教育、康复、发展等提出其社会保障事业发展的阶段目标，然后从政府、社会、家庭等多维视角提出相应的对策建议，这对中国的医疗健康、保险、社会保障和人口管理制度等方面的理论探索具有理论指导价值。

（二）现实意义

近些年来，特别是 21 世纪开始，随着我国经济社会的快速发展以及以人为本执政理念推进的深化，各项残疾人事业，当然也包括农村残疾人事业随之迅速发展，在此背景下农村残疾人社会保障制度也正在变得日益完善。然而，因农村经济社会发展的局限，农村残疾人在基本生活、养老、医疗、教育、康复、就业、观念等问题缺失较为严重的情况下，其社会保障项目依然不全面、覆盖面仍然比较窄、保障水平也比较低，导致农村残疾人社会保障体系亟须完善。因而，本书的现实意义主要体现在以下几个方面。

第一，促进农村残疾人发展。尽管残疾人生活水平和生活质量明显提高，平等参与社会生活的环境和条件日益改善，但我们必须清醒地看到，残疾人事业发展在城乡、区域之间还不平衡，数量众多的农村残疾人生活不尽如人意。特别是农村贫困残疾人，他们是贫中之贫、困中之困，是社会上最无助、最困难的群体，亟须全社会的关心与关爱。本书旨在通过社会保障的完善，为其提供更多的就业岗位，创造更多的创业机会，制定更有针对性的扶贫政策，加快农村残疾贫困人口脱贫致富步伐，提高其生活水平，从而促进农村残疾人发展。

第二，指导农村残疾人社会保障政策的完善。本书以统计数据为基础，系统梳理近 5 年来中国农村残疾人社会保障事业的发展成就及不足之处，并以乡村振兴的三阶段为参照，就农村残疾人的出行、日常生活及就业、教育、康复、发展等提出其社会保障事业发展阶段目标，然后从政府、社会、家庭等多维视角提出相应的对策建议，这有利于社会各界认清当前我国农村残疾人社会保障的现实并把握未来建设的方向，进而指导农村残疾人社会保障制度的完善。

第三，为乡村振兴战略的实施提供人力资本。众所周知，实施乡村振兴战略，必须要破解乡村人才"瓶颈"的严重制约。要把人力资本开发放在首要位置，畅通智力、技术、管理下乡通道，造就更多乡土人才，聚天下人才而用之。农村残疾人通过康复、教育、职业培训等途径，掌握一定的技术技能，同样能在相应的岗位上为乡村振兴战略的实施提供人力资本。

第二节　文献综述

自 2006 年第二次全国残疾人抽样调查之后，国内众多学者花费了更多的时间和精力展开了对残疾人相关问题的研究，尤其是在"十二五"时期，国内残疾人相关研究取得了长足发展，这不仅表现在研究深度的不断推进、研究广度的不断拓展，还表现在研究视角的不断创新方面。这种可喜的研究局面为中国特色残疾人事业的理论体系建设和制度创新奠定了基础、提供了重要借鉴，对推动中国残疾人事业大发展、改善残疾人生存状况、加快残疾人小康进程等具有重要意义。总体上看，国内外学者对农村残疾人社会保障问题展开了颇有成效的探索。大体上可以归纳为以下几个部分，即残疾人总体发展态势、我国农村残疾人特殊性问题和残疾人社会保障问题。残疾人总体发展态势的研究又包括我国残疾人的研究和国外残疾人研究两方面的内容。残疾人社会保障研究又涉及诸多社会保障具体内容的研究，如残疾人社会保障的供需研究、残疾人医疗保障、残疾人康复服务保障、残疾人就业保障、残疾人教育保障、残疾人职业培训保障、残疾人养老保障以及残疾人出行保障等。

一　残疾人总体发展态势研究

对残疾人总体发展态势特征的研究，是确定残疾人口现状、分析不同残疾人群以及制定残疾人事业发展政策的基本前提和重要依据。国内对残疾人总体发展态势特征的研究主要围绕第一次、第二次全国残疾人抽样调查而展开，既有人口学理论框架之下的残疾人口的发展状况、残疾人口数量的预测，也有残疾人口理论的建言立说。

（一）中国残疾人口的研究

俞立飐（2018）指出，我国残疾人人口规模相当庞大、数量众多，目前总共约有 9511 万人；其中约有 2507 万各类残疾人在城镇生活和工作，在残疾人总人口中占比约为 26.4%；还有约 7004 万残疾人在农村地区生活和工作，占比约为 73.6%。这是对我国城乡残疾人口数量比较新的预测。①

　　以第一次全国残疾人抽样调查数据为基础，王瑞梓等（1990）对中国残疾人口的现状与主要特点进行了五个方面的总结概述：一是中国人口的残疾率为4.9%，比例并不是很大。二是残疾人口在地区分布上具有不平衡性，特别是城乡残疾率具有显著的差异，农村明显高于城市。三是尽管残疾人的性别比方面基本保持了平衡，总的残疾率方面男女大体差不多，但如果具体到不同类型的残疾人，则在性别方面存在非常悬殊的差异。四是从年龄上看，残疾人的年龄构成整体方面已经具有老年型特征。五是残疾人群体具有文化程度低、就业率低、未婚率低而离婚率高、生活水平低下、居住条件艰苦、被歧视现象严重等特征。②

　　王金营等（2009）利用第二次全国残疾人抽样调查中有关数据对分年龄的残疾发生风险率和累计残疾发生概率以及残疾发生的年龄规律进行了估算，得出了几点结论：第一，在中国人口中，残疾发生风险率在婴幼儿时期比较高，在6—59岁年龄段的残疾发生风险率相对较低，但从60岁开始风险大幅增加。第二，在婴幼儿时期累计残疾发生概率增长较快，但从7岁以后累计残疾发生概率开始缓慢增长，到20岁时累计残疾发生概率为49.33‰（此时尚低于平均水平），到50岁达到86.79‰（略微超过平均水平），但在50岁以后，累计残疾发生概率直线上升、大幅增加，80岁时已经达576‰，也就是80岁的人有超过半数者可能会致残。第三，按照当时的出生预期寿命计算（人均73.48岁），残疾人平均有7.79年是在残疾状态下度过的，这个状态占73.48岁的整个生命周期的10.6%。第四，与各方面都健全的人相比较，残疾人的平均寿命普遍相对较短。第五，残疾余年越长，残疾人的照料需求就越大，不能自主生活而需要照料的时间也就越长。③

　　田宝等（2007）通过对两次全国残疾人抽样调查主要数据的比较

---

① 俞立飏：《残疾人就业困境成因分析》，《就业与保障》2018年第7期。
② 王瑞梓、姚引妹：《中国残疾人口的现状与对策》，《南方人口》1990年第2期。
③ 王金营、张翀：《中国人口残疾发生风险估计及生命表分析——基于第二次全国残疾人抽样调查数据的研究》，《人口研究》2009年第3期。

与分析得出的结论为：与 1987 年全国第一次残疾人抽样调查结果相比较，第二次全国抽样调查中我国残疾人口总量增加，占总人口的比例也有所上升；肢体残疾人数大幅增加，而智力残疾人数相对有较大幅度的下降；肢体残疾者为 2412 万人，占比高达 29.07%；智力残疾者为 554 万人，占比为 6.68%。①

对此，孟鑫（2008）提出，残疾人口数的变化与我国人口年龄结构的变动具有内在关系。1987 年时我国 60 岁以上老龄人口的比例为 8.5%，而 2005 年时该比例已经达到 11%，随着人口老龄化程度的加深，残疾人口尤其是老年残疾人口必然会持续增长；这种人口年龄结构的变化带来的残疾人口的变化主要体现在老年残疾人口的增长上；2006 年 60 岁及以上的残疾人口约为 4416 万人，绝对数量上比 1987 年增加了 2365 万人，占比超过新增残疾人总数的 3/4，其主要原因还是人口总数在此时期出现了较大幅度的增长；从该数据可以看出我国人口年龄结构的变化，也就是老龄化对残疾人口的影响是非常大的，毕竟老年人的致残风险明显大于年轻人；从两次抽样调查老年残疾人口的对比可知，老年残疾人口占残疾人口的比例从 1987 年的 39.72% 上升到了 2006 年的 52.80%，增幅高达 13.08%，这实际上表明农村人口的致残风险明显要高于城镇人口。②

张钧（2013）基于全国残疾人人口基础数据库中的持证残疾人以及基于该库开展的全国残疾人康复需求调查和农村贫困残疾人状况摸底调查数据对我国残疾人的各类分布进行了分析，其结论表明：持证残疾人中以劳动年龄段的人口为主要组成，男性、中轻度、肢体残疾人各占到六成，农业户口者占比约为 75%，文化程度以小学、初中为主。在康复需求方面，31.9% 的残疾人具有康复医疗的需求，30.9% 具有功能训练的需求，91.9% 的残疾人具有辅助器具的需求。农村贫困残疾人家庭中有 82.4% 的人均纯收入低于国家贫困标准，33.3% 为老、残一体，还有 7.1% 的比例更为严重，即一户多残。50.3% 的农村贫困残疾人是因病致贫，其中又有很大部分是因贫而难以康复。

---

① 田宝、张扬、邱卓英：《两次全国残疾人抽样调查主要数据的比较与分析》，《中国特殊教育》2007 年第 8 期。

② 孟鑫：《我国残疾人口社会保障问题研究》，硕士学位论文，吉林大学，2008 年。

41.1%的农村贫困残疾人已经被纳入最低生活保障范畴，最基本的生活还是有一定的保障。33.6%的农村贫困残疾人接受过生活救助，14.2%接受过医疗救助，26.1%接受了其他方面的救助，接受过救助的残疾人比例虽然不是很大，但毕竟是一个可喜的进步。[1]

（二）国外残疾人口的研究

因不同国家制定的残疾标准存在差异，不同的国家残疾人口统计的标准也就并不相同，这也正是发达国家的残疾率明显高于发展中国家的原因所在，因为发达国家的残疾标准比发展中国家要宽泛得多。有研究指出，目前全球大约有6.5亿残疾人，该数量是世界总人口的1/10，但残疾人在不同国家或同一国家不同人群中的分布情况存在严重不均衡，在发展中国家贫穷人口中，残疾人口比例甚至超过20%，也就是5个人中就有1个以上是残疾人。

Stein（2000）指出，美国约有4970万人有不同程度的心理或者身体残疾（当然，美国对于残疾的定义要比中国广泛），其中大约有2150万人处在工作年龄段（反过来看，那时美国残疾人的老龄化特征并不是特别明显），而且这些数字可能会随着时间的推移而不断增加，其原因是医疗技术的进步帮助那些在早年就患有残疾的人幸运地活了下来，而他们将陆续进入工作年龄段。[2]

Catherine 等（2005）对美国50个州的103个大城市的2001年BRFSS（Behavioral Risk Factor Surveillance System，2001）数据进行分层分析后提出，美国的州残疾率在10.5%—25.9%，大城市的残疾率在10.2%—27.1%，在美国，东北部、中西部以及南部地区的残疾率大体一致，但西部地区的残疾率明显高于其他地区[3]，这实际上表明，美国的残疾人口在地区上的分布是很不均衡的。

德国联邦统计局的数据显示，德国目前大约有1000万残疾人，其中750万为严重残疾者。尽管如此，德国仍有约150万残疾人活跃

---

① 张钧：《全国残疾人人口基础数据库数据分析》，《残疾人研究》2013年第3期。

② Stein M. A.，"Labor Markets, Rationality, and Workers with Disabilities"，*Berkeley Journal of Employment & Labor Law*，Vol. 21，No. 1，2000.

③ Catherine A. Okoro, Lina S. Balluz, Vincent A. Campbell, James B. Holt, Ali H., "State and Metropolitan - Area Estimates of Disablility in the United States, 2001. Mokdad"，*American Journal of Public Health*，Washington D. C.：Vol. 95，No. 11，2005.

在不同的工作岗位上，约占总劳动力的 5%，且比例还在逐年上升。法国目前拥有约 6386 万人口，残疾人约占总人口的 11%。英国现有各类残疾人约 980 万，其中约有 700 万人处在就业年龄段。根据英国统计部门的数据，英国的残疾人中只有 3% 是先天性残疾，大部分残疾人都是在日常生活和工作中致残的。印度政府的人口普查数据显示，印度有超过 2100 万的人口为残疾人，约占其总人口比例的 2.1%。俄罗斯有将近 1000 万残疾人，约占其总人口的 11%。

总体上看，因为缺少一个国际公认的标准，各个国家或地区的统计口径不一致甚至差别很大，残疾人口的数量可比性不强。但有一点是比较具有一致性的，那就是国内外的研究对残疾人口发展趋势及其社会关注具有一致性，即残疾人口的增长以及所带来的社会问题是任何国家和地区都不得不面对的社会现实，执政者必须想办法解决残疾人及其衍生问题。

二　我国农村残疾人异质性研究

2017 年 12 月 2 日至 3 日，由中国残疾人联合会、残疾人事业发展研究会、复旦大学共同主办、题为"新时代中国特色残疾人事业发展"的第十一届残疾人事业发展论坛在复旦大学召开，这是党的十九大召开以后首次举办的残疾人事业发展高级别论坛，论坛上有诸多国内专家对中国特色残疾人事业的发展献计献策。

会议上，中国残疾人事业发展研究会会长程凯回顾和总结了党的十八大以来习近平总书记关于残疾人和残疾人事业发展的重要论述，其内容主要有：一是党和国家肯定了残疾人的价值以及对待残疾人应有的态度；二是对残疾人事业在新时代中国特色社会主义事业建设中的地位予以了明确；三是对全面建成小康社会中残疾人一个也不能少的重点工作目标进行了突出强调；四是对残疾人自强不息以及社会各界助残的时代价值予以了充分肯定和赞扬；五是肯定了残疾人平等权益保障、残疾人融合发展促进的国际共识与国际一致行动；六是要求残联发扬全心全意为残疾人服务的优良传统，把注意力多放在困难群众身上，多做雪中送炭的事情。习近平总书记这些重要论述，是习近平中国特色社会主义思想的重要组成部分，是"坚持以人民为中心"的价值追求的重要体现，为发展新时代中国特色残疾人事业提供了有

力的思想武器，为保障和改善残疾人民生活，增进残疾人获得感、幸
福感和安全感提供了强大动力，也为中国特色残疾人事业理论与实践
研究指明了方向。①

在中国，因阶级特色极其鲜明的户籍制度的深远影响，农民长期
处于相对弱势的地位，属于农民群体中的农村残疾人，因身体的缺陷
就更具有了双重的弱势，于是，农村残疾人家庭承受力就变得极端脆
弱性，社会网络资源也就极其稀缺。农村残疾人的收入通常比较低，
经济来源非常有限，但其必需的支出却比较大。有统计数据表明，超
过70%的残疾人在经济上感觉困难或者特别困难，只有26.2%的残
疾人感觉大体够用。在残疾人及其家庭的日常支出中，食物、看病、
穿衣依次排在前三位，这三项显然是人的生存中最基本的支出。与此
同时，在医疗支出方面，残疾人家庭的支出却比正常家庭要高出3—5
倍；正是由于这些原因的存在，政府就更加有必要在农村残疾人的社
会支持体系中扮演主导力量的角色，发挥主导作用，优化制度供给，
强化政策扶持和资金投入，动员全社会广泛参与包括教育、康复和扶
贫在内的扶残助残工作②，合力促进农村残疾人事业发展。

即使参加了新型农村合作医疗，但农村残疾人仍有可能受到报销
金额的限制而害怕治疗，"小病拖，大病挨，重病才往医院抬"成为
了部分农村残疾人对待疾病的真实写照，既令人心酸又让人感到无
奈。当然，医疗救助制度的建立，使广大农村残疾人在新型合作医疗
制度之外，看病治疗又增加了另外一道保险，这对深陷贫困陷阱之中
且不幸患上了大病的农村残疾人来说无疑是雪中送炭，让其重新看到
了生存的希望。③

和城市地区的残疾人相比，中国农村残疾人参加社会经济活动的
机会通常比较少，就业率也相对低下，因而，农村残疾人参加社会保
险的比例也远远低于城镇。理论上讲，达到退休年龄的农村残疾人可

---

① 本刊编辑部：《第十一届中国残疾人事业发展论坛综述》，《残疾人研究》2018年第
1期。

② 王延中：《中国社会保障发展报告（2014）》，社会科学文献出版社2014版，第202
页。

③ 马洪路：《残疾人社会工作》，中国社会出版社2010年版，第59页。

能会有退休金、保险收入、财产性收入、家庭与其他成员供养以及社会救助等其他收入来源。然而，真实情况是，在农村有 88.09% 的残疾人是依靠家庭和其他成员供养，仅有 11.01% 的比例是靠其他方式获取收入以维持基本生活。而在城市地区，有接近 1/2 的老龄残疾人可以领取不同形式的退休金，经济来源比较稳定，而大多数农村残疾人则根本不具备领取退休金的起码资格。[①]

因我国农村残疾人数量庞大、残疾类型结构复杂、受教育程度偏低且普遍缺乏技能，尽管近些年来从中央到地方各级政府通过多种方式想方设法扶持农村残疾人，帮助其尽快摆脱贫困，并取得了明显的效果，然而，有一个不容忽视的事实是，目前农村残疾人仍是我国贫困人口中贫困程度最深的群体。[②]

三　残疾人社会保障研究

因农村残疾人的双重弱势性，有关农村残疾人的研究首先就自然会围绕其社会保障而展开。总体上看，有关农村残疾人社会保障的研究，主要包括社会保障供给与需求的研究、医疗保障与康复服务的研究、养老保障的研究、教育保障的研究、就业保障的研究等。

（一）残疾人总体社会保障的研究

范会芳（2011）提出，农村残疾人群体具有不同于正常人群的"双重身份"，因而应根据其特点建构"普惠 + 特惠"型农村残疾人社会保障体系；因为新农合、新农保等"普惠"型社会保障制度因残疾人的弱势特征或者说是深度贫困而对其实际保障功能显得杯水车薪，而专门针对农村残疾人群体的"特惠"型保障制度却又因缺乏实质性内容或者说是保障力度过小、保障面过窄而对其保障作用也非常有限；尽管如此，完善有中国特色的残疾人社会保障制度体系，依然既依赖于"普惠"型社会保障制度体系的进一步完善与普及，同时也有赖于具有可操作性、力度较大、覆盖面较广的"特惠"措施的及时

---

① 胡煜晗：《农村残疾人的社会保障状况及社会保障需求浅谈》，《农村经济与科技》2018 年第 6 期。

② 陆舟：《社会工作介入下的农村残疾人问题探究》，《宿州学院学报》2016 年第 9 期。

出台。①

　　许琳等（2011）认为，我国农村残疾人社会保障仍然存在供给与需求矛盾突出、保障覆盖面比较窄、城乡差距非常大、保障水平相当低、一些特殊需求根本无法得到保障、特殊保障制度建设严重滞后等突出问题。制度上的缺漏导致了我国农村残疾人及其家庭生活水平与质量显著地落后于全国水平。这些问题不仅反映了农村经济社会发展和社会保障制度建设的滞后性，同时也彰显了城乡居民在享受基本社会保障方面存在巨大差异的客观事实。在经济不断增长和经济总量不断扩张的环境下，因对共享社会发展成果理念的忽视，中国农民阶层在社会地位上依然没有根本性的改观，同样是因为对"平等、参与、共享"理念的忽略，农村残疾人更是处在整个社会体系中最不利的位置上。城乡居民享受基本社会保障的不均等，实际上直接损害了社会公平与正义，这也在一定程度上阻碍了新农村建设和社会主义和谐社会建设的步伐，对推进乡村振兴战略也是一种严重制约。②

　　张超等（2014）采用 Logistic 回归模型的分析结果表明，农村养老保险方面，影响最大的因素是残疾人的年龄和家庭人均收入，然后是家庭残疾人口数，其可能的原因是年龄越大的残疾人因面临养老问题迫在眉睫、近在眼前，也就越想参加养老保险，为晚年生活提供保障。家庭人均收入较高的残疾人，因为有一定的支付能力，同时也希望参加养老保险以增加晚年生活的安全系数，其参保的可能性也就越大。家庭残疾人口数越多，家庭无疑就更加困难，靠家庭的力量根本无法养老，从而越有可能参加养老保险。就业状况对残疾人工伤保险的影响最为显著，只有残疾人处在就业状态下，才可能会有参加工伤保险的需求，因为在残疾人看来，没有工作也就不会存在"工伤"这一说法；残疾人的性别与残疾等级对其社会保障需求的影响均不显著。③

---

　　① 范会芳：《"普惠+特惠"：建构有中国特色的农村残疾人社会保障体系》，《郑州大学学报》（哲学社会科学版）2011 年第 5 期。

　　② 许琳、唐丽娜、张艳妮：《基本公共服务均等化视角下的我国农村残疾人社会保障制度建设研究》，《西北大学学报》（哲学社会科学版）2011 年第 6 期。

　　③ 张超、王华丽、陈图：《农村残疾人社会保障影响因素与对策分析》，《经济论坛》2014 年第 9 期。

有研究指出，截至 2016 年年底，中国城乡残疾居民参加城乡社会养老保险的人数已经达到 2370.6 万，残疾人的整体参保率为 79.0%，其中有 269.4 万非重度残疾人享受了全额或部分代缴养老保险费的优惠政策。总体上看，我国城乡社会养老保险所覆盖的农村残疾人群体的范围在不断扩大，绝大部分城乡残疾人得到了一定的社会保障。与此同时，我国残疾人托养服务事业也在逐步发展，有统计数据显示，2016 年中国残疾人托养服务机构的数量已经达到 6740 个，较同期出现了较大幅度的增长，这些机构共为 20.4 万残疾人提供了托养服务，接受居家服务的残疾人数量达到了 83.8 万人。①

为保障残疾人这个弱势群体的生存和发展，我国在社会保障制度的设计方面应给予其更多的关注和更大的支持。特别是随着国家的不断发展和以人为本执政理念的践行，随着城乡发展差距的日益缩小，城乡残疾人的社会保障也应纳入城乡统筹的进程之中。不仅如此，还要从管理机制入手，改变残疾人社会保障运行中的烦琐程序，在不破坏体系正常运作的前提下，将其简单化、明了化。同时，还有必要加强对农村残疾人社会保障监督机制的建设，这不仅要求监管部门加强对社会保障制度执行部门的监督力度，强化体制内监督，同时也要求非政府组织、各类媒体、其他社会公众发挥监督的职能，强化体制外监督，通过凝聚体制内外的监督力量，将不透明、不合规甚至违法违规的行为一律扼杀在萌芽之中。②

劳伦·格里菲斯（Lauren Griffiths）（2010）提出，政府要通过公共财政支出加大对公立高校财政支持，为其针对残疾人设计个性化的培养计划提供保障（保障不只是针对残疾人本身，也包括为残疾人提供教育的教师），他还提出了残疾人人力资源发展计划的"六阶段三方伙伴协作模式"，并以如何培养残疾护士为例对此进行了说明。③ 总体上看，其"六阶段三方伙伴协作模式"尽管在现实中可能会面临一

---

① 程熙：《中国农村残疾人社会保障制度现状、问题与对策研究》，《农村经济与科技》2017 年第 16 期。

② 徐祥运、刘欢、李苗：《农村残疾人社会保障的现状、问题与对策——以辽宁省盘锦市 L 村为例》，《青岛科技大学学报》（社会科学版）2017 年第 1 期。

③ Griffiths Lauren, "Supporting Disabled Students in Practice", *Research in Developmental Disabilities*, Vol. 10, No. 3, 2010.

些困难，但也具有一定的可操作性。

（二）残疾人医疗保障与康复服务的研究

有关残疾人医疗保障与康复服务的研究，必然会涉及残疾人的残疾情况。严妮（2015）的 4360 个样本的调查结果表明：残疾人以男性居多，约占调查样本总数的 65%；年龄层次上 0—14 岁所占比例较少，中年占比为 59.7%，老年占比为 25.4%；残疾类别以肢体残疾者最多，其占比超过调查样本总数的 65%（该数值相对大多数的其他研究者的调查结果来说偏高不少），且"一人多残"和"一户多残"的情况较为严重；重度残疾（也就是一级残疾和二级残疾）占调查样本总数的 35.2%；同时有 7.8% 的残疾人的残疾级别没有经过权威部门鉴定（未持证）；农村残疾人致残原因排前三位的是先天性致残（其占比为 36%）、非传染性疾病致残（其占比为 29.4%）以及车祸引起的残疾（其占比为 10.9%）。①

有研究指出，中国残疾人家庭医疗保健支出占家庭消费支出的比例比全国平均水平要高很多。以 2010 年为例，该年城镇残疾人家庭人均医疗保健支出为 1333.9 元，该金额是全国城镇居民家庭人均医疗保健支出的 1.56 倍；同期，农村残疾人家庭人均医疗保健支出为 602 元，该金额是全国农村居民家庭人均医疗保健支出的 2.09 倍。城镇残疾人家庭人均医疗保健支出占全部消费支出比重的 20.3%，比城镇居民平均水平高出 13.3%；同期，农村残疾人家庭人均医疗保健支出占全部消费支出的比重为 14.9%，比农村居民平均水平高出 7.7%。② 从上述数据不难发现，无论是城镇还是农村，残疾人家庭人均医疗保健负担均要远远高于正常家庭的负担，不少农村残疾人家庭也许一辈子都在为医疗保健支出努力。

关于医疗保险的参与问题，有研究指出，2013 年我国有 93.7% 的 16 岁及以上的城镇残疾人参加了基本医疗保险，97.1% 的农村残疾人加入了新型农村合作医疗，两者的参保率都是比较高的；但从城

① 严妮：《我国农村残疾人医疗服务现状、问题及对策研究——由东北三省实地调研引发的思考》，《武汉理工大学学报》（社会科学版）2015 年第 5 期。
② 薄绍晔：《加强残疾人医疗保障 减轻特困群体负担》，《中国医疗保险》2012 年第 3 期。

乡对比的角度来看，农村残疾人的医疗保险参保率要低于城市，低3.4个百分点；从不同区域的角度看，欠发达地区农村残疾人的参保率明显比发达地区要低，且依然有一部分残疾人未参加任何类型的基本医疗保险，而这一部分残疾人通常都是深度贫困者；而且，农村残疾人基本医疗保险的保障水平也普遍不高，主要表现在提供的保障项目较少，离残疾人的实际需求有比较大的差别等方面。[①]

残疾人因为有残疾的特征与局限，在医疗保障方面就必然有着与正常人不同的需求，如康复需求、器具配备需求、精神病防治的长期需求等。要满足这些特殊的医疗与康复需求，就需要残疾人医疗保障制度兼具普惠与特惠相结合的特征，也就是要将一般性制度安排与残疾人医疗保障的专项制度安排有效结合起来，基于差异原则以达成制度的最终目标。然而，从表面上看，同普通人一样，残疾人也拥有医疗保障的权利，看起来机会似乎是均等的。但在城镇中，残疾人得到的医疗保障通常和就业与否以及就业单位效益密切相关，而市场经济体制下残疾人就业率本来就很低，因而能享受医疗保障的残疾人也就极其有限了。至于农村残疾人，通常因为贫困而没有资金参加新农合，即使参加了，也因为新农合旨在解决大病统筹问题，这一制度目标也使残疾人无法从中获得更多的支持与保障。统计数据显示，尽管近年来我国残疾人康复服务覆盖率在不断上升，2013年、2014年分别有746.8万和751.5万残疾人借助重点康复工程得到了不同程度的康复，但重点康复工程的受益者毕竟只有少数，目前，我国的康复服务整体水平还远远无法满足残疾人的实际需求，有杯水车薪之感。[②]

朱奎安等（2017）对乌鲁木齐县195名农村残疾人的调查结果显示：53.8%的调查样本对县级医疗的救助政策感到满意，11.8%的调查样本则认为医疗救助政策一般，分别有19.9%和14.0%的调查样本对医疗救助政策感到比较不满意或者非常不满意；调查样本对现行的医疗救助内容表示满意的仅有29.6%，有36.0%的调查样本对新型农村合作医疗制度以及大病救援持一般态度，超过30%的调查样本

---

① 杜倩：《我国残疾人医疗保障研究综述》，《当代经济》2015年第26期。

② 黄波：《社会公平视角下我国残疾人医疗保障制度的发展研究》，《青海社会科学》2015年第5期。

对医疗救助的内容感到非常不满意，有43.0%的调查样本对医疗救助方式表示满意，其原因是在生病就医时能享受到保障性的医疗救助；23.7%的调查样本对医疗救助方式持中立态度；有22.6%的调查样本对医疗救助方式感到非常不满意，其原因大致有"救助金额少""资金到位慢""大病报销次数被限制""部分疾病不能报销"；被调查者对医疗救助执行力的满意度算是比较高的，接近60%，尽管有超过1/4的被调查者对医疗救助执行力持中立态度，但选择非常不满意的也仅有1人，占比仅为0.5%。[①]

至于残疾人医疗保障与康复服务的解决对策，周沛（2015）指出：第一，要突出残疾人医疗保障制度的"特惠性"，也就是医疗保障要有适应残疾人群体特殊需要的"特惠性"特征，如医疗保险参保的"低门槛"、获保的"高标准"以及残疾人医疗康复一体化等方面的内容；第二，要在市场化进程推进国家治理体系与治理能力现代化的基础上，尽快改变"政府中心主义"的一元社会治理模式，尝试通过市场机制的作用，鼓励非公共资源投向残疾人医疗保障领域，尤其是医疗与康复服务领域，毕竟单靠政府的资源投入是远远不够的；第三，要均衡残疾人医疗保障的责任负担，厘清央地、劳资等多对矛盾关系及其责任边界，保证财政性残疾人医疗保障投入适度的刚性增长，以逐步弥补以前投入的不足；第四，要避免残疾人医疗保障制度的管理与运行中政出多门、多龙治水、责任推诿的尴尬局面，增强残疾人医疗保障制度与其他福利制度之间的衔接性，强化制度优化的系统性与协同性。[②]

Vie等（2017）针对有关在领取伤残抚恤金之前、期间和之后，健康状况都发生了变化的新闻报道，使用Logistic回归来评估从领取伤残抚恤金到自评健康、失眠、抑郁和焦虑症状的时间相关性，比较分析了挪威1990年和2000年领取伤残抚恤金的人在伤残退休前后的健康状况，其结论表明：2000年与1990年相比，并没有发现健康自

① 朱奎安、孔银焕、何佳儒等：《乌鲁木齐县农村残疾人医疗救助满意度调查分析》，《天津农业科学》2017年第8期。
② 周沛：《解决残疾人医疗保障问题根本制度改革》，《中国医疗保险》2015年第6期。

评选择与伤残抚恤金之间存在明显差异的有力证据；但同时也发现2000 年与 1990 年相比，在领取伤残抚恤金前后，抑郁症症状确实有所减少。[①]

Hutton 等（2017）的研究发现，父母或者残疾人护理员对政府的健康预算持谨慎态度，其原因是他们认为英国目前提供的医疗服务减少了其收益。[②]

（三）残疾人养老保障的研究

因人口基数大，我国残疾人口规模庞大且异质性特征明显，残疾人是一个需要特别呵护和特别帮助的特殊社会性困难群体。近年来，随着我国人口老龄化的日益严重，残疾人口比例有逐步增加的趋势，2020—2035 年，每 5 年老年残疾人口的增加量将超过 1300 万人。全社会的残疾风险，特别是老年人的残疾风险问题将日益严重，老龄残疾化速度明显加快，老年残疾人口数量迅速增长，这将给社会养老服务提出更新、更高的要求。尽管我国已初步建立起了社会养老服务体系，但因为兼具老年人和残疾人的双重弱势特征，老年残疾人的养老服务问题就相对难以解决。[③]

较长时期以来，以家庭为基本单位，由家庭成员为残疾人提供经济来源、生活照顾以及精神慰藉，在家庭内部进行代际交换的反哺式养老是我国主要的养老方式。对农村残疾老人而言，家庭不仅为其提供养老方面的经济保障，也要为其提供养老的居住住所，然而，社会发展到现在，残疾人家庭养老方式受到了日益严重的冲击，其社会根基在开始裂变。因出生人口减少、家庭规模的日益小型化，上大下小、头重脚轻的"四二一"式家庭结构，使残疾人的家庭养老越来越难以为继。而且，家庭养老依靠的是家庭成员之间的深厚感情和道德教化，制度化的程度比较低，其养老的稳定性和长期性随着农村空心

---

① Vie G. A., Pape K., Krokstad S., et al., "Temporal Changes in Health with in 5 Years before and after Disability Pension – the HUNT Study", *European Journal of Public Health*, Vol. 27, No. 4, 2017.

② Hutton E., King A., "Parent/Carer Views on Personal Health Budgets for Disabled Children Who Use Rehabilitation Therapy Services", *Disability & Society*, Vol. 33, No. 1, 2017.

③ 徐宏、郝涛、郝祥如：《我国老年残疾人口发展趋势预测及养老服务研究》，《海南大学学报》（人文社会科学版）2015 年第 5 期。

化的加剧，受到了日益严重的影响。①

从形式上看，残疾人养老问题是一个特殊群体的晚年生活如何安排的问题，而在实质上则折射了整个国家社会发达的程度和文明的程度。因而，姚远等（2013）提出，因为自身残障，残疾人养老具有一般老年人所没有的特殊情况，更需要政府和社会的高度关注和大力支持，以全社会的合力来解决残疾人养老问题，这实际上也是推进社会建设和社会发展的重要切入点；同时，解决残疾人的养老问题，既体现了老年人服务和残疾人"两个体系"建设的重要精神，也从落实"以人为本"理念的角度推动了残疾老年人保障和服务的建设，这对社会稳定的维护、家庭和谐的实现、残疾人心理压力的减轻等具有显著的积极作用；而且，如果老年人养老服务不能满足残疾老年人的特殊养老服务需求，将直接影响该群体生活质量，因而解决残疾人养老问题，无疑是提升其生活质量的关键。②

吴言婷（2013）的调查发现，我国农村残疾人的养老主要面临以下问题：一是农村残疾老人的经济收入非常稀少，甚至有相当一部分农村残疾人主要依赖于农村低保和国家基本养老金维持基本生活，这无疑削弱了其养老的经济基础；二是农村残疾老人的社会交往非常窄、封闭特征很明显，娱乐生活极其单一，因而精神生活相当匮乏；三是农村残疾老人的身体普遍较差，行动不方便，还有部分老人特别需要从心理方面进行慰藉；四是农村残疾老人的部分公民权利被严重忽视，甚至在法律层面上就被排斥了；五是农村女性残疾老人比男性残疾老人承受了更多的社会歧视，面临的生活条件更为艰苦，承受的心理压力也更大；六是部分农村老年残疾人要同时面对家庭与社会的双重排斥，在家里被家人瞧不起，在外面被其他人歧视，其心理方面承受的压力，不是常人能想象的。③

关于养老护理服务问题，尹璐（2017）提出，因不同年龄段的残

---

① 周琳：《我国农村残疾人养老问题及对策探讨》，《知识经济》2015年第22期。
② 姚远、褚湜婧：《我国残疾人养老问题及政策构建研究》，《老龄科学研究》2013年第5期。
③ 吴言婷：《农村老年残疾人生存状况研究》，硕士学位论文，山东大学，2013年，第27—43页。

疾老年人特点不同，要针对残疾老年人的特点考虑阶段性的养老护理服务；要向具有一定支付能力、倾向于配偶同住养老机构的残疾老人家庭设计家庭式套餐服务；要对收入水平较低、希望得到护理服务的老年残疾人，实行以家庭护理及短期机构疗养相结合的方式，家庭护理具有温馨感，短期机构疗养能提供专业服务；从专业养老机构角度来看，要引入商业意外保险服务和设立专人医生提供特色专业服务；要促进养护机构功能的多样化，提高资产使用率，降低养护机构运营成本，适度增加经营收益，自力更生、自主经营才是养护机构长期发展的基础。[①]

Grushka 等（2003）对 10 个拉丁美洲国家的残疾养老金安排进行了分析，以促进这些国家养老金系统的改革，尽管该研究仅限于残疾养恤金的分析，没有评估其他有关残疾人养老的内容，但研究发现，残疾养恤金功能的释放，高度依赖于现有的基础设施，如残疾准入（坡道、盲目提示）、医疗和护理支持、家庭护理等因素，然而，这些因素在拉丁美洲大多数国家确实是有限的，并不能满足残疾人的实际需求。[②]

Galaasen 等（2012）根据边缘化的概念，研究了挪威残疾人在接受和拒绝养老养恤金之间的"灰色地带"，他们从 1998 年 18 岁至 66 岁的挪威总人口中，统计了 1998 年至 2004 年间所有首次申请养恤金的人数，然后在控制一系列社会经济变量和医学诊断的条件下对应用率和应用结果进行了逻辑回归，结果表明，医学诊断对申请结果的影响最大，且与申请人的年龄有关；从前接受过社会援助的人，因为尝到了甜头，会经常向开发计划署提出申请，但经常会被拒绝，申请成功的概率越来越小；挪威的开发计划署方案在很大程度上是以医疗为导向的，不仅在司法上是这样，而且在实践中同样如此，然而，非医疗因素对应用率和应用结果同样具有影响；可见控制系统似乎在某种程度上排除了最边缘化的申请者，从而可能导致本已处于劣势的群体

---

① 尹璐：《天津市老年残疾人护理需求与服务产品设计研究》，硕士学位论文，天津大学，2017 年，第 46—53 页。

② Grushka C. O., Demarco G., "Disability Pensions and Social Security Reform Analysis of the Latin American Experience", *Social Protection Discussion Papers*, 2003.

进一步被边缘化。[1]

（四）残疾人就业保障的研究

我国提出的全面建成小康社会和构建社会主义和谐社会的战略构想，本质上就是要实现包括广大残疾人，特别是农村残疾人在内的所有群体之间的利益均衡。作为残疾人的一项基本权利，就业是其维持生存、解决生计与改善生活、平等参与社会、共享物质文化成果最基本、最有效的途径。有关残疾人的就业保障的研究，学者们主要围绕残疾人就业困境、就业渠道、政府和社会各界支持等角度而展开。

关于残疾人的就业，不同学者对残疾人就业影响因素的研究结论并不一致。在分析残疾人就业的影响因子上，赖德胜等（2008）在指出了我国残疾人与非残疾人之间的就业率存在明显差距后，认为生理心理缺陷、文化素质普遍过低、经济发展水平不高、用人单位拒绝等是导致残疾人就业非常低的重要因素，并且该研究还通过对数据进一步分析后指出，在残疾人就业率方面，从表面上看城市低于农村，其原因是有关农村残疾人的就业统计方式存在明显的漏洞且城市与农村的就业保障状况也存在显著的差异。[2]

高理想等（2014）采用多层分段抽样的方法，在安徽省内回收了373 份农村残疾人就业影响因素的调查问卷，然后利用二分类 Logistic 回归模型对调研数据进行了实证分析，其结果表明：已就业的农村残疾人仅为残疾总体的 26.4%；残疾特征是影响农村残疾人就业状态最显著的因素，个体特征因素和家庭因素的影响力次之，认知因素的影响力度最小；在个体特征因素中，性别、年龄、婚姻状况和文化程度均对其就业状态具有影响；与男性相比较，女性残疾人更容易失业；年龄对农村残疾人的就业具有显著的负向影响，也就是年龄越大，农村残疾人失业的可能性越大；已婚农村残疾人就业的概率要高于未婚农村残疾人，其原因是前者具有家庭压力和动力；文化程度对农村残

① Galaasen A. M., Bruusgaard D., Claussen B., "Excluded from Social Security: Rejections of Disability Pension Applications in Norway 1998 – 2004", *Scandinavian Journal of Public Health*, Vol. 40, No. 2, 2012.

② 赖德胜、廖娟、刘伟：《我国残疾人就业及其影响因素分析》，《中国人民大学学报》2008 年第 1 期。

疾人就业具有显著正向影响，也就是随着文化程度的提高，农村残疾人就业的可能性就越大；劳动能力对其就业同样具有显著正向影响作用，正常劳动能力者的就业概率分别为无劳动能力者、低劳动能力者及部分劳动能力者的 166.7 倍、10.9 倍和 2.62 倍；残疾等级对农村残疾人就业具有显著负向影响，等级为四级的农村残疾人的就业概率是二级的 2.35 倍，残疾等级越高，残疾程度越轻，当然越容易就业；农村残疾人就业还受上年度家庭纯收入因素的正向影响，随着农村残疾人上年度家庭纯收入的增加，农村残疾人就业的概率也随之提高；同时，对工作的满意度也是影响农村残疾人就业的显著性因素，工作越满意，残疾人越感觉自身价值得到了认同，越有就业欲望。①

如果把整个社会看作一个"木桶"，那么残疾人毫无疑问是社会发展过程中的那块"短板"。为了实现社会的和谐发展和"以人为本"理念并促进乡村振兴，政府和社会应该运用所掌握的一切资源进行权衡分配，为残疾人人力资源开发提供一切可能的便利，促进残疾人就业、改善就业状况，从而保障残疾人的劳动就业权利，推动整个社会的健康、和谐、持续发展。具体来说，政府要通过落实残疾人的就业保护政策、完善残疾人就业服务工作等途径，突出其在残疾人就业中的主导地位，要想方设法提升残疾人教育水平和技能水平，通过残疾人人力资本的提升，奠定其就业的基础，要通过庇护性工场设立、网络就业平台开拓等方式，有效开发残疾人就业渠道。②

对此，陈方正等（2008）则提出，促进我国残疾人就业的对策主要有：因不可能将残疾人这一特殊群体完全推向市场去参与市场竞争，政府做好残疾人就业工作就具有义不容辞的责任，因而政府需要建立完备的责任体系，并努力营造出有利于残疾人就业的舆论环境，消除社会偏见，确定就业的工作目标，建立奖励、补偿机制，确保各项法律法规和政策的有力实施，保障残疾人就业工作能落到实处；要健全教育和培训制度，加强残疾人能力建设；要巩固现有的残疾人就

---

① 高理想、罗遐：《农村残疾人就业影响因素实证研究》，《广西青年干部学院学报》2014 年第 3 期。

② 周云、荣茹静：《我国残疾人就业保障策略研究——基于人力资源开发视角》，《中国人力资源开发》2015 年第 7 期。

业渠道，并努力开创多样化的新型就业方式；地方政府就业保障金的使用要向农村适当倾斜，统筹规划，利用乡村振兴的时机创办残疾人扶贫基地，发挥财政对残疾人扶贫开发的示范效应，引导社会力量共同加大农村残疾人的就业开发力度；要扎实推进残疾人社会保险工作，保障残疾人就业；要实施更多的优惠政策，把残疾人参保情况作为企业年检的一项必检指标，强化企业责任；对于就业残疾人的参保，政府除适度给予补贴外，还应采取适当降低保费标准和收费比的办法推动其参保，减轻用人单位和残疾人自身的负担；特别是要帮助残疾人培养积极的人生态度，树立正确的就业观念，使其走出自卑和封闭的心理阴影，建立起自尊、自强、自立的自我保障意识和社会适应能力。①

残疾人人力资源开发是为了促进残疾人就业、提高残疾人物质保障，通过培训与教育、职业康复等方法，在一定程度上帮助残疾人提高劳动能力，使残疾人同正常人一样参与正常生活。科特·兰道（Kurt Landau，2000）指出，表面上看，残疾人只有几种类型的工作可供选择，如清洁工、送信以及涉及包装或排序的工作；人们通常认为残疾人是不能做所有种类的正常工作，得到所谓的软工作即可；其实，残疾人通常只是缺少人体的某一个特定功能，但仍然能够胜任许许多多的工作。这意味着，如何识别残疾人的能力并进行有针对性的培训，为其拓展就业渠道、提供合适就业岗位，才是残疾人帮扶工作的重中之重。②

Jones 等（2006）以 2002 年的英国劳动力市场调查数据为基础，对非残疾人和残疾人的就业概率以性别为分组标准展开了探讨，其最终结果显示，相对非残疾人来说，尽管教育对非残疾人的就业具有显著影响，但其在残疾人就业中的促进作用更大。也就是说，残疾人能否就业，教育是关键性的决定因素；在按残疾类别的分类就业比较

---

① 陈方正、王玮：《我国残疾人就业保障对策思考》，《经济与管理研究》2008 年第 1 期。

② Landau K.，"'The Right Person at the Right Place' Improved Job Opportunities for Disabled Persons"，Human Factors and Ergonomics Society Meeting，SAGE Publications，2000：688 – 690.

中，精神类残疾人最难就业，几乎没有此类残疾人能长期就业，毕竟此类残疾人反复无常，难以管理，对企业来说，不仅不会产生效益，反而会带来更多损失。[①]

Agovino 等（2018）通过倾向得分匹配分析，对为残疾人设计的就业促进措施对劳动市场参与的影响评价表明，旨在规范和促进残疾人就业的并于 1999 年 3 月 12 日通过的意大利法律第 68 条，对残疾人参与劳动市场的影响是积极的，但影响力度很小。[②]

Agovino 等（2017）考察了日本就业配额制度对残疾人就业的影响，他们通过使用来自日本的行政数据进行分析后发现，日本就业配额制度中的一项征税计划增加了残疾人在制造业中的就业机会，促进了残疾人就业；同时，还发现小型公司在增加公司规模时有雇用残疾工人的现象，尽管其并没有义务缴纳相关税款；他们还在用配额制度分配的残疾工人人数作为工具变量来评估残疾就业对公司利润率的影响时意外发现，残疾工人数量的增加，与公司利润的减少没有必然联系。也就是说，残疾工人对公司的贡献并不一定比正常人低。[③]

（五）有关对残疾人扶贫的研究

因"先天缺陷、后天失调"等多种因素的共同影响，残疾人很容易陷入贫困陷阱而无法自拔，因而残疾人扶贫同样是其社会保障的重要组成内容。

杨宜勇等（2017）指出，目前我国既有相当数量的农村贫困残疾人，也有近 200 万的城镇残疾人的生活还非常困难，甚至基本生活都无法保证，作为扶贫工作中的"顽疾"，残疾人贫困问题迫切需要各级政府出台相关政策以帮助残疾人及其家庭尽快摆脱恶性循环、尽快走出困境。因此，各级政府必须聚焦农村贫困地区和重度贫困的农村残疾人，综合考察该群体的特殊需求，以增加其家庭收入、提升其生

---

① Jones M. K., Latreille P. L., Sloane P. J., "Disability, Gender, and the British Labour Marke", *Oxford Economic Papers*, Vol. 58, No. 3, 2006.

② Agovino M., Garofalo A., Marchesano K., "The Effects of Employment Promotion Measures on Labour Market Participation of Disabled People: The Case of Italy", *Quality & Quantity*, No. 52, 2018, p. 1.

③ Agovino M., Rapposelli A., "Speculation on a Flexicurity Index for Disabled People: The Italian Case", *Social Indicators Research*, No. 130, 2017, pp. 24 – 26.

活水平、缓解并逐步消除其绝对贫困等为主要目标，通过多方合力使精准扶贫观念、制度、政策、服务等无障碍地惠及每一位农村贫困残疾人，帮助其打破社会排斥壁垒，使其真正融入社会，最终实现残疾人像健全人一样在无障碍的社会中生活、工作并共享改革发展成果的无障碍扶贫目标。①

吴敏（2016）在总结我国残疾人扶贫政策变迁的特征和趋势时指出，中华人民共和国成立以来，中国的残疾人扶贫历程经历了几个特征鲜明的阶段，从每个阶段残疾人扶贫政策的特征来看，其演变具有如下几个趋势：从救济式非正式扶贫向专业扶贫开发发展；从局部扶贫向全面扶贫发展；从单一要素扶贫向综合要素扶贫发展；从粗略扶贫向精准扶贫发展；扶贫目标从短期实现向长远规划、从解决生存问题向生存与发展兼顾发展；扶贫主体从单一向多元化发展；扶贫措施从简单向多样、从非专业向专业化发展。②

至于农村残疾人扶贫开发存在的主要问题，豆红玉（2017）将其总结为农村最低生活保障制度还不健全、农村贫困残疾人养老问题缺乏有效保障、农村贫困残疾人康复与医疗服务资源普遍紧张、农村贫困残疾人知识技能水平不高且就业困难、农村贫困残疾人参与扶贫开发程度较低以及农村残疾人公共服务缺乏六个方面，并认为造成这些问题的原因是农村残疾人扶贫开发政策实施过程中没有体现特惠性、农村残疾人社会保障立法滞后、扶贫力量不集中导致残疾人服务供给严重不足、人力资源开发不足造成吸纳就业能力不足、农村残疾人扶贫专项资金短缺以及扶贫开发监督考核体系有待健全，针对这些原因，其提出的对策是进一步完善社会保障制度体系，提高农村残疾人社会保障水平；加大人力资本开发力度，多途径促进农村贫困残疾人就业；引导农村贫困残疾人树立积极的人生观，主动参与扶贫开发；整合扶贫开发力量，提高农村贫困残疾人服务水平；积极拓展资金筹集来源渠道，保障农村贫困残疾人扶贫资金投入；转变理念，走积极

① 杨宜勇、吴香雪：《无障碍战略与残疾人扶贫问题研究》，《中州学刊》2017 年第 11 期。

② 吴敏：《中国残疾人扶贫的发展历程与政策变迁》，《西部论坛》2016 年第 6 期。

的农村残疾人扶贫道路。①

四 文献评述

为了较为全面地反映国内外有关农村残疾人的研究成果，本书主要利用中国期刊全文数据库、优秀硕博学位论文全文数据库、读秀网等国内外重要数据库资源，对相关研究文献进行了梳理和分析。文献考察包括三个方面的内容，残疾人总体发展态势研究、我国农村残疾人异质性问题研究以及残疾人社会保障问题研究。从目前的研究文献的基本状况来看，可以总结出以下几个特点。

第一，国内的专题研究尚比较少。从已有文献看，有关农村残疾人问题的研究相对较少，而有关农村残疾人社会保障的研究文献则显得更为稀少了。农村残疾人社会保障属于农村社会保障和残疾人社会保障两个领域的重叠部分，国内以往相关的主题对此缺乏系统性的深入研究，通常仅仅专注于残疾人保障问题，对农村残疾人社会保障等更加细微的领域关注得比较少。而且我国残疾人保障研究的开展整体上比西方要晚。相应地，理论界的关注还在起步、摸索阶段。因此，目前有关农村残疾人社会保障的研究尚处于探索期。国外针对残疾人保障的研究较为丰富，以残疾人作为保障对象的研究起步较早，尤其是医学、社会学、政治学、公共治理等相关学科的发展促进了残疾人的社会保障研究的深化，但是有关农村残疾人社会保障的专题研究大都被湮没在老年人保障以及残疾人保障的整体研究之中。

第二，相关研究尚有待进一步集中。从研究内容来看，尚鲜有全面、系统地反映农村残疾人社会保障的专项研究，大多数的研究多以分散的形式出现。从国内已有研究可以清楚地看出，农村残疾人社会保障研究没有得到广泛关注，基本上由该群体的人口状况、发展规模、人口老龄化等研究一同构成了国内农村残疾人社会保障问题研究的主流组成部分。同时，有关农村残疾人社会保障的研究，主要散见于残疾人的社会保障、康复照料以及社会支持的研究内容之中。国外有关残疾人社会保障的研究涉及面较为广泛，但主要集中在老年残疾

---

① 豆红玉：《甘肃省农村残疾人扶贫开发研究》，硕士学位论文，甘肃农业大学，2017 年。

人口的康复照料、经济保障、生活照料以及精神慰藉等方面。而在生活照料、医疗保障、精准扶贫等领域，相关的研究相对集中于老年残疾人。在精神慰藉方面，国外的研究一般是从老年残疾人对生活的体验以及各种社会关系的互动中的精神慰藉或幸福感、生活满意度等角度来探寻老年残疾人的心理变化，当然，这是比较有深度的研究，但令人遗憾的是，并没有对农村残疾人的精神慰藉进行聚焦。

第三，在强化理论自信的新时代，我们应清晰地感受到农村残疾人社会保障相关研究领域明显存在理论创新的紧迫性和重要性。这种理论创新的任务并不是单纯在更深层次上、更加全面地分析几个因素的影响那么简单，而是涉及更为基础层面的理论建构与理论创新，也就是应该在什么样的社会保障理论框架下分析包括与制度相关的一系列问题在内的农村残疾人社会保障问题，为中国农村残疾人社会保障事业建设提供富有中国特色的理论支撑。

第三节　理论基础

理论是人们把在实践中获得的认识、经验加以总结、概括与提炼后形成的关于某一领域的知识体系，其作用在于指导实践以及预见未来。作为规范与实证相结合的分析，在本书展开之前，有必要对与本领域相关的理论进行梳理，为接下来的研究提供指导或启示。

本书涉及的理论主要有残疾相关理论和社会保障相关理论，而残疾相关理论主要有功能取向的 WHO 模式、疾病取向的公共卫生模型、残疾人标签理论、残疾人社会排斥理论等。社会保障相关理论主要有凯恩斯的社会保障思想、公平正义理论、福利经济学理论、人道主义与我国的劳动福利型政策。

一　残疾的相关理论

随着工业社会中的各类致残风险的增加以及现代社会人口寿命的延长，社会中残疾人的数量正呈现出不断增加的趋势。因此，现代的残疾人概念并不局限于传统意义上的终身残疾的群体，按照当前的态势来看，未来的残疾人群将以老年人口为主，但年轻人遭遇残疾的风险同样存在。概括起来，对残疾及残疾人的分类主要有四种形式。第一，WHO 模型。该分类方式由世界卫生组织主导，将残疾分为残损、残疾和残障三种，并以此为基础对残疾经验的功能取向展开分析。第二，疾病取向的分类方式。此分类主要从公共卫生预防角度出发，突出了疾病取向，特别强调残疾是由伤残引起的健康寿命的损失，并认为不同疾病导致的残疾比率是不同的，可以根据这些估计对某些可能导致人口产生各种残疾的因素进行提前干预及预防，以降低残疾发生率。第三，残疾人标签理论。此理论认为，残疾人在社会中通常会被贴上"残废者"与"无能者"等类似的标签，从而使其在就业、社会交往、社会事务参与以及社会保障中被排斥在主流社会之外。第四，残疾人社会排斥理论。该理论指出，农村残疾人遭受的观念排斥、职业排斥、社会保障排斥、社会事务参与排斥等问题极其突出。总体上看，功能取向的 WHO 模型和疾病取向的公共卫生模型是关于残疾人遭受身体残疾的理论分类和理论模型，而残疾人标签理论和残疾人社会排斥理论是残疾人遭受社会疏离的理论模型，模型建构的逻辑起点是不同的。

（一）功能取向的 WHO 模型

1980 年世界卫生组织（WHO）出版的《国际残损、残疾和残障分类》（*International Classification of Impair - ment, Disability and Handicap*, ICIDH）将残疾分为残损、残疾和残障三种类型。[1] 残损或病残（Impairment）是指因为各种原因导致的人的生理、心理和解剖结构部位受到损害，如智力病损、心理病损、语言病损、听力病损、视力病损、内脏病损以及畸形；等等。残损通常被视为残疾发生、发展过程中的第一步，如果处置不当它可以进一步发展成为失能，甚至导致残障，残损既可能是永久的，也可能是短暂的。残疾或失能（Disability）是指因为病损或某些疾病导致的人体某些功能的降低从而不能以正常的方式从事正常范围的个人日常生活活动，如行为失能、语言失能、运动失能以及各种活动失能。残疾可以进一步发展成为残障，如果能得到及时的治疗，幸运者也可能康复。残障（Handicap）是指因

---

① 朱图陵、王保华：《更新残疾观改变残疾状态》，《残疾人研究》2017 年第 1 期。

为病损或失能而导致个人参与正常社会生活活动的障碍，如识别残障（无法辨别人、物、时间）、躯体残障（无法活动，不能自理，不能穿衣、吃饭）、运动残障（不能跑步）、职业残障（色盲不能驾车）、社交残障（封闭症）、经济自给残障等，残障是残疾发展的不良结局和严重后果。[①] 虽然 ICIDH 理论模式明显偏重于医疗残疾模式，但它同时也提出，社会、家庭和环境对残障的影响作用是非常大的，良好的社会氛围与家庭支持，系统、合理的康复治疗是可以有效减轻残障程度的。

1996 年，WHO 制定了新的残疾分类系统，被称为《国际残损、活动和参与分类》（*International Classification of Impairment，Activity and Participation*，ICF）。ICF 模式的出现是因为现代社会人口老龄化日益严重、国际残疾活动的广泛开展以及卫生保健事业的不断发展，卫生保健的重点从急性、传染性疾病开始向慢性非传染性疾病转移，医疗服务的重点从治疗向保健和康复转移。在这样的背景下，WHO 的 ICIDH 理论模式显然不能再满足卫生保健与医疗康复事业发展的实际需要，必须与时俱进地进行修改。[②] ICF 模式根据在身体、个体和社会水平的健康状态所发生的功能变化以及出现的异常情况，对健康状态的结果进行分类，为制定残疾预防措施提供了理论性的指导框架。个人与社会的互动、个人与环境的关系是残疾预防的社会模式的重要转向。[③] 与 ICIDH 理论模式明显不同，ICF 理论模式引入了活动与参与这两个全新的概念，取代了原有的残障概念，其原因是残障在某种程度上隐含着社会排斥的负面意义，而活动与参与则更为中性且强调了残疾人所具有的活动能力和参与能力的正面意义，同时，ICF 理论模式的视角更加全面，强调了外在环境因素对个人能力的影响[④]，这

① 黄松波、王茂斌：《国际残损、残疾和残障分类进展》，《中国康复医学杂志》2001年第 6 期。

② 邱卓英、吴弦光、董红：《国际残损、活动和参与分类新系统研究》，《中国康复理论与实践》1999 年第 1 期。

③ 邱卓英、马洪卓、张春兰：《对功能、残疾和健康国际分类中文版的研究》，《现代康复》2001 年第 22 期。

④ 邱卓英：《国际残疾调查统计标准与方法研究》，《中国康复理论与实践》2004 年第3 期。

对 ICIDH 理论模式而言，也是一种突破。

（二）疾病取向的公共卫生模型

公共卫生视野下的残疾预防的研究，也是世界卫生组织所推动的重要工作之一。1997 年，美国哈佛大学的 Murray 教授和瑞士的 Lopez 教授提出的模型是建立在其全球疾病负担研究（Global Burden of Disease Study）基础之上的，这也是由 WHO 资助与推动的关于残疾问题的研究。该成果从概念上强调了伤残引起的健康寿命损失年（Years Lost to Disability，YLD），或称为因残疾损失的年数。作为一个全新的概念，健康寿命损失年是在疾病发生率框架下所发展出来的一种残疾率的计算方法，该方法特别注重残疾产生时间与持续时间之间的关系，每种残疾程度都在模型中进行赋权，而权数的调整，则主要依据该疾病在医学上的治疗可能性。[①] Murray 和 Lopez 通过对疾病与残疾之间的长期观察，提出了如下三个著名的结论：第一，从疾病状态与残疾年数角度审视，全世界的残疾发生率大约为 8%，且全球每年有 5 亿左右的人口受到残疾风险的直接或间接威胁，这当然是一个惊人的数字。第二，在整体人口的健康状态分布体系之中，尽管残疾人的相对数量远少于健康人的数量，但残疾却扮演着关键角色，而且该问题在公共卫生领域中非常易被忽视，因为死因分类与产生残疾的疾病分类呈现出不同的疾病形态与分布特征。第三，精神疾病是所有疾病类型中最显著的残疾负担疾病，也是最棘手的残疾类型，因为精神残疾人既难以康复，也难以自立，甚至会对家庭和社会产生破坏。[②]

在 Murray 和 Lopez 的理论体系中，不同疾病导致的残疾比率显然是不同的，可以依据这些估计对某些可能导致人口产生各种残疾的疾病进行有效、及时干预以及开展相应的预防工作，这也被认为是该模型最主要的目的和价值所在。该理论还指出，从性别方面看，女性是经历残疾的主要群体，因为女性的平均寿命要比男性长，平均寿命增加的同时也增加了残疾的风险，因为越老面临的残疾风险越大。该模

---

① 潘冰莹、梁伯衡、杜琳等：《广州市居民恶性肿瘤疾病负担研究》，《热带医学杂志》2011 年第 1 期。

② 张泽、刘军、袁从文等：《吉林省尘肺病患者伤残调整寿命年估算》，《中国地方病防治杂志》2016 年第 9 期。

型的估计是以疾病发生率在各地分布为主，同时考虑了各地区的经济与社会发展程度、人口老化程度与年龄组成等因素。应该说，该模型是继伤残调整寿命年 DALE（Disability Adjusted Life Expectan－cy）模型之后，又一个试图估计健康与残疾发生率的疾病预测类模型。

由 Sullivan 等在 1971 年提出的伤残调整寿命年（DALE）模型，强调的是从发病到死亡所损失的全部健康寿命年。全部健康寿命年包括早死所致的寿命损失年（YLL）以及因疾病所致伤残引起的健康寿命损失年（YLD）两个部分。DALY 是一个用定量的方法以计算因各种疾病造成的早死与残疾对健康寿命年损失的综合性指标，是将因早死（实际死亡年数与低死亡人群中该年龄的预期寿命之差）造成的损失和因伤残造成的健康损失两者结合起来加以测算的。可见，流行病学是从宏观和群体的角度来认识疾病和健康状况的分布及其作用机制，并以此制定防治对策并给出评价效果的。

无论理论上是采取"功能取向"还是"疾病取向"收集残疾人口资料与统计数据，世界各国当前面临的共同问题是需要研究和开发可适用的残疾分类与相应的统计指标，这类指标不仅可以筛选出老年人口的残疾现患率，也可以对儿童、青少年、成年组的现患率进行预测，而这对研究残疾的发生与预防无疑具有极其重要的价值。

（三）残疾人标签理论

标签理论（Labeling theory）是在社会学家莱默特（Edwin M. lement）和贝克尔（Howard Becker）的理论基础上逐渐形成的一种社会工作理论，因该理论独特的分析视角很快就被其他领域的学者借鉴运用，并在运用中得以完善和发展。标签理论认为，社会中的每一个个体都可能存在"初级越轨"行为，这很正常，但只有被贴上"标签"的"初级越轨"者才可能"再次越轨"，并有可能走上"越轨生涯"，而那些没有被贴上"标签"的"初级越轨"者并不会被外界持续关注，也就不会走上"越轨生涯"。这实际上就是说，一个人被贴上"标签"，是与周围环境中的社会成员对其及其行为的定义过程或标定过程密切相关的。① 可见，标签理论旨在强调外部因素对个体及其行为的重要影响。

贝克尔在《圈外人》一书中，对标签理论进行了如下论述："越轨行为是应用规章、法律、道德、教义、世俗等对于一个'冒犯者'所标定的一种结果，尽管这种越轨行为在社会中并不少见"；"所谓有越轨行为者，其实就是被成功贴上了某种标签的个体"。那么，按照贝克尔的上述逻辑，越轨既非天生的人性，也非后天教化的结果，而是一些人将一些"规则"以规章、法律、道德、教义、世俗等形式成功应用于"圈外人"的一种结果，是社会反应、他人定义的一种结果。因为某些"圈外人"被成功贴上了某种标签，于是这些人就成为具有越轨的行为者。同时，贝克尔还尝试将破坏规则和越轨进行有效区分。越轨确实破坏了规则，但越轨局限于那些被成功贴上标签的破坏规则的行为。② 正因为这样，于是就涉及正常人向越轨行为者转变的问题，也就是一个个体是如何被贴上"越轨"标签的。在这方面，莱默特的解释和贝克尔是一致的，即认为"圈外人"是在一个从"初级越轨"到"次级越轨"，再到"习惯性越轨"或"终身越轨"的社会互动过程中被其他人逐步、成功定义为"越轨者"的。在此基础上，贝克尔还进一步提出，有关标签理论的研究，要把越轨理论的分析从越轨行为转移到那些把他人贴上越轨标签的"道德提倡者"们的身上去，最起码也要将越轨视为"被人称为越轨者"和"称人为越轨者"这两部分人互动的结果。③ 这样一种颠覆性的思路，将人们长期以来形成并普遍接受的"越轨行为导致社会控制"的逻辑颠倒了过来，进而形成了"社会控制导致了越轨行为"理论逻辑。

本书将标签理论与所探讨对象——农村残疾人问题相结合，将标签理论的逻辑应用于农村残疾人群体，将标签理论的精髓在农村残疾人这个特定群体进行移植和借鉴。本书所探讨的农村残疾人群体，在

---

① 翟进：《从失范到紧张：青少年越轨行为研究的衍变及本土化视角》，《社会科学研究》2012 年第 3 期。

② 贾林祥：《社会控制视野下的青少年生命意义教育》，《心理学探新》2016 年第 5 期。

③ 向德平、田北海：《转型期中国社会失范与社会控制研究综述》，《学术论坛》2003 年第 2 期。

社会中已经被贴上"呆滞者""残废者"或者"无能者"等标签，正是因为这种标签的存在导致其在就业、人际交往以及参加社会保障的过程中，通常被排斥在主流社会之外，也就是所谓的边缘人或者局外人。而这些标签是一种社会低等"烙印"，它无形地把农村残疾人群体与"社会的正常人"隔离了。① 而被贴上"标签"的残疾人也通常会在有意或无意中不断地修正"自我形象"，逐渐接受社会对自身的负面评价，并开始认同社会观点，确认自己是呆滞的人、残废的人、无能的人。标签理论强调社会对农村残疾人的反应，如冷漠、厌恶、排斥。这就会迫使农村残疾人群体不能面对社会而封闭于家中。农村残疾人因为在最初的社会互动过程中，潜意识地按照"呆滞者""残废者"与"无能者"的标准选择自己的行为，并将其潜移默化成为自然习惯，久而久之就形成了一种恶性循环，阻断了农村残疾人群体与普通群体的信息交流与情感互动。② 于是，农村残疾人群体越陷越深并最终难以自拔，真的成为社会对其标签的"呆滞者""残废者"与"无能者"。由此可见，社会反应在一定程度上促使了农村残疾人群体陷入社会底层。

标签理论在社会学中是一项比较新的研究成果，它可以促进人们重新探讨农村残疾人作为社会弱势群体的社会成因，并将重点由农村残疾人个人转移到社会的反应；它促进人们将关注点由农村残疾人的弱势群体移转到社会民众。标签理论使人们了解到对残疾人身上的"残废"的标签不是偶然的社会案例，而是普遍存在的社会现象。③ 被贴标签之后，"残疾人"成为需要被帮助、需要被服务的弱势群体。一个人一旦被贴上"残疾人"的标签之后，自我形象与自我角色就难免会逐渐发生自身都难以觉察的转变，开始从原先的社会生活环境中被无形地"隔离"开来。④ 为了寻求精神支持和心灵安慰，"残疾人"

---

① 汤夺先、张甜甜、王增武：《农村残疾人发展困境论析》，《残疾人研究》2012 年第 1 期。

② 马良：《中国残疾人社会工作历史、现状与发展趋势分析》，《残疾人研究》2013 年第 1 期。

③ 姚远、陈昫：《老年残疾人身份认同问题研究》，《人口研究》2011 年第 6 期。

④ 杨立雄：《从"居养"到"参与"：中国残疾人社会保护政策的演变》，《社会保障研究》2009 年第 4 期。

只能与其他同病相怜者为伍，远离社会普通群体。于是，"残疾人"的心理难免会产生一种疑问与否定，也就是怀疑和否定正常人的身份，从身体残疾演变为心理残疾，并且由此产生一定程度的心理障碍。而且，在被贴上标签之后，"残疾人"的社会地位也会发生相应变化，从原来和谐的关系日益转变成为被冷落、被歧视的关系，由此也会产生社会关系上的障碍。可见，在被贴上标签之后，"残疾人"成为实际意义上的弱势群体。① 因此，本书探讨农村残疾人的社会保障问题的一个重要任务就是要通过重新定义或标定来使部分原来被认为是有问题的农村"残疾人"能够"漂白"为"正常人"，进而参与到乡村振兴的进程中来。

（四）残疾人社会排斥理论

近年来，在欧洲一些国家的理论界，"社会排斥"已经成为一个常用概念和惯用词语，社会学家、政策研究者、政府部门越来越倾向于从社会排斥的角度入手以探讨社会问题及其深层次的渊源。"社会排斥"是对学界业已存在诸如社会剥夺、边缘化、歧视等相关概念的进一步丰富与深化。从目前的进展来看，社会排斥概念为人们提供了一个研究社会问题的全新视角，同时也为人们解释社会问题并寻求解决社会问题的途径提供了一种新的范式。

应该说，社会排斥的概念最初主要出现在有关贫困问题的研究文献之中。在 20 世纪 70 年代之后，西方经济的辉煌逐渐消退，在经济消退和重振的过程中，以前人们普遍预期将不复存在的问题——贫困，出乎大众预料却又重新出现了。这种重新出现的贫困并不是由个人原因造成的，而是在工业重建，也就是大规模的经济变迁过程中出现的。于是，西方学者在对这种"新贫困"的研究过程中，逐渐地形成了社会排斥这一概念。最初明确提出该概念的是 Ren Lenior。Ren Lenior 在 1974 年曾指出："受排斥者"构成了法国人口的 10%。这些受排斥者包括精神和身体残疾者、自杀者、老年患者、受虐儿童、药物滥用者、单亲父母、多问题家庭、边缘人以及反社会的人。② 发展

---

① 周松青：《西方疾病社会学研究综述》，《人文杂志》2013 年第 10 期。

② 乌德亚·瓦尔格：《贫困再思考：定义和衡量》，《国际社会科学》（中文版）2003 年第 1 期。

至今，社会排斥仍然是贫困问题研究领域具有核心地位的一个概念，贫困学说、剥夺学说或者排斥学说，也是从社会排斥视角对贫困进行的定义。如有学者曾尝试从"机会被剥夺"的视角以界定贫困，欧盟也是从"社会排斥"的角度阐述了贫困的含义。

目前，普遍接受的观点是，社会排斥的原意是指大民族完全或者部分排斥少数民族的各种歧视或偏见的情况，这种偏见与歧视通常是建立在一个社会有意达成的政策基础之上，当主导群体掌握了社会权力，又不愿与其他群体分享的情况出现时，社会排斥便自然地出现了。[1] 目前，社会排斥这个概念被各个国家广泛接受，并结合自身的实际情况，演化出了适合自己国情的有关社会排斥理论。因各个国家，特别是欧盟的大力推动，社会排斥这一概念的内涵不断延展，应用领域日益扩大。在 1970 年，社会排斥被开始用来指个体因长期失业而被排斥在市场之外；到了 1990 年，该概念的应用领域进一步被拓宽，开始指某些群体部分地或全部出局，享受不到作为人类的基本权利。[2] 而且，国际社会也为社会排斥理论的发展做出了不可磨灭的贡献，这些贡献主要体现在如何消除社会排斥方面。在消除贫困的过程中，人们发现许多社会政策实施的结果并不乐观，与预期相去甚远，因为许多建议总是会遇到诸多意想不到的障碍，贫困不但没有被消灭，反而更加严重。于是，在贫困问题的研究中，出现了消除"社会剥夺"和"社会排斥"的呼声。国际社会政策研究界将社会政策的目标从"克服贫困"开始转变到"消除社会排斥"，这一转变就将贫困问题的解决从表象引向了根本[3]；1995 年，在丹麦哥本哈根召开的"社会发展及进一步行动"世界峰会将"社会排斥"视为消除贫困的障碍，要求各国采取措施反对社会排斥。[4] 现在，社会排斥理论已经越来越被社会政策研究、贫困问题研究、弱势群体研究等研究领

---

① 李作南：《民族语言平等是马克思主义的一个原则》，《内蒙古大学学报》（哲学社会科学版）1980 年第 1 期。

② 曾群、魏雁滨：《失业与社会排斥：一个分析框架》，《社会学研究》2004 年第 3 期。

③ 王来华：《"社会排斥"与"社会脱离"》，《理论与现代化》2005 年第 5 期。

④ 彭华民：《中国社会救助政策创新的制度分析：范式嵌入、理念转型与福利提供》，《学术月刊》2015 年第 1 期。

域所重视，并成为这些研究领域的核心概念。我国学者们也陆续将社会排斥概念引入中国的社会学、人口学、公共管理学等学科的研究之中，用来解释和解决中国出现的失业、贫困、残疾人问题、被征地农民问题、农民工问题、城乡差距等社会问题。[①]

本书尝试将所研究的农村残疾人问题与社会排斥理论有机结合，将社会排斥理论运用于特定的农村残疾人群体之中，利用社会排斥理论找到农村残疾人群体社会保障供给不足、水平不高的问题及其成因，农村残疾人因为身体的残疾、功能的缺陷，以及残疾引发的劳动能力弱化，从而导致收入偏低，沦落到社会底层的底层。与此同时，医疗和康复费用的强烈需求，又导致农村残疾人群体的支出偏高、生活压力增大，支出的偏高进一步引发了农村残疾人及其家庭的持续贫困。而贫困家庭的抵御风险的能力极差，社会支付能力也差，只能尽量先满足急迫的生存需求，这又导致了农村残疾人的发展需求被严重限制，农村残疾人的受教育程度也就普遍性偏低，在社会中参与社会事务的能力也就相应偏低。正因为如此，农村残疾人的话语权也就处于弱势，能够为本群体谋求的社会福利和社会保障的程度自然而然地偏低，进而导致农村残疾人被排斥在主流社会之外。这显然不是中国特色社会主义建设所愿意看到的结果。而且，农村残疾人在整个残疾人细分群体中，通常处于更加不利的地位，属于弱势群体中的弱势群体。农村残疾人遭受的观念、职业、社会保障、社会参与等排斥问题在我国不少农村地区已经非常突出。基于此，本书将从社会保障供需矛盾的角度来探讨农村残疾人的社会问题，以求弥合差距、减少排斥。根据社会排斥理论的观点，各界应该高度关注有关农村残疾人的社会排斥现象，并努力寻找其根源，然后从公众情绪、媒体舆论、社会政策等多方面入手寻求社会排斥的消除途径，实现社会公正，以促进新时期农村残疾人事业的健康发展，使农村残疾人为乡村振兴做出特殊的贡献。

二　社会保障的相关理论

社会保障作为应对不同国家和地区不同时期福利保障需求的社会

---

① 王桂新、胡健：《城市农民工社会保障与市民化意愿》，《人口学刊》2015 年第 6 期。

制度，因各国、各地区及其不同时期政治制度、经济条件、文化背景、历史传统等的差异，而在保障的目标、原则、对象、重点、内容、形式、计划、项目等方面存在巨大差异，因此在对社会保障概念的界定上，也会有很大的不同和变化。可以说，社会保障是一个具有"包容性的概念"，内涵广泛且具有动态性，很难对其做出一个非常固定的定义或描述。①

我国社会保障理论直到近年来才有所发展，而西方自德国 1883—1889 年实施社会保险以来，已经历了 100 多年的发展。理论建树也是要在前人研究的基础上进行的，我们只有了解发达国家社会保障理论，特别是那些较早实行现代意义上的社会保障制度的国家的社会保障理论，才能发展本土化的社会保障理论。本书的理论基础主要有凯恩斯主义的社会保障思想、福利经济学理论、社会公正理论、唯物辩证法与合理性理论以及人道主义与我国劳动福利型政策。

（一）凯恩斯主义的社会保障思想

针对 1929—1933 年的资本主义世界经济大危机，凯恩斯在他的代表作《就业、利息和货币通论》（约翰·梅纳德·凯恩斯，2009）一书中，运用总量分析方法，提出了有效需求不足理论以及相应的国家干预思想。以需求管理为基础建立了其社会保障经济理论——有效需求理论是凯恩斯经济学说的核心，也被认为是其对当代西方经济学理论的最大贡献所在。

凯恩斯的所谓"有效需求"是指商品的总需求价格与总供给价格相等，即达到均衡状态时的总需求，是一个国家的总需求或总购买力。总供给价格与总需求价格之间关系的变化，决定社会的总就业量。这种合理的供求关系就是有效需求。社会就业水平取决于社会有效需求的水平，失业源于有效需求不足。有效需求不足是由消费需求不足和投资需求不足共同造成的，而消费和投资需求不足是由三个心理法则决定的。这三个心理法则是消费倾向递减规律、资本边际效率递减规律和流动性偏好规律，这三个心理法则对消费需求和投资需求

---

① 林嘉：《论社会保障法的社会法本质——兼论劳动法与社会保障法的关系》，《法学家》2002 年第 1 期。

影响深远，间接地决定着经济的发展速度、规模和水平。消费倾向递减规律指消费增长落后于收入增长，从而引起的消费需求不足；资本边际效率递减规律和流动偏好法则指预期利润率偏低的趋势，而与利息率不相适应，因而引起投资需求不足。如何解决有效需求不足的问题？凯恩斯从有效需求理论出发研究资本主义经济危机爆发和大规模失业存在的原因，并在此基础上提出了进行"有效需求管理"的对策和政府干预的政策主张。

在凯恩斯的国家干预思想中，社会保障占有相当重要的地位。凯恩斯主张通过累进税和社会福利等办法重新调节国民收入分配，也就是以国家的名义进行再分配，他还提出了消除贫民窟，实行最低工资、限制工时等具有社会保障思想的主张。总体上看，凯恩斯倡导积极国家，反对自由主义的消极国家，也就是极力主张国家对经济进行干预、调节，以弥补价格机制和市场功能的缺陷。应该说，凯恩斯的国家干预思想，改变了自亚当·斯密"看不见的手"的思想提出以来，西方经济学界一直相信的放任的自由主义的思维方式。第二次世界大战结束一直到20世纪70年代，凯恩斯的宏观经济理论在经济学界一直占据绝对主导地位，成为西方国家建立国家社会保障制度的重要思想基础和资本主义各国制定公共政策的主要理论依据，可谓是影响极其深远。

客观地说，凯恩斯的"有效需求"不足理论，为在市场经济中实现有效的国家干预提供了合理的依据。社会保障理论是探讨公平与效率、政府与市场、权利与责任之间关系的理论，国家干预主义看重政府对经济和社会生活的调节功能，强调社会公正和公民的社会福利权利。为本书对于东北农村残疾人实行社会保障的某些方面的国家付费提供了科学的根据，为本书所倡导的对于残疾人的特殊津贴的社会救助的思想提供了借鉴价值。

（二）福利经济学理论

20世纪初期，英国经济不断发展，但国内阶级矛盾和社会矛盾却不断恶化，贫富差距不断扩大，特别是第一次世界大战的爆发和俄国十月革命的胜利使这些矛盾变得更加显性化和尖锐化。在此背景下，以社会福利最大化为研究目标的旧福利经济学应运而生，其标志是

1920 年阿瑟·塞西尔·庇古（Arthur Cecil Pigou）《福利经济学》一书的问世。此后，旧福利经济学在美、法、瑞典等国得以传播与演绎。旧福利经济学开山之祖庇古以基数效用论为分析工具提出了福利的两个基本命题：国民收入总量越大，社会经济福利越大；国民收入分配越均等化，社会经济福利越大。在此基础上，庇古提出了著名的福利措施三准则：不损害资本增值和资本积累；投资福利的收益应大于投资机器的收益；不应实行无条件的补贴。庇古的社会福利思想在一定程度上体现了其通过理性经济政策增进人类福利的愿望。运用"效用序数论""边际替代率""无差异曲线"以及"消费可能线"等分析工具和分析方法，莱昂内尔·罗宾斯（Linoel Robbins）、约翰·希克斯（Hicks，John Richard）以及保罗·萨缪尔森（Paul A. Samuelson）等对旧福利经济学进行了一系列新拓展，并于 20 世纪 30 年代末形成了新福利经济学流派。该流派的福利思想标志是"补偿原则论"（theory of compensation principle）和"福利函数论"（welfare function theory）。以尼古拉斯·卡尔多（Nicholas Kaldor）、约翰·希克斯（Hicks John Richard）等为代表的补偿原则论提出：任何经济改革都具有双面影响，它在使部分人获利时也会使其他人产生损失，但这并不可怕，如果能通过特定经济举措使获利者对受损者进行有效补偿，且补偿后还有经济剩余产生，那么此时的社会整体福利就能得以提高，这也说明经济举措是有效率的。[1] 以亨利·柏格森（Henri Bergson）等为代表的社会福利函数派则认为，社会福利是有关变量的函数，这些变量包括所有家庭或个人消费的所有商品数量，所有个人从事的每一种劳动数量，所有资本投入数量等。[2] 总体而言，新福利经济学派认为，最大福利的必要条件是经济效率，充分条件是合理分配，既有经济效率又有合理分配才会实现社会最大福利。而合理分配是市场机制不可能解决的，因而作为国家权力机关的政府必须在社会福利领域有所作为。

20 世纪 70 年代，在对福利经济学和传统经济学的批判和反省基

---

① 王艳萍：《从诺贝尔经济学奖看现代微观经济学的发展》，《经济纵横》2014 年第 7 期。

② 张琦：《公共物品理论的分歧与融合》，《经济学动态》2015 年第 11 期。

础之上，阿马蒂亚·森（Amartya Sen）的"可行能力"（capability）福利观逐渐形成。阿马蒂亚·森以新颖的视角拓展了福利经济学研究的深度和广度，为其进一步发展开拓了新空间。第一，阿马蒂亚·森对福利主义认为个人与社会福利水平可以通过"一揽子"生产和消费的商品量来进行衡量的观点持否定态度，阿马蒂亚·森认为这是福利主义狭隘性的体现。其原因在于：个人福利完全信息障碍不可能克服，仅通过对收入和财富的比较不可能对社会福利做出准确而全面的评判。第二，阿马蒂亚·森指出，仅用个人效用指标来衡量社会福利同样不够严谨，因为功利主义将会导致"反公平现象"；阿马蒂亚·森主张用"能力"中心观取代幸福的效用观；并提出了社会福利水平的提高取决于个人能力培养与提高的观点。第三，阿马蒂亚·森认为，因福利主义"价值中立"（value free）原则对可资利用的信息进行了不合理预设，使得诸如压榨等一些对社会福利影响非常大的非经济因素被阻挡在社会福利函数体系之外，阿马蒂亚·森因此主张把反压迫、追求自由等任何前提下都被认为是正确的"基本价值判断"（basic value judgment）引入福利问题分析框架，并进一步强调，满足基本价值判断的经济福利改善才可视为社会福利的真正改善。第四，传统经济学认为因市场机制和市场竞争所创造的财富必定会使贫困问题得以解决，但阿马蒂亚·森却提出，人均收入增加并不一定会带来社会福利的改善，这实际上反映了阿马蒂亚·森对传统西方经济学"财富万能"观点的质疑和否定。在《以自由看待发展》这本里程碑式的著作中，阿马蒂亚·森把判定社会上所有人福利状态的价值标准定义为发展目标，并认为收入、财富、社会文明与社会现代化等均是为人的福利服务的。同时，阿马蒂亚·森对其提出的"实质自由"（substance freedom）进行了具体描述，认为"实质自由"是一种包括"免受诸如饥饿、营养不良、过早死亡之类的困苦以及能够识字、算数、享有政治权益等的可行能力。[①] 可见，在阿马蒂亚·森看来，福利应包括物质、精神、文化以及政治参与、社会机会和社会交往等人

---

① 崔顺姬：《人的发展与人的尊严：再思人的安全概念》，《国际安全研究》2014 年第 1 期。

的需要的各个方面，这与马克思关于人的需要的思想具有一定的相似性。阿马蒂亚·森对实质自由的解释无疑有助于人们提升对福利内涵与外延的理解。

（三）社会公正理论

西方社会学者一直以来比较注重对社会正义问题的研究，涌现了许多关于正义的理论著作，形成了诸多的理论流派。接下来重点对古典自由主义的公正理论、平均主义的公正理论、哈耶克的"保守"自由主义正义理论、罗尔斯的分配正义理论进行介绍。

第一，古典自由主义的公正理论。古典自由主义认为，社会的公正只是人类的幻想，因为偏好不同，不可能就全社会的评价达成一致的共识，所以唯有"法"定义的正义才是唯一有价值的。也就是说，作为社会评判标准的唯一有价值的东西是由"法"所定义的正义，或者更严格地讲，是程序定义；任何其他试图对社会分配结果进行评判的企图都是非正义的。① 显然，古典自由主义的公正理论具有典型的绝对化色彩，不利于人文精神的发挥。

第二，平均主义的公正理论。平均主义的公正理论认为，个人应该在权利、财产、机会、教育等方面实现绝对均等化。平均主义的主张符合人类社会最初出现的公正观，即在权利、机会、物质生活资料分配等方面的绝对的平均主义。显然，平均主义的公正理论对原始社会成员、氏族、部落的生存和发展起到了重要作用；对于后来受剥削阶级争取生存权的斗争，起到了一定的激励和鼓舞作用。但该主张显然具有自身的不足之处，那就是压抑了强者、能者的创造性，磨灭了人类的开创精神，抹杀了劳动报酬方面差别的激励作用，否认了多劳多得的按劳分配原则的现实价值。如果真正实行平均主义，人类社会会倒退回自给自足的自然经济，社会化大生产也就失去了存在的基础，这显然违背了社会历史发展的必然规律。② 有研究指出，平均主义的思想始于孔子的"不患寡而患不均"以及儒家的"大同"理想。

第三，哈耶克的"保守"自由主义正义理论。哈耶克等对以休

① 李培林：《当代中国和谐稳定》，社会科学文献出版社 2013 年版，第 68 页。
② 刘汪楠：《廉洁——知耻而后勇》，天津大学出版社 2015 年版，第 23—24 页。

谟、洛克等为代表的古典自由主义的正义观进行了当代重述和扩展，因此被称"保守"自由主义的正义理论。该理论的观点主要有：正义必须以自由为前提，在多种多样的正义价值中，自由是首要的正义；若以正义的名义限制自由，那么所谓的正义，都是不正义的；自由免予强制，但强制不能完全避免，需把"一切强制权限制在实施公正行为的普遍规则之内"，"社会正义"或"分配公正"的施行必然扼杀个人自由，带来政治上的随意专断；旨在推进"社会正义"的干预行为必然造成社会失序与专权；追求"社会正义"目标不可行、无法实现；市场决定报酬或收入的正义性以遵守"公正行为规则"为基本前提，凡是行为主体在追求自己的利益的过程中只要没有涉及盗窃、谋杀、欺骗等非法强制行为，也就是在价值规律和市场作用下发生的行为，无论造成怎么样的后果，该行为及其结果都是正义的；贫富分化、社会不平等都是市场秩序自发的结果，根本就不存在公平与否的说法，正义观念对此结果是不适应的。[1] 显然，哈耶克的"保守"自由主义正义理论是"市场万能论"的另一种表述。

　　第四，罗尔斯的分配正义理论。罗尔斯的分配正义理论又被称为自由平等主义正义理论。该理论认为，所有的社会价值，也就是自由和机会、收入和财富、自尊的基础等，都要平等地分配，除非对其中一种或所有价值的一种不平等分配合乎每一个人的利益。罗尔斯同时指出，正义的主题是"通过建立适当的社会基本制度对公民的基本权利和义务进行合理的安排，以及对社会合作所产生的利益和负担进行合理的分配"。罗尔斯正义理论的核心是两个正义原则："每个人对与所有人所拥有的最广泛平等的基本自由体系相容的类似自由体系都应有一种平等的权利。"（平等自由原则）"社会和经济的不平等应这样安排，使他们在与正义的储存原则一致的情况下，适合于最少受惠者的最大利益""并且依系于在机会平等的条件下职务和地位向所有人开放。"（差别原则和机会平等原则的结合）[2] 罗尔斯理论的出发点是

---

　　① ［英］哈耶克：《哈耶克文选》，冯克利译，江苏人民出版社 2007 年版，第 154—168 页。

　　② ［美］约翰·罗尔斯：《正义论》，何怀宏等译，中国社会科学出版社 1988 年版，第 45—52 页。

力图对不幸者的命运有所关注——其基本理论的核心，是力图通过制度性安排，把人的自然命运降临的差异所产生的后果尽量驱除或者最小化，同时安排好社会福利和负担的分配框架，以使自然差异所造成的社会弱者能够与幸运者分享利益，改善"最不利者"的凄惨处境，缩小他们与其他人之间的巨大差距。

（四）唯物辩证法与合理性理论

唯物辩证法，也就是马克思主义辩证法，是辩证法思想不断发展演变的高级形态，是马克思主义哲学的重要组成部分。唯物辩证法以自然、人类社会和思维发展演变的一般规律作为研究对象，认为物质世界是一个存在普遍联系和不断运动变化的有机统一整体；辩证规律是物质世界自身运动呈现出的独特规律；主观辩证法或辩证思维是客观辩证法在人类思维中的具体反映。唯物辩证法包括对立统一规律、质量互变规律和否定之否定规律这三个基本规律，其中对立统一规律是唯物辩证法的核心。在马克思主义哲学体系之中，辩证法与唯物主义高度统一。作为唯物辩证法的总体特征，联系的观点和发展的观点是人类分析或者考察事物、问题最基本的准则。唯物辩证法阐述的基本规律及其分析的基本范畴，其最终目标均是从各个角度揭示事物之间的普遍联系和永恒发展的规律。①

作为哲学范畴，联系或关系包括一切事物、现象、过程之间及内部诸要素之间的相互影响、彼此作用以及互相牵制。在马克思主义看来，联系是普遍存在的，唯物辩证法关于普遍联系的观点包括两重含义：一是指世界上一切事物、现象、过程是相互联系而不是孤立存在的，也即世界是相互联系的统一整体；二是指任何事物、现象、过程内部的各个部分、要素、环节之间相互联系、彼此作用。应该说，当代科学的发展在很大程度上对联系的普遍性做了进一步的证实。世界中业已存在或者正在发生的一切事物与现象都处在一个交互作用的整体之中，任何看似独立的事物均与周围的事物和环境处在广泛且普遍的联系中。同时，联系又是客观存在的，客观性强调的是事物本身所

① 李秀林、王于等：《辩证唯物主义和历史唯物主义原理》（第五版），中国人民大学出版社 2004 年版，第 151—164 页。

固有的、不以人类意志为转移的特性。就其与人的实践的关系来看，事物的联系可分为两个类别，即自在事物的联系与人为事物的联系。自在事物中的化学、物理、生物等的联系在人类社会出现之前就已经客观地存在着，不以人的意志为转移，而人为事物的联系是人类实践的产物的观点或理论，尽管其体现出了"人化"的特征，但仍然不可能被人的意志所左右。人为事物的联系只有反映了客观的联系才具有真实性，并且要经过实践这一客观的事物活动才能转化为现实性。

现实性强调的是现在的一切事物、现象的实际存在性。从结果维度来看，现实是已经实现了的可能。作为哲学范畴，现实性不是孤立地、凝固地确认个别事实和现象的实际存在，而是对相互联系、彼此影响以及变化发展着的客观事物、现象的综合考量。从纵向角度看，今天的现实是过去现实不断演变与发展的结果，同时它又是未来现实的原因；从横向角度看，任何个别事物的现实的存在都不是单一或者孤立的，而是同周围事物处在普遍的联系之中。现实性体现着事物联系和发展纵横两方面的整体性质。现实性同规律性或必然性具有内在关联。现实之所以成为现实但又转化为不现实，是决定于其内部的规律性、必然性。从发展角度看，只有合乎规律、遵循必然的事物，才真正是现实的。换言之，一个事物尚未出现时它显然不是现实，但只要它合乎事物发展的客观规律与自在的必然性，变成现实只是时间早与晚的问题；相反地，一个事物尽管眼前是现实的，但只要其丧失了继续存在的客观必然性，变成不现实同样也只是时间早与晚的问题。

从哲学角度看，合理性概念具有三重含义，即本体论意义上、认识论意义上和实践论意义上的三个合理性。[①] 然而，自从社会学从哲学中分离出来成为独立学科开始，合理性更多地成为社会学家的研究主题，特别是自从马克斯·韦伯以来，合理性概念成为其分析社会问题的一个关键概念和重要工具。然而，从根源角度看，合理性来自哲学的理性概念。因此，很多学者在对合理性展开研究时，都将理性视为合理性概念的核心基础。俄罗斯学者盖坚科曾指出："理性概念是

---

① 吴畏：《实践合理性》，广西人民出版社 2003 年版，第 129—154 页。

讨论今天的'合理性'概念含义的出发点。"① 可见，考虑到合理性的根源以及本书内容整体性的需要，有必要将合理性理论引入乡村振兴战略下农村残疾人社会保障问题中进行阐述，并指导接下来的相关研究。

作为 19 世纪德国著名的社会学理论家，马克斯·韦伯是古典社会学家中第一个以合理性概念为分析工具探讨资本主义现代化演进过程及其本质的第一人。尽管是新康德主义者，但马克斯·韦伯把康德的哲学理性下降为社会学的合理性，这无疑为其以后的研究开辟了新空间。在社会学层面，马克斯·韦伯认为，合理化的程度是现代社会和传统社会的根本区别。也就是说，马克斯·韦伯以合理性特别是工具合理性的发展作为现代和传统的区分标准。② 他的合理性理论影响了卢卡奇、霍克海默、阿多诺、哈贝马斯以及李大钊、毛泽东、邓小平等几代西方与东方的马克思主义者。哈贝马斯就曾直言："从理论的发展史来说，马克斯·韦伯是我理论的出发点。"③

按照韦伯的观点，合理性可分为两种类型，即目的合理性与价值合理性。根据目的、手段及其附带后果作为个体行为的取向，而且同时既把手段与目的，也把目的与附带后果以及最后将各种可能的目的相比较，作出合乎理性的考量，这就是目的合乎理性的行为。目的合理性又进一步分为两种类型，即选择合理性与工具合理性。韦伯指出，行为的工具合理性是根据运用手段达到既定目的的过程中的有效性来加以衡量的，是针对既定目的有效性的使用手段和工具中体现出的合理性。行为的选择合理性是根据准确构想的价值、可利用的手段和限制条件等选择目的之合理性。韦伯还指出，"谁的行为如果不考虑预见到的后果，而只坚持其有关义务、尊严、审美、宗教律令、虔诚或'事实'的正确性的信念，并且不管对他提出的是何种要求，那么，其行为就纯属价值理性行为。价值理性行为——永远都是一种行

① 俊渠、陆自荣：《理性与合理性之比较》，《湘潭大学学报》（哲学社会科学版）2007 年第 7 期。

② 关锋：《历史唯物主义与反思性历史社会学——关于马克思主义理论学科属性的思考》，《南京大学学报》（哲学·人文科学·社会科学）2018 年第 2 期。

③ 苏国勋、黄万盛、吴飞：《走出韦伯神话——〈儒教与道教〉发表百年后之反思》，《开放时代》2016 年第 3 期。

为者对自己提出的'要求行为'或符合'要求'的行为。"①

可见，价值合理性关注的是道德责任的履行、道德良心的召唤。受价值合理性支配的行为，不计成败得失和功用效益，以道德命令、政治信念、人生理想为取舍标准。工具合理性和选择合理性又被韦伯统称为形式合理性，以区别于对决定偏好的基本价值系统的实质评价。② 从社会角度看，有关农村残疾人社会保障的问题，无疑需要道德责任与道德良心。

（五）人道主义与我国劳动福利型政策

人道主义是对人类生命价值的一种积极向上的信念，也就是人类为了道德，为了更好的人性而实践仁慈的待遇并向其他人提供支持与帮助。人道主义是在各个领域改善人类的哲学信念，用于描述与人类福利特别相关的活动。同时，也有人认为，人道主义是一种非正式的实践意识形态，是"人民的义务促进人类福利的学说"。③

人道主义的理论基础是所有人都应该得到尊重与尊严。因此，人道主义者致力于推动整个人类的福祉，而"我们与他们"心态是部落主义和民族主义的基本特征。人道主义者普遍讨厌、憎恶奴役，反对侵犯基本权利，反对基于皮肤颜色、宗教、祖先或者出生地等特征的歧视。人道主义驱使人们在人为或自然灾害中积极拯救生命，减轻受害人的苦难，保护受害人应有的尊严。毫无疑问，人道主义受到了整个政治范围内的运动的人民的欢迎。④ 非正式的意识形态可以通过20世纪人道精神划时代伟人阿尔贝特·施韦泽（Albert Schweitzer）的一句话加以概括："人道主义就是永远不会牺牲人类的目的。"发展到今天，人道主义主要用于描述人道主义危机应急反应背后的思想与理论。在这种情况下，人道主义主张基于人道主义原则，特别是人道原

---

① 李鑫、马静华：《当代中国法治公共性构建研究》，《华侨大学学报》（哲学社会科学版）2016 年第 4 期。

② 王浪、宋德发：《大学教师职业的本质与精神——〈新教伦理与资本主义精神〉读后感》，《职教通讯》2014 年第 16 期。

③ 黄枬森：《正确认识和对待全球化　促进人的全面发展》，《南通大学学报》（社会科学版）2006 年第 2 期。

④ 张鑫：《诗意的栖居璀璨的人性——艾特玛托夫小说〈查密莉雅〉赏析》，《名作欣赏》2009 年第 1 期。

则的人道主义反应。①

改革开放以后，我国进行了社会保障体制的全面改革，但因为当时我国的经济发展水平较低，没有能力为残疾人等弱势群体提供纯福利型的社会保障，因此，我国残疾人口的社会保障仍然具有较深的劳动福利型社会保障特色。在我国，对于弱势群体，哪怕是到了今天，劳动福利型模式依然占据主导地位。与单纯福利型有所不同，劳动福利型并不是弱势群体单向地享受政府救济，而是弱势群体在从事力所能及的社会劳动的基本前提下，然后才能受到社会保障制度的有效保护。这种保障模式显然改变了单纯救济型的思想，把残疾人的社会保障与劳动就业放在同等重要的位置，彰显着强烈的中国特色。这实际上是将经济效益与社会公平进行了有机结合，把对弱势群体的劳动创造精神的尊重放在非常重要的位置，这无疑有利于释放人的潜能，促进社会、经济协调、持续发展。

作为我国残疾人事业的重要标志和特色，劳动福利型的残疾人事业在我国具有发展的主、客观条件。劳动福利型意味着我国大多数残疾人不是片面地享受政府救济，而是既受到政府一定程度的保护，又从事力所能及的社会劳动获得一定的报酬。国家、社会为残疾人提供和创造劳动就业的机会与平台，鼓励残疾人努力成为社会发展的参与者与奉献者，着眼于为残疾人全面参与社会生活。尽管中国残疾人事业得到了较大的发展，但残疾政策的制定与执行仍然受到社会残疾观念的制约，社会对残疾人的接纳程度与残疾人融入社会的程度高度相关。因而，有必要倡导社会主义的人道主义思想，真正创造出一种"平等、参与、共享"的理想的社会状态。

中国人道主义思想是邓朴方在我国劳动福利型的国情上所提出来的，劳动福利型是我国残疾人事业的基本特色。邓朴方认为，"残疾人作为公民，享有与其他公民平等的权利；作为有特殊困难的公民，国家与社会应给予特别扶助"。② 所谓人道主义，"就是要显示人，包括残疾人的价值、恢复并维护其尊严，让理性、文明成为生活的主

---

① 刘庆昌：《一种对教育的人文主义思考》，《山西大学学报》（哲学社会科学版）2016 年第 4 期。

② 邓朴方：《人道主义的呼唤》（第一辑），华夏出版社 1999 年版，第 55 页。

导，从而使每一个人都能生活得好，尤其是那些处于最困难地位的残疾人"。可见，人道主义是中国残疾人事业的一面旗帜。邓朴方提出，"人道主义是人类社会进步的产物，是人类共同的精神财富，不应当再摒弃这一人类文明的成果，相反，要使人道主义成为人际关系的准则，成为维系社会的基础思想之一。做残疾人工作，帮助最困难的群体，就是最现实的人道主义，就是人道主义的真正践行者"。① 人道主义强调劳动就业，"解决残疾人就业问题是提高残疾人社会地位的关键"；"残疾人要求的是机会平等，没有有效的补偿措施，残疾人将始终处于一种不平等的地位；残疾人状况的改善，要靠人们观念的改变，靠残疾人事业的发展，也要看社会物质文化条件的改善；没有扎扎实实的工作，没有无障碍环境的建设与实现，调子唱得再高，人权还是空的"。② 人道主义同时也强调，要多方面创造条件使残疾人参加社会生产劳动（也就是就业），为社会做出贡献，形成"劳动福利型"的残疾人事业。邓朴方还曾指出，中国推行"劳动福利型"的政策意味着：一方面国家和社会要为残疾人提供一定的扶助和救济，以保障其基本生存与基本生活；另一方面要合理配置资源，积极创造条件让残疾人能够参加力所能及的生产劳动。按照人道主义的逻辑，我国社会福利结构可以分为国家、集体和家庭三个不同的层次。我国残疾人福利事业以劳动就业型残疾人福利工作为基本特点，以现实主义的高度、人道主义的高度以及公平和效益有机统一的高度为基本特色。各级政府、残疾人社会团体和街道、乡镇、社区、家庭、邻里等多元主体的有机结合，各自承担相应责任，共同构成了我国残疾人事业的主体框架体系。

第四节　基本概念界定

概念是理论推演的基本前提，理论创新往往源于概念突破，理论体系的缺陷也常与概念模糊有关，准确把握研究对象的相关概念有利

---

① 邓朴方：《人道主义的呼唤》第四辑，华夏出版社 2012 年版，第 229—230 页。
② 邓朴方：《人道主义的呼唤》选编，华夏出版社 2016 年版，第 204 页。

于真实思维交集与一致解决方案形成。理论是科学研究的重要指导，科学理论指导下的研究成果能最大限度地接近真理，缺乏科学理论指导的研究结论会不可避免地表面化。① 基于上述逻辑，在对乡村振兴战略下农村残疾人社会保障问题进行深入探讨之前，有必要对与之相关的概念进行解读与甄别，以确定本研究的边界。

一　残疾人

1975 年联合国大会发布的《残疾人权利宣言》提出，残疾人是指任何因先天性或非先天性的身心缺陷而不能保证自己可以取得正常的个人生活和社会生活上一切或部分必需品的人。而根据《中华人民共和国残疾人保障法》的释义，残疾人是指在心理、生理、人体结构等方面，某种组织、功能丧失或者不正常全部或者部分丧失以正常方式从事某种活动能力的人。② 总体上看，残疾人是由于生理或精神上损伤而对一个人从事日常活动产生了实质性和长期性影响的人。当然，大多数国家都规定，以下几种情况的人不属于残疾人：第一，各种"瘾君子"，如酗酒、有烟瘾的人，除非其上瘾是因为医疗上的处方用药而造成的；第二，有违法倾向的人，如喜好偷盗的人，或一些具有变态人格的人；第三，暴露狂或窥阴癖者；第四，一些季节性的疾病患者；第五，因为文身等原因而造成的残疾。③

我国自 2013 年 5 月开始实施的《残疾人残疾分类和分级》把残疾人分为视力残疾、听力残疾、言语残疾、肢体残疾、智力残疾、精神残疾和多重残疾七大类别。侏儒症患者，也就是身高小于或等于 1.3 米的成年人，第一次在我国被正式列入残疾范围。《残疾人残疾分类和分级》对于各种残疾人的定义及分类见表 1 - 1。

二　残疾人社会保障

社会保障制度是经济社会发展到一定阶段后的产物，是以国家或政府为主体，依据法律和相关政策的规定，以国民收入再分配为主要手段，对公民在暂时或永久失去劳动能力以及由于各种原因生活出现

---

① 江维国：《新型城镇化中失地农民社会保障问题研究》，博士学位论文，湖南农业大学，2017 年。

② 王齐彦、谈志林：《残疾人社会保障研究》，《中国民政》2006 年第 7 期。

③ 刘勇：《论我国残疾人就业促进法律制度的完善》，《政治与法律》2013 年第 4 期。

表1-1　　　　　　　　　　残疾人的分类及含义

分类	含义	典型病例
视力残疾	各种原因导致双眼视力低下并且不能矫正或双眼视野缩小，以致影响日常生活和社会参与	盲人及低视力者
听力残疾	各种原因导致双耳不同程度的永久性听力障碍，听不到或听不清周边环境声及言语声，以致影响其日常生活与社会参与	完全丧失听力或者辨音不清者；无法进行听说交流者
言语残疾	各种原因导致的不同程度的言语障碍，经治疗一年以上不愈或病程超过两年，而不能或难以进行正常的言语交流活动，以致影响其日常生活和社会参与（3岁以下不定残）	完全或部分丧失语言能力者；失语、构音障碍、发声障碍、口吃等情况者等
肢体残疾	人体运动系统的结构、功能损伤造成的四肢残缺或四肢、躯干麻痹（瘫痪）、畸形等导致人体运动功能不同程度丧失以及活动受限或参与受限	肢体发育异常所致的缺失、畸形或功能障碍者；脊柱因伤、病或发育异常所致的畸形或功能障碍者；中枢、周围神经因伤、病或发育异常造成躯干或四肢的功能障碍者
智力残疾	智力显著低于一般人水平，并伴有适应行为的障碍。此类残疾是由于神经系统结构、功能障碍，使个体活动和参与受到限制，需要环境提供全面、广泛、有限和间歇的支持	智力发育期间（18岁之前），因各种有害因素导致的精神发育不全或智力迟滞者；或者智力发育成熟以后，因各种有害因素导致智力损害或智力明显衰退者
精神残疾	各类精神障碍持续一年以上未痊愈，由于存在认知、情感和行为障碍，以致影响其日常生活和社会参与	精神分裂症者；情感性、反应性精神障碍者；脑器质性与躯体疾病所致的精神障碍；精神活性物质所致的精神障碍；儿童、少年期精神障碍；其他精神障碍者等
多重残疾	同时存在视力残疾、听力残疾、言语残疾、肢体残疾、智力残疾、精神残疾中的两种或两种以上残疾	—

困难状况时给予物质生活帮助，保障其基本生活的一种社会制度。社会保障制度在一定程度上标志着一个国家或地区的文明程度。那么，根据社会保障制度的含义，残疾人社会保障是指国家给予残疾人特别扶助，满足其基本物质需求，以及提供专门针对残疾人的特殊保障的一个特殊制度安排。①

因自身的原因，残疾人通常在社会生活中处于相对弱势的地位，面临的风险比较大，更加需要通过健全的社会保障制度以降低其面临的各类风险，因而每一个国家都将残疾人社会保障视为国家社会保障体系的重要组成。具体来说，残疾人社会保障主要包括就业保障、最低生活保障、教育保障、医疗保障、康复保障、住房救助、社会福利以及残疾人扶贫等方面的内容，当然，保障内容也随着社会的发展在不断充实。

第一，残疾人就业保障。从过程来看，残疾人就业保障不仅包括就业前的就业能力评估、技术技能培训、就业信息咨询、就业渠道拓展、就业安置以及就业支持政策的制定，也包括就业后的效果追踪、可能的法律援助等。② 从就业结果来看，残疾人就业保障不仅包括政府举办的福利企业安排的残疾人集中就业，也包括机关、社会团体、乡镇企业等机构按一定的比例安排的残疾人就业，还包括鼓励残疾人创业与扶持农村残疾人从事种植业、养殖业、手工业等农业相关的生产经营从而实现的就业，这实际上就是通常所说的通过残疾人产业扶贫、技术扶贫、资金扶贫等而实现的就业。③ 应该说，就业既是残疾人实现自身权利和人生价值的具体体现，也是国家和社会责任担当的行为表现。

第二，残疾人最低生活保障。残疾人最低生活保障是指对于共同生活的家庭成员人均收入低于当地居民最低生活保障标准的残疾人及其家庭，由政府给予一定的现金或物质资助，以保证残疾人及其家庭

---

① 伍琳：《国残疾人社会保障制度的历史演进与财政支持研究》，博士学位论文，福建师范大学，2016 年。
② 英明、魏淑艳：《中国特色积极就业政策效果分析：一个评估框架》，《东北大学学报》（社会科学版）2016 年第 3 期。
③ 毕天云：《论大福利视阈下我国社会福利体系的整合》，《学习与实践》2012 年第 2 期。

成员维持基本生活所需的一种保障机制。① 国务院于 2007 年下发了《关于在全国建立农村最低生活保障制度的通知》，自此，包括农村残疾人在内的我国全体公民均被纳入最低生活保障制度的体系范围之内，这无疑是中国特色社会保障的重大进步。在具体实施过程中，各地方政府针对残疾人的特殊情况，结合本地的经济实力，采取了"分类施保"做法，对最低生活保障制度进行了积极而有益的探索，使残疾人受助范围得以较大扩展，切实提高了残疾人的受助水平以及生活水平。

第三，残疾人教育保障。残疾人教育保障是指根据残疾人的残疾类别以及教育接受能力，采取普通教育方式或特殊教育方式为各种类型的残疾人提供的、在其接受能力范围之内的教育保障机制。残疾人教育保障涉及残疾人的学前教育保障、基础教育（义务教育）保障、高等教育保障、职业技术教育和成人教育保障，范围与正常人的教育保障是一致的。② 可见，残疾人教育保障不仅包括普通教育机构对具有接受普通教育能力的残疾人进行的教育，也包括在普通的教育机构内开设特殊教育班或者成立特殊教育机构而开展的残疾人特殊教育，还包括由政府、社会慈善机构、残疾人工伤单位对残疾人进行的技术技能培训、职业教育以及继续教育等。从某种意义上来说，残疾人教育保障也是一种终身教育保障。

第四，残疾人医疗保障。因为残疾人群体的健康状况比正常人群体的健康状况要差，医疗费用支出也通常要大幅高于普通人群，同时，残疾人家庭的平均生活水平较正常家庭却存在较大的差距，一般都低很多，因此医疗救助保障对大部分残疾人而言，无疑具有重要的现实意义。从目前的制度安排来看，我国各地针对残疾人的医疗救助主要有：对困难残疾人参加城镇居民医疗保险和农村居民合作医疗保险个人缴费部分实行全部或者部分减免；政府设定一定的启动标准，对部分残疾人住院后需要个人付费的部分给予适当财政补助；对贫困

---

① 包学雄：《残疾人最低生活保障标准的确定及调整机制探析》，《学术论坛》2010 年第 2 期。

② 朴永馨：《改革开放 30 年中国特殊教育的发展与变革》，《现代特殊教育》2008 年第 12 期。

精神病人实行免费服药、免费住院等。①

第五，残疾人康复保障。残疾人康复保障具体有康复器械、社区康复支持等方式。国家和社会组织采取康复措施帮助残疾人恢复或补偿受损功能，帮助其提高社会活动的参与能力。残疾人康复保障主要采取以残疾人家庭为依托单位，通过地方的康复机构以及社区康复中心开展实用、高效、受益广的康复治疗模式。②

第六，残疾人住房救助。残疾人住房救助是指国家对符合规定标准的住房困难的最低生活保障残疾人家庭、分散供养的残疾人员给予住房方面的帮助，满足其基本住房需求，保证其住有所居，不至于流落他乡。为解决残疾人的住房困难问题，我国各地都做出了很大的努力，尽管政策内容不尽相同、各有侧重，但归纳起来主要有住房租赁补贴、实施"安居工程""造福工程"项目以及为贫困残疾人及家庭建造新房或者改造危房等。③

第七，残疾人社会福利。一般认为，社会福利是指一个国家或地区全体社会成员在社会福利资源分配过程中，都能享受到的物质型福利或服务型福利，如社会津贴、福利性服务等。我国残疾人社会福利主要是指国家对残疾人实施的一系列公共服务优惠和减免等，如公共交通乘坐优惠以及免费游览公园、免费参观博物馆等。④

第八，残疾人扶贫。简言之，残疾人扶贫就是通过一定的方式解决好残疾人的贫困及因贫困而产生的其他衍生性问题。大家通常所讲的残疾人扶贫，是指各级政府有组织、有计划地针对收入低于国家贫困标准的农村残疾人所实施的扶贫开发的政策与行动的集合。残疾人扶贫的目的是扶持其生产增收，以尽快摆脱贫困状态。⑤ 为了实现残

① 刘敏东、陈春、梁映等：《严重精神障碍患者免费给药现状及展望》，《四川精神卫生》2015年第5期。
② 曲淑波：《残疾人社区康复服务站建设的实践探索——以哈尔滨市香坊区为例》，《残疾人研究》2014年第4期。
③ 郑功成：《中国社会保障："十二五"回顾与"十三五"展望》，《社会政策研究》2016年第1期。
④ 杨立雄：《中国社会优待制度研究》，《晋阳学刊》2012年第4期。
⑤ 张琦、冯丹萌：《我国减贫实践探索及其理论创新：1978—2016年》，《改革》2016年第4期。

疾人与全国人民同步进入小康社会的目标，做好新时期残疾人扶贫开发工作，党和政府对此高度重视，对残疾人的民生保障和扶贫开发给予了大力支持，并提出了具体的任务目标和工作要求。

三　乡村振兴

习近平总书记在党的十九大报告中首先提出的乡村振兴战略，引起了社会各界的高度关注与广泛热议。毋庸置疑，自改革开放以来，中国乡村发生了翻天覆地的变化，取得了无与伦比的伟大成就。但因长期城乡二元分治政策及决策的路径依赖，中国城市与乡村发展失衡局面并没有出现根本逆转，差距依然巨大，甚至在"时空压缩"的当前社会转型中显露了继续扩大趋势。僵化的土地制度对土地流转与新型农业经营主体培育的掣肘依然存在①、乡村基础设施和公共服务短缺问题也还非常严重，加上乡村精英不断流失、乡村传统文化断代失传严重、村民自治组织日益涣散以及不少地区村庄规划凌乱、环境不断恶化②，这些因素及叠加效用共同扭曲了乡村社会的自我发展轨迹，加速了中国乡村的衰落。

众所周知，农业丰则基础强，农民富则国家盛，乡村稳则社会安，城市与乡村是一个有机的统一体，唯有相互包容、彼此支撑，方可同频共振、持续发展。因此，在经济发展进入新常态和全面小康社会建成倒计时的关键时间窗口，中国应着重关注乡村发展不平衡、不充分问题，加快乡村建设与振兴。

从词义层面看，振兴是振发兴举、增强活力的意思，振兴是相对衰落、衰退而言的。关于中国乡村振兴，党的十九大报告中的阐述主要有："要坚持农业农村优先发展，按照产业兴旺、生态宜居、乡风文明、治理有效、生活富裕的总要求，建立健全城乡融合发展体制机制和政策体系，加快推进农业农村现代化。"由此可见，中国乡村振兴是指，在马克思主义理论、科学发展观指导下，遵循市场基本规律，以制度改革和政策创新为抓手，通过培育乡村发展内生力量，促

---

① 詹王镇、陈利根：《我国农村集体土地产权制度困境及其破解》，《西北师范大学学报》（社会科学版）2016 年第 4 期。

② 胡祥苏：《乡村社会的衰败与新生乡村社会的衰败与新生》，《红旗文稿》2013 年第 13 期。

进乡村全面复苏，进而实现城乡融合发展的一种发展战略。无论是从理论层面还是从实践层面来看，中国乡村振兴均具有十分丰富的科学内涵（见图1-1）。

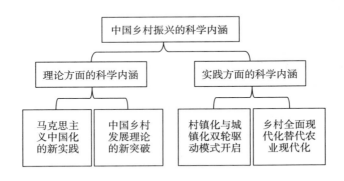

图1-1　中国乡村振兴的科学内涵

从图1-1可知，乡村振兴战略是中国共产党基于新的时代背景，在马克思主义理论指导下，总结提炼中国乡村发展实践、有效响应社会主要矛盾转换的理论创新成果，是马克思主义中国化的新实践。中国乡村振兴战略标志着党和政府对社会主义乡村建设和发展规律的认识达到了一个全新的高度，为进一步推动中国乡村经济社会改革与乡村全面发展提供了理论指南。乡村振兴战略的提出，则彻底打破了靠城镇发展促进或带动乡村发展传统发展思维，标志着中国乡村将成为经济社会发展的主战场之一，城乡两个空间平等发展之旅正式起航，"村镇化"与"城镇化"双轮驱动的新型发展模式将会成为中国经济社会发展的新常态。同时，乡村振兴战略的提出，实际上是对以往乡村发展理念的矫正，意味着乡村全面现代化将替代农业产业现代化。

中国乡村振兴作为乡村全面现代化发展的战略指南，其任务必然涉及乡村经济、政治、文化、社会各方面的内容。结合中国乡村振兴的科学内涵和乡村发展现实情况，本书认为当前中国乡村振兴的主要任务是"两个振兴"和"两个整治"，即振兴乡村产业、振兴乡村文化以及整治村容村貌、整治乡村基层治理。振兴乡村产业旨在促进乡村经济发展，属于根本性任务；振兴乡村文化旨在促进乡村传统文化的传承与繁荣，属于灵魂性任务；整治村容村貌旨在促进乡村社会有序发展，属于条件性任务；整治乡村治理旨在促进乡村政治稳定，属于保证性任务（见图1-2）。

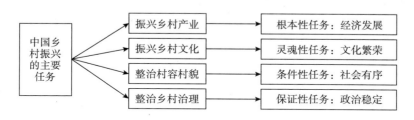

图1-2　中国乡村振兴任务

从图1-2可知：第一，随着新型工业化、信息化、城镇化纵深推进以及新型农业经营体系的初步形成，乡村产业融合发展已经具备一定的基础，因此乡村振兴的首要任务是加快乡村产业融合发展，以振兴乡村产业；第二，中国要在坚守乡村传统优秀文化的基础上，努力寻找现代工业文明与乡村传统文明的契合点，促进乡村文化的传承与创新，使其成为指导乡村振兴、适应新形势的新乡村文化；第三，乡村宜居环境建设既是中国乡民平等参与现代化进程的重要条件，也是共享社会发展成果的重要体现，因而整治村容村貌、强化宜居环境建设必然是中国乡村振兴的重要内容；第四，当前中国的乡村振兴，有必要通过完善乡村基层治理机制，扭转乡村基层治理失序态势，促进乡村社会稳定，从而推动乡村基层治理机制现代化。

第五节　本章小结

本章共分为四部分，第一部分从研究背景、研究意义入手，回应了本书问题的提出。第二部分从残疾人总体发展态势、我国农村残疾人异质性以及残疾人社会保障三个维度进行了文献综述，其中，残疾人社会保障研究具体总结了残疾人总体社会保障的研究、残疾人医疗保障与康复服务的研究、残疾人养老保障的研究、残疾人就业保障的研究以及有关对残疾人扶贫的研究。第三部分阐述了本书的理论基础，具体包括残疾的相关理论和社会保障的相关理论，前者包括功能取向的 WHO 模型、疾病取向的公共卫生模型、残疾人标签理论以及残疾人社会排斥理论，后者包括凯恩斯主义的社会保障思想、社会公正理论、唯物辩证法与合理性理论以及人道主义与我国劳动福利型政策。第四部分对本书的残疾人、残疾人社会保障、乡村振兴三个核心概念进行了界定，确定研究边界。

第二章　中国农村残疾人社会保障现状

近年来，通过农村残疾人扶贫开发等一系列工作的开展，我国农村残疾人社会保障事业取得了可喜的成绩。尤其是"十一五""十二五"期间，政府通过普惠加特惠，一般制度与专项制度相结合的保障措施以及采取优先纳入、分类救助等方式，有效保障和改善了部分农村贫困残疾人的基本生活。然而，从整体上看，我国农村经济发展还比较落后，城乡不平衡状况依然非常严重，加上农村人口基数大，残疾人数量庞大，农村残疾人社会保障事业任重道远。

第一节　中国农村残疾人基本情况

为从整体上掌握中国农村残疾人的基本情况，本书以《中国残疾人事业统计年鉴（2011—2016）》提供的数据为基础，以数据和事实说话，从农村残疾人数量、农村各年龄段平均残疾发生率、农村残疾人口的残疾类型三个维度来介绍当前中国农村残疾人的基本情况。

一　中国农村残疾人数量

中华人民共和国成立以来，我国一共进行了两次大规模的"全国残疾人抽样调查"，第一次是 1987 年 4 月 1 日零时开始，至当年 5 月中旬全部完成入户调查。其间共组织了 420 个调查队、10815 名调查员和 3 万余名干部、陪调员共 4 万多人，逐村逐户认真调查登记。第二次全国残疾人抽样调查始于 2006 年 4 月 1 日—5 月 31 日完成现场入户调查。其间有 738 个调查队，2 万余名调查员，近 6000 名各科医生及 5 万多名陪调员，进入分布于全国城乡的近 77.2 万户人家，逐

户询问、登记、筛查和残疾评定。根据调查数据进行推断，截至 1987
年 4 月 1 日，中国约有 5164 万残疾人，截至 2006 年 4 月 1 日，中国
各类残疾人为 8296 万。此后，中国暂时还没有进行第三次全国残疾
人抽样调查或者普查，但中国残疾人联合会（残联）于 2012 年下发
了《关于使用 2010 年末全国残疾人总数及各类、不同残疾等级人数
的通知》（以下简称《通知》），《通知》根据第六次全国人口普查的
总人口数，以及第二次全国残疾人抽样调查我国残疾人占全国总人口
的比例和各类残疾人占残疾人总人数的比例，推算了 2010 年末我国
残疾人总人数及各类、不同等级的残疾人数。《通知》指出，2010 年
末我国残疾人总人数为 8502 万人。据此，可以推断出，2010 年各类
残疾人总数占我国总人口的比例为 6.34%，与 2006 年抽样调查得出
的比例一致，本书相关数据的计算同样采用此比例。

表 2 - 1　　　　　　　1987—2010 年全国残疾人基本情况

年份	调查中的残疾人口数（人）	调查总人数（人）	占调查总人口的比例（%）	全国残疾人总数（万人）	全国人口总数（亿人）
1987	77345	1579316	4.90	5164	10.84
2006	161479	2526145	6.34	8296	13.11
2010	—	—	6.34	8502	13.41

资料来源：根据第一次、第二次"全国残疾人抽样调查数据"及《关于使用 2010 年末
全国残疾人总数及各类、不同残疾等级人数的通知》整理所得。

从表 2 - 1 可知：我国残疾人口总数基本上呈上升趋势，这当然
与我国人口总规模扩张有较大的关系。1987—2017 年，我国人口总数
从 10.84 亿人增加到了 13.86 亿人，增长幅度为 27.86%，而同期全
国残疾人总数从 1987 年的 5164 万人增至 2010 年的 8500 万人，增长
幅度为 64.60%。那么，从整体上来看，全国残疾人口的增速明显快
于全国总人口的增速，其原因是多方面的，但主要原因是统计口径放
宽、人口老龄化日益严重。

至于中国农村残疾人的基本情况，可以根据相关数据做出大致的

推断。第二次全国残疾人抽样调查报告显示，全国残疾人口中，城镇残疾人口数为2071万人，占残疾人总数的24.96%；农村残疾人口数为6225万人，占残疾人总数的75.04%。那么，按照农村残疾人口数占总人口的比例（0.6225/13.11＝4.75%，2006年我国总人口数为13.11亿），然后，根据各个年份的人口总数，按4.75%的比例，可以推断出我国相应年份农村残疾人口数。然而，第二次全国残疾人抽样调查结果显示，2006年我国农村残疾人总数为6225万人，而当年农村人口总数为73742万人，那么，农村残疾人占农村人口总数大约为8.44%，而当年城镇人口总数为57706万人，城镇人口的残疾发生率为3.59%。同理，按该比例，也可以推断另外一个版本的农村残疾人口数。表2－2是基于上述两种不同方法推算的我国2011—2015年的中国农村残疾人口数。

表2－2　　　　　　　2011—2015年的全国农村残疾人口数

年份	2011	2012	2013	2014	2015
人口总数（万）	134735	135404	136072	136782	137462
基于人口总数推断的农村残疾人口数（万）	6399.91	6431.69	6463.42	6497.15	6529.45
农村人口总数（万）	65656	64222	62961	61866	60346
基于农村人口数推断的农村残疾人口数（万）	5541.37	5420.34	5313.91	5221.49	5093.20

资料来源：根据2012—2016年《中国国民经济和社会发展统计公报》整理所得。

从表2－2可知：因为基于不同的计算方法，基于人口总数推断的农村残疾人口数明显多于基于农村人口数推断的农村残疾人口数。其主要原因是，近些年来，我国城镇化率快速提升，农村人口总数下降明显，而城乡总的人口数依然在不断增长。但本书认为，农村人口总数逐年下降的主要原因是农村劳动力市民化的结果，但在这个过程中，因身体的特殊原因，农村残疾人口市民化的情况毕竟只是少数，因而农村残疾人口减少的数量并不会与农村人口总数成比例下降；相反，农村残疾人口占农村总人口的比例应该会有所上升。因此，本书采用基于人口总数推断的农村残疾人口数作为我国各年份农村残疾人口数。也就是说，本书对城镇或农村残疾人的计算，均用当年全国或某地区人口总数乘以 6.34%，得出当年的残疾人总数，然后分别乘以 24.96% 和 75.04%，即得出当年的城镇或农村残疾人口数量。

二 农村各年龄段平均残疾发生率

第二次全国残疾人抽样调查结果显示，各个年龄段的残疾人比例差别非常大，其中 20 周岁以下残疾率发生比率是最小的，为 1.80%，残疾率发生比率最大年龄段是 85 周岁及以上，具体见表 2 - 3。

表 2 - 3　　　　　　　全国农村各年龄段平均残疾发生率

年龄段（周岁）	—20	20—59	60—64	65—69	70—74	75—79	80—84	85—
残疾率发生比(%)	1.80	5.11	13.57	19.79	28.76	38.86	49.15	57.52

资料来源：2006 年第二次全国残疾人抽样调查数据。

从表 2 - 3 可知：从总体上看，随着年龄增大，农村人口残疾发生率在不断增大，小于 20 周岁的年龄段，残疾发生率是最低的，只有 1.80%，20—59 周岁年龄段的残疾发生率也只有 5.11%。从 60 周岁开始，我国农村各年龄段平均残疾发生率均高于两位数，其 80—84 周岁和 85 周岁以上这两个年龄段，分别接近或者超过了 50% 的残疾发生率。也就是说，在这两个年龄段，平均有一半以上的农村人口是残疾人，这与本课题组的实地调研情况大体一致。本书关于湖南、广东、贵州三省的调查结果显示，80 周岁以上的农村老人，残疾发生率为 51.55%。随着农村人口平均寿命的延长，在老年人口中关节炎和脑血管疾病等致残明显上升，其原因可能与农田耕作、农村环境潮湿以及农村人口饮食习惯欠科学等有关。

与城镇相比较，我国农村生活条件相对较为艰苦，农村医疗卫生事业发展也相对更为落后，而且农村人口大都从事农、林、牧、渔等繁重的体力劳动，残疾发生率难免比较高。而且，近些年来农村人口大量外出务工，务工的岗位主要集中在建筑、采掘等行业，而这些行业的岗位的致残风险系数通常比较高，农村人口在外务工致残后也就无法继续在城市生活和工作，只能回到农村养病、康复，这种因残返乡行为无疑进一步增加了农村人口残疾的发生率。① 根据第二次全国残疾人抽样调查数据可知，2006 年我国农村人口残疾发生率为 8.44%，同期城镇人口残疾发生率为 3.59%，两者相差了 4.85 个百分点。由此可见，农村所有年龄组的残疾发生率无疑都会高于相应年龄组的城市残疾人发生率。

三　农村残疾人口的残疾类型

从残疾类型的分布来看，第二次全国残疾人抽样调查数据显示，农村残疾类型排在前三位的依次为肢体残疾、听力残疾、多重残疾，其所占的比例分别为 28.86%、23.08% 和 16.45%，排在后三位的依次为语言残疾、精神残疾和智力残疾，其所占的比例分别为 1.67%、7.19% 和 7.37%②。同时，根据中国残联 2012 年下发的《关于使用 2010 年末全国残疾人总数及各类、不同残疾等级人数的通知》中的相关数据可知，2010 年我国肢体残疾、听力残疾、多重残疾、视力残疾、智力残疾、精神残疾以及语言残疾的人数分别为 2472 万、2054 万、1386 万、1263 万、568 万、629 万以及 130 万。不同类型残疾在当年 8502 万总残疾人口中的占比分别为 29.07%、24.16%、16.31%、14.86%、6.68%、7.40%、1.53%。假设农村残疾类型从 2006 年到 2010 年没有发生大的变化，然后将两组数据进行对比（见表 2 - 4）。

表 2 - 4　　　农村残疾人口类型与全国残疾人口类型对比　　　单位:%

残疾类型	肢体残疾	听力残疾	多重残疾	视力残疾	智力残疾	精神残疾	语言残疾
2006 年农村残疾类型分布	28.86	23.08	16.45	15.37	7.37	7.19	1.67
2010 年全国残疾类型分布	29.07	24.16	16.31	14.86	6.68	7.40	1.53
类型对比	- 0.21	- 1.08	0.14	0.51	0.69	- 0.21	0.14

资料来源：根据"第二次全国残疾人抽样调查数据"及《关于使用 2010 年末全国残疾人总数及各类、不同残疾等级人数的通知》整理所得。

---

① 韩镇宇、魏后凯、苏红键等：《中国城市外来务工人员致贫原因研究——基于北京、深圳、惠州的微观调查》，《人口学刊》2017 年第 3 期。

② 第二次全国残疾人抽样调查办公室：《第二次全国残疾人抽样调查主要数据手册》，华夏出版社 2007 年版，第 7 页。

从表 2－4 可知：2006 年农村残疾类型分布与 2010 年全国残疾类型分布相比较，农村的肢体残疾、听力残疾以及精神残疾分布分别低于全国水平 0.21、1.08 和 0.21 个百分点。在不考虑先天性因素的前提下，其原因可能有：有部分肢体残疾是由交通事故而引发的，而 2006 年时许多农村地区的主要交通工具是自行车、摩托车，交通事故及引发的人体残疾情况相对较少，可能导致农村地区肢体残疾分布低于全国平均水平；尽管农村各类环境污染日益严重，但许多农村地区整体上的噪声污染毕竟还是远远低于城市，因而其听力残疾分布也就可能会低于全国平均水平；后天的精神残疾主要是由超常生活、工作压力下的心情抑郁、苦闷等因素所引发，农村人口天生具有自给自足的小农意识，生活中比较容易满足，部分人甚至不思进取，得过且过，在农村生活中的竞争压力也就远比城市要小，因而农村的精神残疾分布无疑会低于城市，进而也就会低于全国水平。①

与此同时，农村的多重残疾、视力残疾、智力残疾、语言残疾分布分别高出全国水平 0.14、0.51、0.69 和 0.14 个百分点。同样在不考虑先天性因素的前提下，其原因主要有：除智力残疾外，多重残疾、视力残疾、语言残疾都可以通过现代医疗技术进行一定程度的恢复，而农村的医疗水平显然比城市要差很多，残疾的康复系数远远要小于城市；农村智力残疾分布高于全国水平的原因，除了医疗因素外，与农村儿童照顾不周、个别贫困地区近亲结婚等原因有关。课题组在贵州调查时，就曾遇到过表兄妹结婚导致后代残疾的情况。

第二节　中国农村残疾人社会保障事业的进展

本节同样以《中国残疾人事业统计年鉴（2011—2016）》提供的数据为基础，从农村残疾人受教育情况、农村残疾人就业情况、农村

---

① 宋相鑫：《人的发展视角下农村老年残疾人社会保障问题研究》，博士学位论文，吉林大学，2014 年。

残疾人社会保障情况三个维度探讨中国农村残疾人的社会保障问题。

一　农村残疾人受教育情况

第二次全国残疾人抽样数据表明，农村残疾人受教育情况很不乐观，程度明显低于城镇，且农村残疾人中，男、女性别受教育程度的差距也非常大。在 6 周岁以上农村残疾人中，文盲所占的比率为 18.66%，其中男性为 9.79%，女性为 27.72%，女性高出男性近 20 个百分点；城镇残疾人文盲率为 6.47%，其中男性为 2.61%，女性为 10.15%，性别差距为 10 个百分点左右。农村残疾人文盲率整体上比城镇高出 12.19%，特别是农村女性残疾人文盲率整体上比城镇高出 17.57%。农村残疾人中不识字和没上过学两者相加的比例，占农村残疾人总数的 50% 以上，远高于城镇残疾调查人口的 28.90% 和全部调查人口的 13.48%。而且，农村高中以上学历的残疾人只占残疾人总数的 2.9%，明显低于城镇残疾人调查人口的 17.21% 以及全部调查人口的 8.28% 的比例。当然，随着我国经济社会的发展，近些年来我国农村残疾人受教育情况也在日益好转。接下来以《中国残疾人事业统计年鉴（2012）》和《中国残疾人事业统计年鉴（2016）》的相关数据对中国农村残疾人受教育情况做进一步的分析。

（一）义务教育阶段未入学学龄残疾儿童少年情况

2014 年，我国《第一期特殊教育提升计划（2014—2016 年）》正式启动，截至 2016 年年底，视力、听力、智力三类残疾儿童少年义务教育入学率均达到 90% 以上；全国特教学校达 2080 所，比 2013 年增加 147 所，增长 7.6%；在校生 49.2 万人，比 2013 年增加 12.4 万人，增长 33.7%；义务教育残疾学生生均公用经费已经提高到 6000 元以上。① 为落实《国家教育事业发展"十三五"规划》《"十三五"加快残疾人小康进程规划纲要》，教育部等七部门联合印发的《第二期特殊教育提升计划（2017—2020 年）》提出，"到 2020 年，各级各类特殊教育普及水平全面提高，残疾儿童少年义务教育入学率

① 王振洲：《"十二五"期间我国特殊教育发展的成就、问题与对策》，《现代特殊教育》2017 年第 6 期。

达到95%以上"。入学率达到95%以上，这意味着残疾儿童少年将迎来义务教育的全面普及，而这个数字在全世界范围内都是一个极高的比率。《中国残疾人事业统计年鉴》统计项目中有关义务教育的统计项目是"义务教育阶段未入学学龄残疾儿童少年"，本书以此为依据对残疾儿童少年的义务教育进行分析。

表2-5　　　全国义务教育阶段未入学学龄残疾儿童少年情况　　单位：人

残疾类型 年份	肢体 残疾	听力 残疾	多重 残疾	视力 残疾	智力 残疾	精神 残疾	语言 残疾	合计
2011	35215	11673	17221	12228	35352	5809	8966	126464
2012	28624	5754	13567	5677	28163	3529	5646	90960
2013	25782	5445	12376	5015	26434	2413	5067	82532
2014	26322	4619	13601	3996	28269	3607	4693	85107
2015	—	—	—	—	—	—	—	—

资料来源：《中国残疾人事业统计年鉴（2012—2015）》整理所得；《中国残疾人事业统计年鉴（2016）》中没有义务教育阶段未入学学龄残疾儿童少年情况的统计。

从表2-5可知：我国义务教育阶段未入学学龄残疾儿童少年的情况整体在日益好转，2011年有入学学龄残疾儿童少年126464人未能入学，到2014年已经减少到了85107人。假设入学学龄残疾儿童少年总人数不变的话，2011—2014年，未入学情况已经减少了32.70%。其中，听力残疾、视力残疾、语言残疾这三种类型的未入学人数均呈稳步下降趋势；肢体残疾、多重残疾、智力残疾、精神残疾这三种类型的未入学人数在2014年略有上升，但整体看下降的趋势依然非常明显。智力残疾、精神残疾儿童少年的入学确实存在客观上的难度，肢体残疾、多重残疾儿童少年未入学人数的反弹主要原因是这类残疾儿童少年有所增加。在我国义务教育阶段未入学学龄残疾儿童少年的情况整体在日益好转的背景下，农村义务教育阶段未入学学龄残疾儿童少年也必将有一定程度的好转。

（二）高中教育

我国各地为贯彻落实《残疾人教育条例》《职业教育法》，根据《第二期特殊教育提升计划（2017—2020 年）》中"普通高中和中等职业学校通过随班就读、举办特教班等扩大招收残疾学生的规模；招生考试机构为残疾学生参加中考提供合理便利；依托现有特殊教育和职业教育资源，各省（区、市）集中力量至少办好一所面向本地区招生的盲人高中（部）、聋人高中（部）和残疾人中等职业学校。特教高中资源不足的地市在特殊教育学校增设高中部；加强职业教育，支持校企合作，使完成义务教育且有意愿的残疾学生都能接受适宜的中等职业教育"的要求，制定了推动残疾人教育从义务教育向高中段教育延伸，进一步完善特殊教育体系的实施方略。其目的旨在切实保障残疾人受教育的权利，努力满足人民群众日益增长的美好生活需要，加强残疾人高中段教育，坚持以人为本，完善特殊教育体系，延长残疾人受教育年限，满足残疾人接受高中段教育的需求，进而提高残疾人就业能力，增强其参与社会的能力，提升其生活品质。在《中国残疾人事业统计年鉴》中，有特殊教育普通高中学校（班）统计指标，用以反映残疾人接受高中教育的情况（见表 2－6）。

表 2－6　　　　　　　　全国残疾人高中教育情况

年份　教育类型	盲普通高中（班）	聋普通高中（班）	其他普通高中（班）	盲招生数（人）	聋招生数（人）	盲毕业生数（人）	聋毕业生数（人）
2011	19	145	19	450	2740	190	1293
2012	22	121	43	443	2322	136	1186
2013	27	125	42	340	2366	286	1540
2014	27	122	38	353	1969	212	1644
2015	16	85	8	513	1982	389	1642
合计	111	598	150	2099	11379	1213	7305
平均	22.2	119.6	30	419.8	2275.8	242.6	1461

资料来源：根据《中国残疾人事业统计年鉴（2012—2016）》整理所得。

从表 2 - 6 可知：盲普通高中（班）的数量从 2011 年到 2014 年稳步增加，但 2015 年的数量急剧下降；聋普通高中（班）的数量从 2011 年到 2015 年整体呈下降趋势；其他普通高中（班）的数量与盲普通高中（班）的变化趋势大体一致；盲招生人数 2011 年到 2013 年逐步下降，从 2014 年开始回升，并在 2015 年达到了近些年的新高；聋招生人数尽管在 2014 年、2015 年略有回升，但整体上呈现出下降趋势；盲毕业生人数、聋毕业生人数尽管分别在 2012 年有所下降，但整体上具有上升趋势。虽然近些年来，有少量农村家长将残疾孩子送到了附近城镇的特殊学校接受教育，但本课题组的调查结果显示，接受高中教育的残疾人孩子中，广东只有 20% 左右是农村孩子，而湖南和贵州分别只有 12% 和 8% 左右，整体上只有 13% 左右。可见，城乡残疾孩子在接受高中阶段教育时，依然存在不平等的情况。

（三）中等职业教育

众所周知，职业教育是现代国民教育体系的一个重要组成部分。大力发展职业教育，既是推进新时代、新发展的内在需要，同时也是实施科教兴国战略和人才强国战略的关键途径。习总书记曾多次强调："全面建成小康社会，残疾人一个都不能少。"这既是党中央、国务院对全社会做出的庄严承诺，更是对共享发展理念的生动诠释。对残疾人而言，全面小康不只是关乎温饱的民生福祉，也关乎自我价值的实现与尊严的获得，更关乎残疾人能否广泛参与社会事务，进而充分融合社会和促进自身全面发展，而残疾人的职业教育在其中将发挥无可替代的作用。应该说，残疾人职业教育是一种有"温度"的"贴心"式的教育模式，加快发展残疾人职业教育无疑有助于帮助残疾人提高就业、创业能力，促进残疾人通过就业、创业进一步融入社会和全面发展。① 目前，我国残疾人职业教育在办学规模、办学结构、办学质量等方面都取得了较大的发展。然而，因残疾人职业教育在我国独立发展的时间并不长，且中间还有反复，因而可供借鉴的经验并

---

① 高宇翔、刘艳虹：《中国残疾人职业教育体系发展现状综述》，《职业教育研究》2014 年第 11 期。

不多，可供移植的模式更是严重欠缺，在发展的过程中难免会遇到一些问题。接下来以《中国残疾人事业统计年鉴（2012—2016）》的相关数据进行说明。

表2-7 全国残疾人中等职业教育情况

年份 \ 教育类型	中等职业学校（个）	公办中等职业学校（个）	招生数（人）	在校学生（人）	毕业生数（人）	获得职业资格证书（人）
2011	131	109	4742	11572	6449	4781
2012	152	128	5609	10442	7354	5816
2013	198	168	5355	11350	7772	6200
2014	197	168	5180	11671	8240	5532
2015	100	93	3960	8134	5123	3761
合计	778	666	24846	53169	34938	26090
平均	155.6	133.2	4969.2	10633.8	6987.6	5218

资料来源：《中国残疾人事业统计年鉴（2012—2016）》整理所得。

表2-7显示：残疾人中等职业学校以公办为主，2011—2015年，公办中等职业学校的占比为85.60%，这说明社会力量在残疾人中等职业教育事业方面还有很大可作为的空间；中等职业学校的数量从2011年到2013年急剧增加，从2014年开始减少，特别是2015年开始急剧减少；从招生人数来看，从2011年到2012年有所上升，但从2013年到2015年则逐年下降，2015年大幅减少；在校学生人数除2015年急剧下降外，其他年份的分布都比较均衡；毕业生人数从2011年到2014年稳步上升，2015年则急剧下降；获得职业资格证书的人数从2011年到2013年逐年增加，但从2014年开始又逐年下降且下降幅度较大。与高中教育情况大体一致，本课题组的调查结果显示，接受中等职业教育的残疾人孩子中，广东只有22%左右是农村孩子，而湖南和贵州分别只有14%和9%左右，整体上约为15%；获得职业资格证书的学生占毕业生总数的74.68%。也就是说，有超过1/4的残疾学生没有获得职业资格证书。据学校反映，残疾学生没有获

得职业资格证书主要有两种情况：一是因身体原因确实无法坚持完成学业。二是部分学生自暴自弃，主动放弃。

（四）高等教育

残疾人高等教育既是我国特殊教育事业高级化发展的重要组成，同时也是我国残疾人事业发展不可或缺的组成。应该说，残疾人高等教育的蓬勃发展，是我国改革开放 40 年来残疾人事业取得辉煌成绩的一个缩影。特别是进入 21 世纪以来，国家大力倡导和支持残疾人高等教育事业的发展，这显然对残疾人生活质量的改善、心智的健全起到了重要作用，也对残疾人获得平等的高等教育权利，提高人力资本，进而通过就业、创业而参与社会生活，挖掘自身潜能和体现自身价值，营造和谐社会氛围发挥了重大的促进作用。[1]

20 世纪 80 年代是中国残疾人高等教育的起步年代。1984 年，原教育部、国家计委、劳动人事部、民政部发出的《关于做好高等学校招收残疾青年和毕业分配工作的通知》（［85］教学字 004 号）（以下简称《通知》）要求各地教委、高招办在招生工作中，对生活能够自理、不影响所报专业的学习及毕业后所从事的工作的肢残考生，在德、智条件相同的情况下，不应仅因残疾而不予录取。[2]《通知》的相关规定无疑标志着我国残疾人高等教育事业的发展走出了关键的一步，产生了极其深远的影响。1985 年，山东滨州医学院专门开设了残疾人临床医学系，面向全国专门招收肢残学生[3]，这标志着我国残疾人高等教育事业已经在实践中获得了重要突破；1987 年，北京大学招录了 21 名来自全国各地的残疾考生且在次年又招录了 11 名残疾考生，作为全国最知名的高等学府之一，北京大学的举措对其他高校的残疾人招生取向无疑具有深远的影响。之后，天津理工学院、北京联合大学等多所高校开始招收听障、视障类的残疾学生，残疾人与其他

① 麻一青、孙颖：《残疾人高等教育现状及发展对策》，《中国特殊教育》2012 年第 7 期。
② 刘媛媛、王丽云、李丽：《残疾大学生就业现状及对策研究——从用人单位视角出发》，《中国大学生就业》2015 年第 4 期。
③ 刘志敏：《加快发展我国残疾人高等教育的思考》，《中国残疾人》2003 年第 1 期。

正常考生一样接受高等教育变得越来越常态化。2008 年，中共中央国务院颁布的《中共中央国务院关于促进残疾人事业发展的意见》（中发［2008］7 号）强调，鼓励和支持普通高等学校开办特殊教育专业，各级各类学校在招生、入学等方面不得针对残疾学生设置门槛。[①]2009 年，国务院办公厅下发的《国务院办公厅转发教育部等部门关于进一步加快特殊教育事业发展意见的通知》（国办发［2009］41号）要求：要加快推进残疾人高等教育事业的发展，进一步完善残疾考生政策，不得因考生残疾而拒绝招收；要为残疾人接受成人高等学历教育、自学考试、远程教育等提供更多方便，满足残疾人接受高等教育的需求。[②]

毫无疑问，高等教育同样是衡量残疾人教育社会保障的一个重要指标，对于有志残疾人，通过高等教育证明自身"身残志不残"并获得更好的发展机会，这无疑是政府和社会应该为其提供的重要保障之一。

表 2-8 显示：除 2013 年减少的数量略显偏多外，我国高等特殊教育学院的数量从 2011 年到 2015 年基本上比较稳定，这为残疾人的高等教育提供了稳定的平台；高等特殊教育学院录取残疾人考生类别中，高职（专科）类录取的学生逐年稳步增加，2015 年的录取人数较 2011 年增加了 66.34%，平均每年增加 13.27%；高等特殊教育学院录取残疾人考生类别中，本科类录取的学生整体上呈下降趋势；普通高等院校录取的残疾人考生，无论是本科类还是高职（专科）类，逐年增加的趋势都非常明显，本科类从 2011 年到 2015 年年均增加3.32%，高职（专科）类年均增加 4.26%。值得说明的是，高等特殊教育学院在 2015 年录取了残疾人（盲）研究生 4 人，这 4 人均就读于北京的高等特殊教育学院。

---

① 程凯：《推动听力语言康复工作在新的起点上加快发展——学习贯彻〈中共中央国务院关于促进残疾人事业发展的意见〉》，《中国听力语言康复科学杂志》2008 年第 4 期。

② 刘俊卿：《我国特殊教育学校职业教育支持政策的审视与思考》，《沈阳师范大学学报》（社会科学版）2013 年第 1 期。

表 2 - 8 全国残疾人高等教育情况

| 教育类型
年份 | 高等特殊教育学院 | | | 普通高等院校 | |
| | 机构数 | 录取残疾人考生 | | 录取残疾人考生 | |
		本科	高职(专科)	本科	高职(专科)
2011	18	877	606	3505	3645
2012	20	460	674	3538	3691
2013	15	596	792	3795	3743
2014	18	705	973	3889	3975
2015	20	666	1008	4087	4421
合计	91	3304	4053	18814	19475
平均	18. 2	660. 8	810. 6	3762. 8	3895

资料来源:根据《中国残疾人事业统计年鉴(2012—2016)》整理所得。

二 农村残疾人就业情况

近几年来,我国社会越来越关注弱势群体的发展,残疾人作为弱势群体之一,其生存和发展就显得尤为重要。要促进和发展农村残疾人事业,让残疾人回归社会是最好的选择,农村的残疾人发展亦是如此,因此要重视残疾人就业问题。然而,由于部分农村残疾人就业保障和观念落后,加之相关法律规章制度不完善,严重地阻碍了农村残疾人就业。[1] 接下来以《中国残疾人事业统计年鉴(2012—2016)》的相关数据来探讨我国农村残疾人的就业保障情况。为了更加清楚地了解农村残疾人就业情况,本书将其分为绝对就业情况和相对就业情况分开进行探讨。

(一)农村残疾人就业的绝对情况

农村残疾人就业的绝对情况主要是指没有对比的就业情况,也就是只能以农村残疾人自身在不同年份的就业数量来进行分析,只有纵向比较,没有横向比较。

---

[1] 吴耀环:《社会政策视角下福建农村残疾人就业保障问题研究》,硕士学位论文,福建农林大学,2014 年。

表2-9　　　　　　　全国农村残疾人就业状况　　　　　　单位:%

年份	实际就业（全国）（%）			就业贡献最大的三个省份（以2011年为基准）			就业贡献最小的三个省（市）（以2011年为基准）		
	从事农业生产劳动	从事其他形式就业	合计	河南贡献率	四川贡献率	山东贡献率	上海	青海	北京
2011	13.68	3.81	17.49	1.68	1.64	1.40	0.032	0.048	0.053
2012	13.90	3.80	17.70	1.86	1.75	1.35	0.026	0.037	0.045
2013	13.85	3.72	17.57	1.91	1.81	1.39	0.025	0.047	0.064
2014	13.61	3.63	17.24	1.90	1.76	1.39	0.026	0.052	0.062
2015	13.23	3.55	16.78	1.92	1.65	1.25	0.026	0.051	0.059
平均	13.65	3.70	17.36	1.85	1.72	1.36	0.027	0.047	0.057

资料来源：根据《中国残疾人事业统计年鉴（2012—2016）》整理所得。

表2-9显示：2011—2015年，我国农村残疾人平均就业率为17.36%，其中绝大部分是在从事农业生产劳动；从2012年开始，我国农村残疾人就业率逐年下降，2015年的就业率是这五年中最低的，这一方面可能与近些年来农村残疾人就读高等教育者明显增多，毕业后在城市实现了就业有关。另一方面也可能与农村土地规模化经营后，残疾人就业岗位减少有一定的关系；对农村残疾人就业率贡献最大的三个省份中，河南的贡献率呈逐年小幅增加的趋势，四川的贡献率在2013年达到1.81%的高峰后，开始回落，山东的贡献率走势与四川大体一致；对农村残疾人就业率贡献最小的三个省（市）中，上海市的贡献率除2011年外，其他年份都非常平衡，青海省和北京市的贡献率整体上呈增加趋势，但增加幅度很小。

（二）农村残疾人就业的相对情况

接下来，同样以《中国残疾人事业统计年鉴（2012—2016）》提供的数据，首先推算同期城镇残疾人就业率，再将其与农村残疾人就业率进行对比，以分析农村残疾人就业的相对情况。在第二次全国残疾人抽样调查中，2006年4月1日的城镇残疾人口数为2071万人，当年的人口总数为13.11亿，由此得出城镇残疾人口数占总人口数的比例为 0.2071/13.11 = 1.58%。在不考虑其他因素的情况下，根据 2011 年到 2015 年我国的人口总数，得出各年城镇残疾人数量分别为：2129 万、2139 万、2150 万、2161 万、2172 万。因《中国残疾人事业统计年鉴》提供了城镇残疾人"就业合计"，据此结合各年城镇残疾人数量，可以计算出城镇残疾人就业率，并将其与农村残疾人就业率进行对比分析（见表 2 - 10）。

表 2 - 10 全国农村与城镇残疾人就业率对比

年份	2011	2012	2013	2014	2015
城镇残疾人数（万）	2129	2139	2150	2161	2172
城镇残疾人就业数（万）	440.4828	444.7807	445.5751	435.9517	403.1921
城镇残疾人就业率（%）	20.69	20.79	20.72	20.17	18.56
农村残疾人就业率（%）	17.49	17.70	17.57	17.24	16.78
城镇与农村残疾人就业率之差（%）	3.20	3.09	3.15	2.93	1.78

资料来源：根据《中国残疾人事业统计年鉴（2012—2016）》整理所得。

表 2 - 10 显示：2011—2015 年，我国城镇残疾人就业率均高于农村残疾人就业率，差别最大的年份为 2011 年，两者相差了 3.20%，差别最小的年份为 2015 年，两者相差了 1.78%；从演变趋势来看，城镇残疾人就业率与农村残疾人就业率的差距有缩小的趋势。当然，课题组认为，因为统计口径问题，这并没有反映出真实的情况，农村残疾人就业状况比城市残疾人要糟糕很多。

（三）部分省农村残疾人就业情况相对情况

为便于与后面课题组调查的微观数据进行对比，接下来选取了湖南、广东、贵州这个三个不同经济发展水平的省份的农村与城镇残疾人情况进行分省说明。

表 2 - 11 显示：湖南省城镇残疾人就业率呈逐年下降的趋势，从 2011 年的 59.26% 降到了 2015 年的 52.09%，平均每年下降 1.43 个百分点；湖南省农村残疾人就业率呈现出逐年上升的趋势，从 2011 年

表 2 - 11 部分省农村与城镇残疾人就业率对比

省份	年份	城镇残疾人就业数（万）	城镇残疾人数（万）	城镇残疾人就业率（%）	农村残疾人就业人数（万）	农村残疾人数（万）	农村残疾人就业率（%）	城镇与农村残疾人就业率之差（%）
湖南	2011	27.85	47.00	59.26	89.2	172.00	51.86	7.39
	2012	27.44	48.93	56.08	91.9	168.24	54.62	1.46
	2013	27.88	50.70	54.99	93.1	165.39	56.29	- 1.30
	2014	27.99	52.46	53.35	93.9	162.31	57.85	- 4.50
	2015	28.41	54.54	52.09	94.7	158.23	59.85	- 7.76
	平均	27.91	50.73	55.15	92.56	165.23	56.10	- 0.94
广东	2011	18.36	110.38	16.63	69.3	167.16	41.46	- 24.82
	2012	19.80	112.82	17.55	64.7	164.05	39.44	- 21.89
	2013	21.08	113.96	18.50	61.4	163.00	37.67	- 19.17
	2014	20.40	115.22	17.71	60.8	163.00	37.30	- 19.60
	2015	20.78	117.78	17.64	57	94.7	35.35	- 17.71
	平均	20.08	114.03	17.61	62.64	163.69	38.24	- 20.64
贵州	2011	9.29	19.16	48.49	86.6	107.17	80.81	- 32.32
	2012	7.76	20.04	38.72	77.3	105.24	73.45	- 34.73
	2013	8.05	20.93	38.46	79.2	103.42	76.58	- 38.12
	2014	7.60	22.18	34.27	74.8	99.96	74.83	- 40.56
	2015	6.55	23.43	27.96	74.8	97.22	76.94	- 48.98
	平均	7.85	21.15	37.58	78.54	102.60	76.52	- 38.94

资料来源：根据《中国残疾人事业统计年鉴（2012—2016）》整理所得。

的 51.86% 上升到了 2015 年的 59.85%，平均每年上升 1.60 个百分点；湖南省城镇与农村残疾人就业率之差在 2011 年到 2015 年之间完成了从正数向负数的转变，也就是其城镇残疾人就业状况不断变坏，而农村残疾人就业状况不断好转；广东省城镇残疾人就业状况比较平衡，但就业率比较低，2011—2015 年，基本上都在 17% 左右；广东省农村残疾人就业率呈逐年下降的趋势，从 2011 年的 41.46% 下降到了 2015 年的 35.35%，平均每年下降了 1.22 个百分点；广东省城镇与农村残疾人就业率之差在 2011 年到 2015 年之间一直为负数，但在逐年缩小，主要原因是广东省的城镇残疾人就业率状况比较平衡，但其农村残疾人就业率在不断下降；贵州省城镇残疾人就业率同样呈现逐年下降的趋势，从 2011 年的 48.49% 下降到了 2015 年的 27.96%，平均每年下降 4.11 个百分点；贵州省农村残疾人就业率除 2011 年高达 80.81% 外，其他年份均保持在 75% 左右；贵州省城镇与农村残疾人就业率之差在 2011 年到 2015 年之间均为负数，原因是其城镇残疾人就业状况不断变坏，而农村残疾人就业状况基本保持不变。

当然，本书对年鉴中的统计口径持商榷态度，因为在实际调研中发现，农村残疾人就业状况并没有年鉴中的数据这样漂亮。客观地说，年鉴可能将常年在家，仅在农忙时能帮家里偶尔做做农活，但实际上并没有劳动产出价值的残疾人也计算到了就业范围内，导致了农村残疾人就业率的"虚胖"，特别是湖南和贵州的相关数据，"水分"可能更大。当然，本书对农村残疾人数量的计算方法，可能也有待进一步修正。

三　农村残疾人社会保障情况

近些年来，我国对农村社会保障问题日益重视，逐渐加快了农村社会保障体系建设的步伐，在农村"五保"供养和最低生活保障制度的基础上，进一步健全了农村新型合作医疗，并逐步扩大了新型农村养老保险的覆盖范围。应该说，这些社会保障项目构成了农村残疾人社会保障的一般性保障制度的主体框架。需要说明的是，从 2012 年起，《中国残疾人事业统计年鉴》的统计项目中取消了"残疾居民参加新型农村合作医疗保险"的统计，而且其中也只有 2013 年有新农保覆盖的相关统计数据，所以本书主要采用《中国残疾人事业统计年鉴》中"社会救助与社会福利"以及"农村残疾贫困残疾人扶贫效果"中的相关指标，对农村残疾人社会保障情况进行分析。其中有关残疾人社会保障情况均从城乡统一的视角展开分析。2014 年、2015 年的《中国残疾人事业统计年鉴》中"4 - 1 表：残疾人社会保障情况"中的相关数据可以反映残疾职工参加社会保险、残疾居民参加城乡社会养老保险的情况。尽管此项数据并没有分开统计农村与城镇残疾居民的参保情况，但相关数据对本研究具有重要的参考价值，因此有必要对此进行分析。

（一）残疾人参加社会保障情况

周庆行等（2008）基于"以人为本"发展理念提出，关心残疾人、帮助残疾人是社会应尽的责任，是人类社会文明进步的重要标志，中国特色社会主义事业的建设，也包括具有中国特色的残疾人事业的建设。[①] 因受二元社会格局的深远影响和农村较低经济社会发展水平的严重制约，我国农村与城市残疾人的社会保障水平存在相当大的差距，农村残疾人的社会保障制度建设及其社会保障水平严重落后于城市，这是一个不争的事实。可喜的是，在我国经济快速发展、社会结构不断转型导致人口老龄化与家庭结构小型化趋势日益明显的背景下，城乡居民的养老问题受到了党中央、国务院的高度重视。党的十七大旗帜鲜明地提出，要实现让全体人民"老有所养"的目标，建设覆盖城乡居民的养老保障体系。2009 年国务院印发的《国务院关于开展新型农村社会养老保险试点的指导意见》（国发［2009］32号）标志着我国农村社会养老保险制度的建设自此翻开了全新的一页。全国不少地区在"新农保"的基础上结合本地实际情况，积极探索，正在逐步建立覆盖城乡居民的社会养老保险制度。该制度的建立使得我国社会养老保险朝着城乡一体化方向迈出了坚实的一步，这对于城乡社会保障差距的逐步缩小，社会矛盾的缓和和消除，社会公平的维护无疑具有重大意义。在此背景下，《中国残疾人事业统计年鉴》的有关统计项目和统计口径与时俱进地做出了相应调整。因此，本书采用 2014 年、2015 年的《中国残疾人事业统计年鉴》中"表 4 - 1 残疾人社会保障情况"中的相关数据对 2013年、2014 年我国残疾人参加医疗保险和养老保险的相关情况予以说明（见表 2 - 12）。

---

① 周庆行、张新瑾：《"以人为本"视角下我国残疾人社会保障事业发展的思路与对策》，《福建论坛》（人文社会科学版）2008 年第 10 期。

表 2 - 12　　　　　　2013 年、2014 年残疾人参加社会保险情况

年份	残疾职工参加社会保险		残疾居民参加城乡社会养老保险			
	参加养老保险	参加医疗保险	总人数	其中 60 周岁以下的参保残疾人	其中部分或全部代缴的重度残疾人	其中部分或全部代缴的其他残疾人
2013	282.8	282.8	2180.0	1323.3	379.2	234.7
2014	299.8	302.3	2229.6	1345.8	391.5	247.6

资料来源：根据《中国残疾人事业统计年鉴（2014—2015）》整理所得。

从表 2 - 12 可知，2014 年残疾职工参加养老保险较 2013 年增加了 6.01%，2014 年残疾职工参加医疗保险较 2013 年增加了 7.07%，2014 年残疾居民参加城乡社会养老保险的比例较 2013 年增加了 2.28%，2014 年 60 周岁以下的参保残疾人较 2013 年增加了 1.70%，2014 年部分或全部代缴的重度残疾人较 2013 年增加了 3.24%，2014 年部分或全部代缴的其他残疾人较 2013 年增加了 5.50%。显然，残疾职工参加医疗保险的增加速度比参加养老保险的增速要快，这当然反映了医疗保险对残疾人的重要性。2014 年残疾居民参加城乡社会养老保险的总人数比上一年度只增加了 2.28%，增加速度无疑非常偏低。而且，2013 年我国残疾人口总数大约为 6463.42 万，2014 年大约为 6497.15 万，由此可推断出 2013 年、2014 年我国残疾居民参加城乡社会养老保险的比例大致为 33.73% 和 34.32%。还有一个值得注意的地方的是：部分或全部代缴的重度残疾人增加比例大幅低于其他残疾人的增加比例，这中间是否存在新的不公平问题，值得考察。

（二）社会救助与社会福利情况

1. 社会救助与社会福利全国情况

社会救助是指国家和社会对因各种客观原因（如残疾）而陷入生存困境的公民，给予财、物接济以及生活扶助，以保障其基本生活需要、不至于陷入生活绝境的一种社会制度。[1] 尽管社会救助是一个国

————————

[1]　潘锦棠：《社会保障学》（第 2 版），东北财经大学出版社 2015 年版，第 190 页。

家或地区社会保障体系的重要组成部分，但其保障目标与社会保险是
不同的。社会保险旨在防止劳动风险，风险并不一定会发生，具有预
防性，而社会救助旨在缓解陷入生存困境公民的生活困难程度，风险
已经产生、成为事实，具有应急性。社会福利通常是指国家依法为其
公民普遍提供旨在保证一定生活水平和尽可能提高生活质量的资金和
服务的一种社会保险制度。① 通常情况下，社会福利水平与一个国家
或地区的经济发展水平密切相关，两者呈出正相关关系。社会福利内
容非常广泛，既包括生活、教育、医疗等方面的福利，也包括交通、
文娱、体育、康复等方面的福利；既有各级政府提供的福利，也有企
事业单位提供的福利。实施社会福利的目的在于提高广大社会成员的
物质生活水平和精神生活水平，使社会成员能获得更多享受。

表 2 - 13　　　　全国城乡残疾居民社会救助与社会福利情况

年份	城镇				农村			
	已纳入最低生活范围（万人）	集中供养（万人）	其他救助救济（万人）	覆盖率（％）	已纳入最低生活范围（万人）	五保供养（万人）	其他救助救济（万人）	覆盖率（％）
2011	257.77	12.02	59.75	15.48	773.63	68.5	172.45	15.85
2012	266.54	12.19	68.10	16.21	803.99	68.47	193.16	16.57
2013	264.80	11.67	69.68	16.10	828.24	65.24	196.32	16.86
2014	261.46	11.18	68.68	15.79	844.06	66.20	189.03	16.92
2015	262.13	11.36	70.92	15.86	826.33	66.58	194.60	16.66
平均	262.54	11.68	67.43	15.89	815.25	67.00	189.11	16.57

　　资料来源：根据《中国残疾人事业统计年鉴（2012—2016）》和《中华人民共和国国民
经济和社会发展统计公报（2011—2015）》整理所得。

　　从表 2 - 13 可知：单从绝对数量上来看，无论是"已纳入最低生
活范围""集中供养"（五保供养）还是"其他救助救济"的情况，
农村残疾居民比城镇残疾居民的情况要好很多，以"已纳入最低生活

———————

　　① 剧宇宏：《劳动与社会保障法实务》，中国法制出版社 2012 年版，第 232 页。

范围"五年来的平均数为例，农村残疾居民比城镇残疾居民要多出将近 552.71 万人；但从相对情况来看，城乡残疾居民社会救助与社会福利情况的差距并不明显，从 2012 年到 2015 年，城镇残疾居民社会救助与社会福利的平均覆盖率为 15.89%，农村残疾居民社会救助与社会福利的平均覆盖率为 16.57%，两者相差不到一个百分点；无论是城镇还是农村，残疾居民社会救助与社会福利的覆盖率都不高，且覆盖率也没有明显上升的趋势。一个国家或地区的社会救助与社会福利水平与其经济发展水平具有一定的正向关系，但在我国经济快速、稳定发展的 2012 年到 2015 年的 5 年里，无论农村还是城镇，残疾居民的社会救助与社会福利水平并没有同步提升，各项指标均没有大的改观。需要说明的是，本表的覆盖率是将"已纳入最低生活范围""集中供养"（五保供养）和"其他救助救济"三者的人数相加，然后除以相应年份的城镇和农村的残疾人总数量而得到的，并没有剔除同时具备"已纳入最低生活范围""集中供养（五保供养）"和"其他救助救济"中两项或三项情况的人数，因此实际覆盖率可能还要低于本表的覆盖率。

2. 部分省社会救助与社会福利情况

为便于与后面的微观数据进行对比，接下来选取了湖南、广东、贵州这个三不同经济发展水平的省份的社会救助与社会福利情况进行分省说明。

表 2 - 14　　部分省城乡残疾居民社会救助与社会福利情况

年份	省份	城镇				农村			
		已纳入最低生活范围（万人）	集中供养（万人）	其他救助救济（万人）	覆盖率（%）	已纳入最低生活范围（万人）	五保供养（万人）	其他救助救济（万人）	覆盖率（%）
2011	湖南	19.65	0.74	3.01	49.79	52.8	8.8	8.86	40.97
2012	湖南	21.62	0.77	4.26	54.46	55.20	7.12	10.61	43.35
2013	湖南	20.95	0.78	4.48	51.70	65.72	6.80	11.58	50.85

续表

年份	省份	城镇				农村			
		已纳入最低生活范围（万人）	集中供养（万人）	其他救助救济（万人）	覆盖率（%）	已纳入最低生活范围（万人）	五保供养（万人）	其他救助救济（万人）	覆盖率（%）
2014	湖南	20.53	0.79	4.97	50.12	65.88	6.94	11.97	52.24
2015	湖南	20.32	0.80	5.19	48.24	66.25	7.04	12.08	53.95
平均		20.61	0.78	4.38	50.81	0.5081	7.34	11.02	48.13
2011	广东	9.15	0.52	1.04	9.70	24.77	2.42	3.67	18.46
2012	广东	9.38	0.36	3.02	11.31	28.87	2.46	3.92	21.49
2013	广东	9.19	0.38	3.30	11.29	27.84	2.41	4.44	21.28
2014	广东	8.45	0.40	3.01	10.29	27.59	1.74	3.51	20.15
2015	广东	7.87	0.44	4.12	10.55	24.05	1.96	4.08	18.66
平均		8.81	0.42	2.90	10.63	0.1063	2.20	3.92	20.00
2011	贵州	7.38	0.30	0.97	45.14	41.01	1.28	5.32	44.42
2012	贵州	6.18	0.31	0.92	36.97	41.59	1.35	7.74	48.16
2013	贵州	5.39	0.18	0.99	31.34	44.69	1.27	7.01	51.22
2014	贵州	5.22	0.18	1.13	24.35	43.34	1.12	5.71	50.19
2015	贵州	5.28	0.19	1.32	28.98	41.59	1.23	5.76	49.97
平均		5.89	0.23	1.07	33.36	42.44	1.25	6.31	48.79

资料来源：根据《中国残疾人事业统计年鉴》（2012—2016）和湖南、广东、贵州《国民经济和社会发展统计公报》（2011—2015）整理所得。

从表 2-14 可知，经济发展水平适中的中部地区湖南省的城乡残疾居民社会救助与社会福利情况相对较好，无论是"已纳入最低生活范围""集中供养"（五保供养）还是"其他救助救济"的情况，湖南省的绝对人口数量都是最多的；湖南省城镇残疾居民社会救助与社会福利 2011 年到 2015 年的平均覆盖率为 50.81%，农村为 48.13%；广东省城镇残疾居民社会救助与社会福利 2011 年到 2015 年的平均覆盖率为 10.63%，农村为 20.00%；贵州省城镇残疾居民社会救助与社会福利 2011 年到 2015 年的平均覆盖率为 33.36%，农村为

48.79%；从覆盖率角度看，湖南省城镇残疾居民社会救助与社会福
利的平均覆盖率是最高的，贵州省农村残疾居民社会救助与社会福利
的平均覆盖率是最高的，但贵州省的城镇平均覆盖率是最低的，而广
东省的农村覆盖率是最低的。

　　为更加直观地观察不同经济发展水平省份的农村残疾居民社会救
助与社会福利情况，本书通过 Excel 软件，将湖南、广东、贵州的农
村覆盖率做成趋势图（见图 2 - 1）。

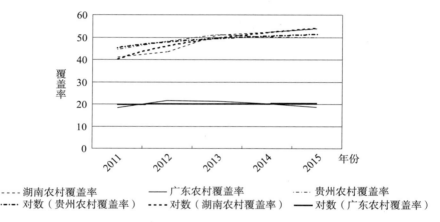

----湖南农村覆盖率　　　——广东农村覆盖率　　　-·-·贵州农村覆盖率
-·-·对数（贵州农村覆盖率）　----对数（湖南农村覆盖率）　——对数（广东农村覆盖率）

图 2 - 1　2011—2015 年湖南、广东、贵州农村残疾居民
社会救助与社会福利覆盖

　　从图 2 - 1 可知，湖南省农村残疾居民社会救助与社会福利覆盖
率稳步上升，在 2011 年，湖南省的覆盖率位置低于贵州省，但到
2015 年时，湖南省的覆盖率已经高于贵州省，因而其覆盖率对数趋势
线比贵州省更为陡峭；贵州省的覆盖率对数趋势线整体上具有上升趋
势，但越到后面越平缓，似乎有点后续乏力；广东省的覆盖率对数趋
势线整体上比较平稳，但已经呈现出向下的趋势，而且广东省的对数
趋势线明显比贵州省和湖南省要低，这说明经济发达东部省份其农村
残疾居民社会救助与社会福利覆盖率并没有同步提升。

　　（三）农村贫困残疾人扶贫效果

　　1. 全国农村贫困残疾人扶贫效果

　　农村贫困残疾人一般是指持残疾人证的农民低保户、分散供养的

残疾人"五保户"等特殊群体。而农村贫困残疾人扶贫是指国家和社会对有一定生产能力的农村贫困残疾人或残疾户从资金、技术、物质等方面给予扶持的一种社会救助制度。近些年，随着我国离全面小康社会达成的目标的时间越来越近，党和政府加大了对农村的精准扶贫力度，对一些深度贫困的农村残疾人，更是如此。

表 2 - 15　　　　　　　　全国农村贫困残疾人扶贫效果情况

年份	扶持贫困残疾人户（万人次）	扶持增加率（%）	实际脱贫（万人）	脱贫增加率（%）	实际返贫（万人）	返贫增加率（%）	实用技术培训残疾人（万人次）	培训增加率（%）
2010	204.01	—	119.49	—	28.89	—	85.47	—
2011	211.79	3.81	122.19	2.26	25.32	-12.36	92.28	7.97
2012	229.92	0.86	137.32	12.38	22.80	-9.95	86.13	-6.66
2013	238.72	0.38	120.61	-12.17	19.42	-14.82	85.59	-0.63
2014	233.23	-2.30	119.91	-0.58	18.48	-4.84	72.62	-15.15
2015	226.75	-2.78	118.34	-1.31	13.85	-25.05	72.55	-0.10
平均	224.07	2.22	122.9767	0.12	21.46	-13.41	82.44	-2.91

资料来源：根据《中国残疾人事业统计年鉴（2011—2016）》整理所得。

从表 2 - 15 可知：2011—2015 年，我国农村扶持贫困残疾人户在经历了 2013 年的 238.72 万人次的高峰后，开始逐年减少，从 2014 年开始，扶持增加率开始出现负增长；农村贫困残疾人实际脱贫在经历了 2012 年的 137.32 万人的高峰后，开始逐年减少，特别是 2013 年较 2012 年出现了大幅减少；农村实际返贫残疾人数从 2010 年到 2015 年逐年减少，平均每年减少 13.41%，2015 年的实际返贫残疾人数已经不到 2010 年的一半；实用技术培训残疾人的次数除 2011 年较 2010 年有所增长外，从 2012 年开始逐年减少，其中 2014 年较 2013 年的减幅达到 15.15%。为更加直观地观察农村贫困残疾人的扶贫效果，本书通过 Excel 软件，将扶贫人次增加率、脱贫人数增加率、返贫人数增加率以及实用技术培训人次增加率做成趋势图（见图2 - 2）。

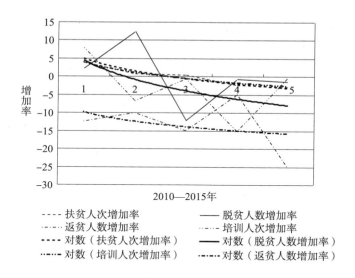

图 2 - 2　农村贫困残疾人扶贫效果趋势

从图 2 - 2 可知：农村贫困残疾人扶贫人次增长率线具有稳健下降的趋势，说明党和政府一直在加大农村贫困残疾人扶贫力度，能纳入农村贫困残疾人扶贫对象者可能日益减少；农村贫困残疾人脱贫人数增加率线也具有稳健下降的趋势，这可能同样是农村贫困残疾人扶贫对象日益减少的原因，但农村贫困残疾人脱贫人数增加率对数趋势线与扶贫人次增长率对数趋势线从下向上相交，说明脱贫难度在加大，攻坚阶段的扶贫力度尚须进一步增强；农村贫困残疾人数线返贫率具有一定程度的起伏，但对数趋势线呈现出明显下降的趋势，表明扶贫效果尽管得到一定程度的巩固，但仍然需要引起警惕；尽管农村贫困残疾人培训人次增长率线具有较大的起伏，但其对数趋势线同样呈现出稳健下降态势，需要引起重视，毕竟残疾人只有掌握了技术，也才可能实现就业，才可能真正脱贫。

2. 部分省农村贫困残疾人扶贫效果

为便于与后面的微观数据进行对比，接下来同样选取了湖南、广东、贵州这个三不同经济发展水平的省份的农村贫困残疾人扶贫效果进行分省说明。

表 2 - 16　　　　　　　　部分省农村贫困残疾人扶贫效果情况

年份	省份	扶持贫困残疾人户（万人次）	扶持增加率（%）	实际脱贫（万人）	脱贫增加率（%）	实际返贫（万人）	返贫增加率（%）	实用技术培训残疾人（万人次）	培训增加率（%）
2010	湖南	9.16	—	4.26	—	1.97	—	2.70	—
2011	湖南	7.41	- 19.10	3.50	- 17.84	1.44	- 26.90	1.83	- 32.22
2012	湖南	7.89	6.48	4.09	16.86	1.22	- 15.28	1.51	- 17.49
2013	湖南	8.69	10.14	4.36	6.60	0.90	- 26.23	1.49	- 1.32
2014	湖南	8.85	1.84	4.14	- 5.05	0.66	- 26.67	1.45	- 2.68
2015	湖南	8.92	0.79	4.92	18.84	0.55	- 16.67	1.46	0.69
平均		8.49	0.03	4.21	3.88	1.12	- 22.35	1.74	- 10.61
2010	广东	6.40	—	3.38	—	0.45	—	2.10	—
2011	广东	7.90	23.44	3.49	3.25	0.34	- 24.44	1.90	- 9.52
2012	广东	6.16	- 22.03	3.69	5.73	0.20	- 41.18	2.01	5.79
2013	广东	4.66	- 24.35	2.11	- 42.82	0.07	- 65.00	1.73	- 13.93
2014	广东	5.09	9.23	2.19	3.79	0.20	- 14.29	1.38	- 20.23
2015	广东	5.74	12.77	2.19	0.00	0.05	- 16.67	1.37	- 0.72
平均		5.99	- 0.19	2.84	- 6.01	0.20	- 32.31	1.75	- 7.72
2010	贵州	11.67	—	5.50	—	1.75	—	1.31	—
2011	贵州	11.09	- 4.97	5.76	4.73	3.24	85.14	1.17	- 10.69
2012	贵州	13.28	19.75	7.52	30.56	1.55	- 52.16	1.36	16.24
2013	贵州	10.69	- 19.50	6.89	- 8.38	1.19	- 23.23	1.37	0.74
2014	贵州	9.15	- 14.41	5.95	- 13.64	1.04	- 12.61	1.70	24.09
2015	贵州	6.70	- 26.78	4.81	- 19.16	1.06	1.92	1.13	- 33.53
平均		9.31	- 9.18	5.27	- 1.18	1.46	- 0.19	1.15	- 0.63

资料来源：根据《中国残疾人事业统计年鉴（2011—2016）》整理所得。

从表 2 - 16 可知，扶持贫困残疾人人次增加率除经济发展适中的中部省份湖南省略有增长外，经济较发达的东部省份广东省和经济欠发达的西部省份贵州省都有所下降，特别是贵州省下降非常明显，平均下降了 9.18%，广东省下降的原因可能是其经济较发达，贫困残疾人扶贫对象不断减少有关，贵州省则可能是其原来的贫困残疾人扶贫对象基数较大有关；从实际脱贫人数增长率来看，除湖南省的平均增长率 3.88% 为正数外，广东省的 - 6.01% 和贵州省的 - 1.18% 均为负数，这说明湖南省的农村残疾人扶贫效果在日益显现，广东省则是因为其农村贫困残疾人总数不多且剩下的基本上是深度贫困者，脱贫难度加大，而贵州省则可能是因为其 2012 年实际脱贫人数大幅增加后，政策的边际效应正在递减，进入了脱贫的攻坚时期；从实际返贫人数增长率来看，三个省份均为负数，这说明各省的农村贫困残疾人返贫情况在不断减少，扶贫效果得到了巩固，特别是广东省实际返贫人数增长率平均下降了 32.31%，效果最为明显，该省从 2013 年开始，实际返贫人数均不足 1000 人，特别是 2015 年已经只有 500 人返贫，但贵州省的返贫情况依然较严重，其 2015 年的返贫人数比 2014 年还要多出 200 人；从实用技术培训残疾人人次的增长率来看，三个省份均为负数，这说明各省对农村残疾人的实用技术培训有所放松，特别是湖南省近些年来平均下降 10.61%，广东省也下降了 7.72%，尽管贵州省的平均下降幅度不大，但其 2015 年较 2014 年下降了 33.53%，这同样不是一个积极的信号。

（四）农村贫困残疾人危房改造

1. 全国农村贫困残疾人危房改造效果

危房改造是指对已经存在造成人类生命财产损害危险的房屋所进行的局部或全新改造，如对中小学危房的改造、对农村居民破旧房屋的改造、对自然灾害引起的存在倒塌风险的房屋的改造。[1] 危房改造的实施主体通常是政府、政府委托机构、慈善组织等非政府机构。在 2008 年的"5·12"汶川大地震之后，危房改造特别是校舍和贫困人口的危房改造，更加引起了党和政府的广泛关注和高度重视，危房改造的力度从此不断加大。[2] 应该说，危房改造工程的实施对学生、贫困居民以及受灾居民具有极其重要的意义，在保证人的生命安全和个人财产方面发挥了重大的作用。当然，危房改造工程的开展，受到了党、政府和社会的密切关注，是社会进步和人民生活水平提高的体

---

[1] 丁建军、吴学兵：《精准扶贫的实践困境与对策建议——以湖北京山五姊山村为例》，《地方财政研究》2018 年第 4 期。

[2] 殷昭举：《创新社会治理与实现和谐善治的"中山经验"》，《社会建设》2015 年第 1 期。

现。基本住房保障也是社会保障的重要组成部分，那么危房改造也无疑是加强农村贫困残疾人社会保障的重要举措。接下来，同样以全国和分省两个视角对农村贫困残疾人危房改造情况进行分析。

表 2 - 17　　　　　　　　全国农村贫困残疾人危房改造情况

年份	危房改造实际完成（户）	受益贫困残疾人（人）	省级投入资金（万元）	地市级投入资金（万元）	县级投入资金（万元）	危房改造实际完成增加率（%）	受益贫困残疾人增加率(%)	省级投入资金增加率（%）	地市级投入资金增加率(%)	县级投入资金增加率（%）
2010	118422.00	145179.00	36063.60	14075.10	36966.80	—	—	—	—	—
2011	93581.00	115238.00	44617.50	14410.30	36162.90	-20.98	-20.62	23.72	2.38	-2.17
2012	132368.00	157074.00	60232.70	16199.80	42155.60	41.45	36.30	35.00	12.42	16.57
2013	122280.00	144359.00	54044.70	14810.20	45901.90	-7.62	-8.09	-10.27	-8.58	8.89
2014	89566.00	103272.00	35641.20	13147.40	35937.20	-26.75	-28.46	-34.05	-11.23	-21.71
2015	68517.00	90911.00	25917.60	9954.10	23894.50	-23.50	-11.97	-27.28	-24.29	-33.51
平均	104122.33	126005.50	42752.88	13766.15	36836.48	-7.48	-6.57	-2.58	-5.86	-6.39

资料来源：根据《中国残疾人事业统计年鉴（2011—2016）》整理所得。

表 2 - 17 显示，2010—2015 年，我国年均改造农村贫困残疾人危房 104122.33 户，改造最多的年份是 2012 年，该年共计改造 132368.00 户，从该年往后改造的户数逐年下降，这很容易理解，危房一旦改造，至少有几十年的使用寿命，在特定时期内的危房存量会显著减少，毕竟农村贫困残疾人的危房数量在特定时期是有限的；此期间农村受益贫困残疾人年均为 126005.50 人，受益贫困残疾人最多的年份是 2012 年，受益人数为 157074.00，2015 年受益人数为 90911 人，是此期间最少的；其间，省级平均每年投入资金、地市级平均每年投入资金、县级平均每年投入资金分别为 42752.88 万元、13766.15 万元、36836.48 万元；危房改造实际完成年均增加率、受益贫困残疾人年均增加率、省级投入资金年均增加率、地市级投入资金年均增加率、县级投入资金年均增加率分别为 - 7.48%、- 6.57%、- 2.58%、- 5.86% 和 - 6.39%，危房改造实际完成年均

增加率和受益贫困残疾人年均增加率大体一致，省级投入资金从 2010 年到 2015 年起伏较大，但它是农村贫困残疾人危房改造资金的主要投入主体，其次是县级投入资金，最后是地市级投入资金；地市级投入资金平均只有省级投入资金的 32.20%，县级投入资金平均只有省级投入资金 86.16%，地市级投入资金平均只有县级投入资金的 37.37%。

表 2 - 18　　　　　　　部分省农村贫困残疾人危房改造情况

年份	省份	危房改造实际完成（户）	受益贫困残疾人（人）	省级投入资金（万元）	地市级投入资金（万元）	县级投入资金（万元）	危房改造实际完成增加率（%）	受益贫困残疾人增加率（%）	省级投入资金增加率（%）	地市级投入资金增加率（%）	县级投入资金增加率（%）
2010	湖南	3735.00	6105.00	573.30	309.70	1109.60	—	—	—	—	—
2011	湖南	3363.00	4289.00	988.20	202.40	1031.20	-9.96	-29.75	72.37	-34.65	-7.07
2012	湖南	4725.00	5657.00	299.10	160.60	2000.40	40.50	31.90	-69.73	-20.65	93.99
2013	湖南	7639.00	8430.00	1065.80	1039.40	3136.40	61.67	49.02	256.34	547.20	56.79
2014	湖南	6997.00	8285.00	2735.20	827.80	2117.00	-8.40	-1.72	156.63	-20.36	-32.50
2015	湖南	7948.00	9912.00	2804.00	1011.40	2932.50	13.59%	19.64	2.52	22.18	38.52
平均		5734.50	7113.00	1410.93	591.88	2054.52	19.48	13.82	83.62	98.74	29.95
2010	广东	3956.00	4488.00	110.70	1455.30	1110.90	—	—	—	—	—
2011	广东	3101.00	4993.00	1047.70	619.00	1210.60	-21.61	11.25	846.43	-57.47	8.97
2012	广东	2630.00	2992.00	970.20	969.90	703.60	-15.19	-40.08	-7.40	56.69	-41.88
2013	广东	1486.00	1655.00	510.70	729.70	451.50	-43.50	-44.69	-47.36	-24.77	-35.83
2014	广东	1324.00	1377.00	59.50	904.00	501.10	-10.90	-16.80	-88.35	23.89	10.99
2015	广东	6118.00	12760.00	2979.20	844.30	376.10	362.08	826.65	4907.06	-6.55	-24.95
平均		3102.50	4710.83	946.33	920.45	725.63	54.18	147.27	1122.08	-1.64	-16.54
2010	贵州	2882.00	3028.00	149.30	22.00	559.10	—	—	—	—	—
2011	贵州	1083.00	1223.00	89.70	10.20	453.20	-62.42	-59.61	-39.92	-53.64	-18.94
2012	贵州	3267.00	3587.00	536.40	182.20	540.70	201.66	193.30	497.99	1686.27	19.31
2013	贵州	2306.00	3226.00	501.60	15.00	708.20	-29.42	-10.06	-6.49	-91.77	30.98
2014	贵州	986.00	1426.00	413.20	22.20	512.30	-57.24	-55.80	-17.62	48.00	-27.68
2015	贵州	442.00	637.00	341.00	3.00	101.30	-55.17	-55.33	-17.47	-86.49	-80.22
平均		1827.67	2187.83	338.53	42.43	479.12	-0.52	2.50	83.30	300.48	-15.31

资料来源：根据《中国残疾人事业统计年鉴（2011—2016）》整理所得。

　　2. 部分省农村贫困残疾人危房改造效果

　　接下来，从分省视角对农村贫困残疾人危房改造情况进行分析，选取的省份同样是湖南、广东和贵州，采用的指标也与表 2-17 完全一致。

　　从农村残疾人危房改造实际完成的情况来看，经济发展水平居中的中部省湖南省 2010 年到 2015 年年均完成 5734.50 户的改造，经济较发达的东部省广东省年均完成 3102.50 户的改造，经济欠较发达的西部省贵州省年均完成 1827.67 户的改造，湖南省完成的数量是最多的，广东省次之，贵州省最少；从农村危房改造的受益贫困残疾人数来看，湖南的年均受益贫困残疾人数为 7113.00 人，广东为 4710.83，贵州为 2187.83，同样是湖南最多，广东次之，贵州最少；从省级投入资金来看，湖南省年均投入 1410.93 万元，广东省年均投入 946.33 万元，贵州省年均投入 338.53 万元，同样是湖南投入最多，广东居中，贵州最少；从地市级投入资金来看，湖南省年均投入 591.88 万元、广东省年均投入 920.45 万元、贵州省年均投入 42.43 万元，广东投入最多，湖南居中，贵州最少，其中贵州 2015 年的地市级投入资金只有 3 万元，其年均投入也分别只有广东的 4.61% 和湖南的 7.17%；从县级投入资金来看，湖南省年均投入 2054.52 万元、广东省年均投入 725.63 万元、贵州省年均投入 479.12 万元，广东和贵州分别只有湖南的 35.32% 和 23.32%。

　　同时，湖南省农村残疾人危房改造实际完成增加率从 2010 年到 2015 年年均增加 19.48%，受益贫困残疾人年均增加 13.82%，省级投入资金年均增加 83.62%，地市级投入资金年均增加 98.74%，县级投入资金年均增加 29.95%；广东省农村残疾人危房改造实际完成增加率从 2010 年到 2015 年年均增加 54.18%，受益贫困残疾人年均增加 147.27%，省级投入资金年均增加 1122.08%，地市级投入资金年均减少 1.64%，县级投入资金年均减少 16.54%。应该说，广东省省级投入资金年均增加率达到 1122.08% 的主要是因为其 2014 年总共只投入了 59.50 万元，而 2015 年省级投入资金大幅增加达到 12760.00 万元，其 2010 年到 2015 年的省级实际投入资金比湖南还要少 2787.6 万元；贵州省农村残疾人危房改造实际完成情况从 2010 年到 2015 年年均减少 0.52%，受益贫困残疾人年均增加 2.50%，省级投入资金年均增加 83.30%，地市级投入资金年均增加 300.48%，县级投入资金年均减少 15.31%；贵州省省级、地市级投入资金年均增加幅度较大的原因均是因为其 2012 年的相关投入较 2011 年大幅增加所致，并不是因为其投入的绝对数量大。

综上所述，从整体上看，湖南省的农村贫困残疾人危房改造从 2010 年到 2015 年一直在稳步推进，但任务依然比较重；广东省的农村贫困残疾人危房改造可能已经进入了攻坚阶段，其 2015 年加大投入力度，可能是为取得全面决战的胜利，但即使是这种情况，其农村贫困残疾人危房改造工作也需要反思，政策支持力度时大时小，缺乏稳定预期；贵州省的农村贫困残疾人危房改造工作给人断断续续的感觉，政策连续性不强且力度偏小，这可能与其经济发展水平不高有关。

（五）乡（镇、街道）残联建设

1. 全国乡（镇、街道）残联建设效果

残联是残疾人联合会的简称，在我国，残联是经政府批准和国家法律认可的残疾人自身的代表组织。残联在政府、社会和残疾人之间架起了一座联系的桥梁，承担着政府残疾人工作协调委员会的日常工作，协助政府做好残疾人事业的综合性调研，协助政府做好残疾人事业发展规划，负责有关残疾人事务的日常性管理工作。[1] 作为一个专门为残疾人服务、促进残疾人事业发展的机构，残联在弘扬人道主义精神，做好残疾人扶贫、康复、教育、就业等工作以及改善残疾人生活状况，优化残疾人工作环境，推动残疾人事业与经济社会全面、协调、可持续发展，开创残疾人事业新局面等方面具有其他组织无可替代的作用。[2] 中国残疾人事业之所以做得有声有色，不断发展，无疑

---

[1] 郭德勒、范英、刘小敏：《新时期人道主义思想和残疾人事业的理论与实践》，华夏出版社 2008 年版，第 142 页。

[2] 张世青：《城市贫困人口社会救助主体的救助责任研究》，博士学位论文，山东大学，2016 年。

离不开残疾人组织的大力支持，尤其是各级残联。那么，乡（镇、街道）残联建设及其工作开展情况，无疑是农村残疾人社会保障不可分隔的内容。接下来以《中国残疾人事业统计年鉴》中"乡（镇、街道）残联建设"的相关数据对此展开探讨。

表 2 – 19　　　　　　全国乡（镇、街道）残联建设情况

年份	乡（镇、街道）已建设残联（个）	残疾机关专职工作人员（人）	乡镇举办干部综合培训（期）	参加乡镇级举办培训（人次）	志愿者登记在册（万人）	受助残疾人（万人）
2010	40041	113477	38157	698272	206.38	248.97
2011	36718	115989	22100	437987	208.3	231.4
2012	39378	123723	21796	374649	193.4	569.2
2013	39666	108722	24441	358031	155.6	746.3
2014	40034	109555	25134	386541	141.1	867.0
2015	40063	102404	25153	381514	145.4	941.2
平均	39316.67	112311.67	26130.17	439499.00	175.03	600.68

资料来源：根据《中国残疾人事业统计年鉴》（2011—2016）整理所得。

从全国乡（镇、街道）残联建设情况表可知，乡（镇、街道）已建设残联个数，除 2011 年有所减少外，其他年份基本上保持了均衡，其 6 年的平均数为 39316.67 个；乡（镇、街道）残疾机关专职工作人员的数量从 2010 年到 2012 年不断增加，但 2012 年是一个"分水岭"，之后逐年减少；从乡镇举办干部综合培训期数来看，2010 年达到了 38157 期，均大幅超过其他任何一个年份，受此影响，参加乡镇级举办培训的人次在 2010 年也高达 698272 次；志愿者登记在册的人数整体上具有逐年下降的趋势，2010 年为 206.38 万人，2015 年只有 145.4 万人，2015 年只占 2010 年的 70.45%；志愿者帮助下的受助残疾人数整体上具有大幅增加的趋势，2010 年为 248.97 万人，2015 年有 941.2 万人，增幅达到了 278.04%，6 年间平均受助残疾人数为 600.68 万人；志愿者登记在册的人数不断减少，受助残疾人数却在大幅增加，说明志愿者服务的效率在大幅提升，而服务效率大幅

提升的背后可能是志愿者的组织化程度在变得越来越高。

2. 部分乡（镇、街道）残联建设效果

接下来，采用相同的指标，从分省视角对湖南、广东和贵州乡（镇、街道）残联建设情况进行分析。（见表2-20）

表2-20　　　　　部分省乡（镇、街道）残联建设情况

省份	年份	乡（镇、街道）已建设残联（个）	残疾机关专职工作人员（人）	乡镇举办干部综合培训（期）	参加乡镇级举办培训（人次）	志愿者登记在册（万人）	受助残疾人（万人）
湖南	2010	2434	10466	247	5981	10.3	21.9
	2011	2372	5381	480	10834	8.8	15.8
	2012	2395	5874	369	7254	8.8	22.7
	2013	2407	5934	368	6258	8.8	22.5
	2014	2420	5780	359	3748	6.2	20.3
	2015	2420	5487	359	3715	4.9	20.2
	平均	2408.00	6487.00	363.67	6298.33	7.97	20.57
广东	2010	1601	3792	261	14448	32.45	8.2
	2011	1600	4714	826	12540	31.7	7.1
	2012	1608	4879	773	14328	29.8	5.3
	2013	1605	4218	811	10620	22.2	5.9
	2014	1616	4208	829	7744	22.2	12.7
	2015	1624	4041	859	7659	22.2	13.3
	平均	1609.00	4308.67	726.50	11223.17	21.90	8.75
贵州	2010	1550	3636	233	5729	3.4	3.7
	2011	1031	3932	410	5331	3.4	3.8
	2012	1471	4456	374	2953	3.3	3.8
	2013	1425	3649	398	7734	3.1	3.8
	2014	1423	3772	437	7222	3.1	4.4
	2015	1420	3194	451	7387	3.1	4.6
	平均	1386.67	3773.17	383.83	6059.33	3.23	4.02

资料来源：根据《中国残疾人事业统计年鉴》（2011—2016）整理所得。

从湖南、广东和贵州的乡（镇、街道）残联建设情况可知，湖南省的乡（镇、街道）已建设残联个数从 2010 年到 2015 年基本平衡，均在 2400 个左右，其平均数即为 2408 个；湖南省的残疾机关专职工作人员在 2010 年为 10466 人，几乎是其他年份的 2 倍，但从 2011 年开始大幅减少，之后各年份的人数基本平衡；湖南省的乡镇举办干部综合培训的期数，除 2010 年和 2011 年起伏较大外，其他年份基本一致；该省参加乡镇级举办培训的残疾人数平均每年为 6298.33 人次，2011 年最多，达到了 10834 人次；该省志愿者登记在册的人数整体上逐年减少，从 2010 年到 2015 年减少了 5.4 万人；该省志愿者帮助下的受助残疾人数除 2011 年的 15.8 万人比较少外，其他年份均在 20 万—23 万人。

广东省的乡（镇、街道）已建设残联个数从 2010 年到 2015 年同样非常平衡，均在 1600 个出头一点，其平均数即为 1609 个；广东省的残疾机关专职工作人员年均为 4308.67 人，各年份之间的人数起伏较大，这与其相当稳定的残联个数不一致；广东省的乡镇举办干部综合培训的期数具有增加的趋势，这种趋势是从 2012 年开始建立起来的；该省参加乡镇级举办培训的残疾人数整体上呈现下降特征，2015 年的参加人数已经只有 2010 年的 53.01%；广东省的志愿者登记在册人数呈减少趋势，但幅度较小，从 2010 年的 32.45 万人减少到 2015 年的 22.2 万人，6 年间只减少了 10.25 万人；该省志愿者帮助下的受助残疾人数整体上具有不断增加的趋势，2014 年和 2015 年的受助残疾人分别为 12.7 万人次和 13.3 万人次，均远大于其 8.75 万人次的平均数。

尽管 2011 年较 2010 年减少了差不多 1/3 的机构，但贵州省的乡（镇、街道）已建设残联个数从 2012 年开始变得稳定起来，其 6 年的平均数为 1386.67 个；贵州省的残疾机关专职工作人员年均为 3773.17 人，各年份之间的人数起伏较大；该省的乡镇举办干部综合培训期数和参加乡镇级举办培训的人次整体具有先抑后扬的特征，其 2014 年和 2015 年的乡镇举办干部综合培训期数和参加乡镇级举办培训的人次均较大幅度地高于其 6 年的平均数。该省的志愿者登记在册人数同样在逐年减少，从 2010 年的 3.4 万人减少到 2015 年的 3.1 万人，6 年间减少了 0.3 万人，年均减少 0.06 万人；该省志愿者帮助下的受助残疾人数整体上同样具有增加的趋势，但增加幅度很大，年均增加 0.15 万人。

从各省对比来看，湖南省的乡（镇、街道）已建设残联个数、残疾机关专职工作人员均是三个省份中最多的，贵州省均是最少的，广东省居中；乡镇举办干部综合培训的期数广东省是最多的，湖南省是最少的，贵州省居中，广东省几乎是湖南省的 2 倍；参加乡镇级举办培训的残疾人人次，广东省是最多的，湖南省居中，贵州省最少，但湖南省和贵州省比较接近；志愿者登记在册人数广东省最多，湖南省次之，贵州省最少，广东省的志愿者登记在册人数是湖南的 3.36 倍，是贵州的 8.28 倍；从志愿者帮助下的受助残疾人数来看，湖南省是最多的，广东省次之，贵州省最少，湖南省的受助残疾人数是广东省的 2.35 倍，是贵州省的 5.12 倍。

（六）村残疾人组织

1. 全国的村残疾人组织建设效果

关心农村残疾人、发展农村残疾人事业既是城乡统筹发展、乡村振兴的题中之义，也是社会文明进步、社会和谐友爱的重要标志。[①] 应该说，农村残疾人生活的好坏，与我国社会的稳定以及新农村建设的成败具有直接的关系。然而，农村残疾人事业的发展仅靠残疾人个人及其家庭显然是难以实现的，其最有效的办法就是将其组织起来，通过互帮互助，提高自身凝聚力。[②] 实践证明，农村村级残疾人组织，能承担一定的社会责任，能为政府相关职能部门决策提供辅助，使政府的公共物品和公共服务供给更加符合农村残疾人的需要。[③] 因此，

[①] 黄晶梅、周鹤：《农村残疾人组织发展的困境分析》，《社会科学战线》2013 年第 8 期。

[②] 秦琴：《农村残疾人社会组织建设现状分析——基于湖北的调查》，《江西社会科学》2014 年第 6 期。

[③] 黄晶梅、周鹤：《农村残疾人群体组织建设的困境分析》，《人民论坛》2013 年第 14 期。

村残疾人组织同样是衡量农村残疾人社会保障情况的重要指标。《中国残疾人事业统计年鉴》中，与村残疾人组织直接的统计项目只有村"乡（镇、街道）残联建设情况"。

全国乡（镇、街道）残联建设情况表明，村已建残协的个数整体上有减少的趋势，2013 年到 2015 年的个数均比平均数要少；村已建残疾人活动室的个数整体上有增加的趋势，2012 年到 2015 年的个数均比平均数要多；但无论是村已建残协的个数还是村已建残疾人活动室的个数，其变动在整体上都不是很大。村已建残协的个数缓慢减少的原因可能与我国近些年的村村合并以及人口外流导致自然村落减少有一定的关系，而已建残疾人活动室的个数略有增加的原因则可能是活动室越来越细化，如原有的残疾人活动室分解为残疾人文化室、残疾人娱乐室等，课题组在调查中就遇到了不少这样的情况。

表 2 - 21　　　　全国乡（镇、街道）残联建设情况

年份	2010	2011	2012	2013	2014	2015	平均
村已建残协（个）	529349	538605	536952	514622	522716	518569	526802
村已建残疾人活动室（个）	294042	304413	328211	327537	332220	332812	319873

资料来源：根据《中国残疾人事业统计年鉴》（2011—2016）整理所得。

2. 部分省的村残疾人组织建设效果

接下来，采用相同的指标，从分省视角对湖南、广东和贵州的乡（镇、街道）残联建设情况进行分析（见表 2 - 22）。

从表 2 - 22 可知，湖南省的村已建残协个数具有两头少，中间多的特征，2011 年和 2015 年的个数均比平均值 35738 个要少；广东省的村已建残协个数除 2011 年明显少于平均值外，其他年份变化不大；贵州省的村已建残协个数则具有两头多，中间少的特征，2010 年度最多，达到了 16005 个，然后逐年减少，但从 2014 年又开始增多；湖南、广东、贵州的村已建残疾人活动室均与全国的变化规律不吻合，均从整体呈现出减少的趋势。

表 2 - 22　　　部分省乡（镇、街道）残联建设情况

年份	湖南		广东		贵州	
	村已建残协（个）	村已建残疾人活动室（个）	村已建残协（个）	村已建残疾人活动室（个）	村已建残协（个）	村已建残疾人活动室（个）
2010	33516	22179	16722	6688	16005	8215
2011	36257	19787	18164	4320	15135	6529
2012	36548	19926	18585	4314	15525	6890
2013	36618	20329	18082	4136	12363	6160
2014	36256	20476	18407	4854	13167	6178
2015	35230	19645	18378	4850	13897	6365
平均	35738	20390	18056	4860	14349	6723

资料来源：根据《中国残疾人事业统计年鉴》（2011—2016）整理所得。

从各省对比来看，湖南省的村已建残协个数的平均数最多，广东省次之，贵州省最少，其原因可能是广东省城镇化率非常高，传统意义上的村已经大幅减少，而贵州省的人口比湖南省又要少很多；村已建残疾人活动室的个数同样是湖南省最多，但广东省是最少的，贵州省居中。

第三节　本章小结

本章基于《中国残疾人事业统计年鉴》（2011—2016）以及《中华人民共和国国民经济和社会发展统计公报》（2011—2016）的相关数据，先从农村残疾人数量、农村各年龄段平均残疾发生率、农村残疾人口的残疾类型三个维度分析了中国农村残疾人基本情况。然后从农村残疾人受教育情况、农村残疾人就业情况、农村残疾人社会保障情况三个维度探讨了中国农村残疾人社会保障事业的近期进展。其中，农村残疾人受教育分析了义务教育阶段未入学学龄残疾儿童少年

情况、高中教育情况、中等职业教育情况、高等教育情况，农村残疾人就业分析了绝对就业情况和相对就业情况，农村残疾人社会保障则从全国和部分省份两个方向探讨了社会救助与社会福利情况、农村贫困残疾人扶贫效果、农村贫困残疾人危房改造效果、乡（镇、街道）残联建设情况、村残疾人组织建设情况。

第三章　中国农村残疾人社会保障的
问题与原因分析

在党和政府以及社会各界的共同努力下，中国农村残疾人的社会保障事业近些年来取得了重大进展。但毕竟我国农村人口基数大，农村残疾人数众多，因而保障水平整体上还比较低下，农村残疾人社会保障与其本身的基本生活需求、小康社会的全面建成、经济社会的全面发展、和谐社会的全面构建以及乡村振兴战略的推进等目标还有相当大的差距。正是因为这种差距的存在，中国农村残疾人社会保障目前存在的问题以及隐含在这种问题背后的深刻原因，值得去深入分析和仔细考究。因此，本章拟通过实证调研的方法以分析目前中国农村残疾人社会保障存在的主要问题及问题背后的深刻原因。

第一节　农村残疾人社会保障调查问卷的设计

要进行一次成功的问卷调查，首先需要有一份设计合理的问卷。问卷设计的合理性，对最终的调查结果具有至关重要的影响。①

一　问卷设计

杨顺喜等（2018）从受教育程度、就业培训情况、就业岗位特征、医疗康复服务等方面入手对农村残疾人的社会保障情况进行了调查，并分析其社会保障存在的主要问题以及问题产生的主要原因，然

---

① 陈冰：《跨国战略联盟的文化因素影响研究》，经济管理出版社2015年版，第91页。

后提出了相应的改进对策。① 付晓萍（2017）采取抽样调查方法调查了上海市某区残疾人的日常生活自理情况、就业状况、养老保险与医疗保险参与情况、月可支配收入、家庭支出、辅助器具配置情况、日间照料与托养情况、残疾人培训情况、无障碍设施建设情况、教育需求满足情况等②，但该调查的实施范围比较小、内容也比较单一、样本量也不是太多。商桑（2017）采用一个包含了 73 个问题的量表，将残疾人分为 16 岁以上和 16 岁以下两个组，分别对其生活、医药、教育、交通、住房等基本生活费用的支出，医疗、失业、工伤等社会保险的参与情况与费用支出情况，以及视力残疾、听力残疾、肢体残疾等不同类型残疾人的月医疗费用支出情况等进行了详细的调查。③该调查的内容繁多，对残疾人有关费用的支出几乎进行了全覆盖，但调查的样本数量却比较少。

关于农村残疾人社会保障情况，刘欢（2016）对农村持证残疾人残疾类别、残疾等级、生产生活状况、社会参与情况、接受教育情况、低保金与救济金发放情况、康复与医疗保障情况等展开了实地调查。④ 李德成（2016）采取分层抽样数据收集方法，针对不同年龄、不同收入、不同残障类别的残疾人个体发放问卷。问卷涉及个人基本信息、教育及就业情况、社会救助状况、主观态度共四大维度，其中基本信息维度包括性别、年龄、残疾等级、残障类别等指标，教育及就业情况维度包括文化程度、工作状况等指标，社会救助状况维度包括社会救助项目的享受、社会救助项目的需求、康复服务、住房保障及残疾人扶贫等指标，主观态度维度包括主观幸福感、社会救助满意

① 杨顺喜、陈思明、周娅君等：《甘肃省靖远县农村残疾人社会保障的问题及对策研究》，《农村经济与科技》2018 年第 9 期。
② 付晓萍：《残疾人的生活现状调查及分析——以上海市 C 区为例》，《济南职业学院学报》2017 年第 3 期。
③ 商桑：《关于残疾人生活状况问题的研究——基于辽宁省 14 市的调查》，《社会福利》（理论版）2017 年第 4 期。
④ 刘欢：《农村持证残疾人的社会保障问题研究》，硕士学位论文，东北财经大学，2016 年。

度等指标。① 田慧玲（2016）采用包括农村残疾人基本情况、社会救助的开展现状以及农村残疾人社会救助机构三个维度的量表，以农村残疾人总数、类型、等级、性别比例、最低生活保障、医疗救助、住房救助、教育救助与特殊教育、就业救助、乡镇残联与农村残疾人组织建设等为指标，对山西省忻州市五台县农村残疾人有关情况进行了调查，其目的是对农村残疾人社会救助展开分析。②

二 量表解释

在查阅大量已有研究文献的基础上，对有关残疾人、残疾人社会保障、农村残疾人社会保障、农村残疾人参与新农村建设的问卷、量表进行了较为详尽的梳理，并通过专家咨询后设计了本次调查问卷。问卷设计了 4 个维度，包含 20 个指标（见表 3 - 1）。

表 3 - 1   农村残疾人社会保障社会保障调查量

维度	变量	变量解释及赋值
基本信息	性别	男 = 1；女 = 2
	年龄	20 周岁以下 = 1；21—50 周岁 = 2；51—60 周岁 = 3；61—70 周岁 = 4；71 周岁以上 = 5
	婚姻	未婚 = 1；已婚 = 2；离异 = 3；丧偶 = 4
	文化程度	文盲 = 1；小学 = 2；初中 = 3；高中、中职 = 4；大学及以上 = 5
	个人月收入	800 元以下 = 1；801 元—1600 元 = 2；1601 元—2400 元 = 3；2401 元—3200 元 = 4；3201 元—4000 元 = 5；4001 元以上 = 6
残疾情况	残疾类型	视力残疾 = 1；听力残疾 = 2；肢体残疾 = 3；智力残疾 = 4；精神残疾 = 5；多重残疾 = 6；语言残疾 = 7

① 李德成：《吉林省农村残疾人社会救助问题及对策研究》，硕士学位论文，东北师范大学，2016 年。

② 田慧玲：《山西省五台县农村残疾人社会救助问题研究》，硕士学位论文，山西财经大学，2016 年。

续表

维度	变量	变量解释及赋值
残疾情况	残疾等级	一级残疾=1；二级残疾=2；三级残疾=3；四级残疾=4；未定级=5
	致残原因	先天性遗传=1；因病致残=2；医疗事故致残=3；因老致残=4；车祸等意外事故致残=5
社会保障情况	参加技术培训情况	未参加培训=1；政府组织的培训=2；村集体组织的培训=3；就业服务机构的培训=4；用人单位的培训=5
	乡镇残疾人就业培训机构情况	无就业培训机构=1；有就业培训机构但服务很少=2；有就业培训机构且服务到位=3；不知道=4
	参加城乡社会养老保险情况	未参加=1；个人及家庭缴费方式参加=2；政府全部或部分代缴方式参加=3；企业职工形式参加=4；社会捐助缴费方式参加=5
	参加新农合情况	未参加=1；个人及家庭缴费方式参加=2；政府全部或部分代缴方式参加=3；企业职工形式参加=4；社会捐助缴费方式参加=5
	接受救助情况	从未接受=1；接受过亲朋救助=2；接受过政府救助=3；接受过村集体救助=4；接受过社会救助=5
	享受福利情况	从未享受=1；享受过政府福利=2；享受过村集体福利=3；享受过用人单位福利=4；享受过慈善组织福利=5
	接受扶贫支持情况	从未接受=1；接受过产业扶贫=2；接受过技术支持扶贫=3；接受过优惠政策扶贫=4；接受过资金扶贫=5
	接受危房改造情况	从未接受=1；接受过局部改造=2；接受过全新改造=3；住政府安置房=4
	乡镇残联建设情况	乡镇没有残联=1；乡镇有残联但服务较少=2；乡镇有残联且服务完善=3

续表

维度	变量	变量解释及赋值
社会保障情况	村残疾人组织建设效果	村里没有组织=1；村里有残疾人组织但活动较少=2；村里有残疾人组织且活动较多=3
	无障碍环境建设的满意度	非常不满意=1；不满意=2；一般=3；比较满意=4；非常满意=5
参与乡村振兴情况	目前就业状态	失业=1；就业=2

从表 3-1 可知，问卷总共分为 4 大部分。第一部分是基本信息，包括被调查者的性别、年龄、婚姻、文化程度以及个人月收入。性别按"男""女"分别赋值"1"和"2"。年龄按"20 周岁以下""21—50 周岁""51—60 周岁""61—70 周岁"以及"71 周岁以上"，分别赋值"1""2""3""4""5"。婚姻按"未婚""已婚""离异"和"丧偶"，分别赋值"1""2""3""4"。文化程度按"文盲""小学""初中""高中、中职"以及"大学及以上"，分别赋值"1""2""3""4""5"。个人月收入按"800 元以下""801—1600 元""1601—2400 元""2401—3200 元""3201—4000 元"以及"4001 元以上"，分别赋值"1""2""3""4""5""6"。

第二部分是残疾情况。具体包括残疾类型、残疾等级、致残原因共 3 个题项。本研究关于残疾类型、残疾等级的细分遵循《残疾人残疾分类和分级》［国家标准（GB 26341—2010）］的规定。残疾类型按"视力残疾""听力残疾""肢体残疾""智力残疾""精神残疾""多重残疾"以及"语言残疾"，分别赋值"1""2""3""4""5""6""7"。残疾等级按"一级残疾""二级残疾""三级残疾""四级残疾""未定级"，分别赋值"1""2""3""4""5"。致残原因按"先天性遗传""因病致残""医疗事故致残""因老致残"以及"车祸等意外事故致残"，分别赋值"1""2""3""4""5"。

第三部分是社会保障情况。具体包括参加技术培训情况、乡镇残疾人就业培训机构情况、参加城乡社会养老保险情况、参加新农合情况、接受救助情况、享受福利情况、接受扶贫支持情况、接受危房改造情况、乡镇残联建设情况、村残疾人组织建设效果和无障碍环境建设的满意度。参加技术培训情况按"未参加培训""政府组织的培训""村集体组织的培训""就业服务机构的培训"以及"用人单位的培训",分别赋值"1""2""3""4"和"5"。乡镇残疾人就业培训机构情况按"无就业培训机构""有就业培训机构但服务很少""有就业培训机构且服务到位"以及"不知道",分别赋值"1""2""3""4"。参加城乡社会养老保险情况按"未参加""个人及家庭缴费方式参加""政府全部或部分代缴方式参加""企业职工形式参加"以及"社会捐助缴费方式参加",分别赋值"1""2""3""4""5"。参加新农合情况按"未参加""个人及家庭缴费方式参加""政府全部或部分代缴方式参加""企业职工形式参加"以及"社会捐助缴费方式参加",分别赋值"1""2""3""4""5"。接受救助情况按"从未接受""接受过亲朋救助""接受过政府救助""接受过村集体救助"以及"接受过社会救助",分别赋值"1""2""3""4""5"。享受福利情况按"从未享受""享受过政府福利""享受过村集体福利""享受过用人单位福利"以及"享受过慈善组织福利",分别赋值"1""2""3""4""5"。接受扶贫支持情况按"从未接受""接受过产业扶贫""接受过技术支持扶贫""接受过优惠政策扶贫"以及"接受过资金扶贫",分别赋值"1""2""3""4""5"。接受危房改造情况按"从未接受""接受过局部改造""接受过全新改造"以及"住政府安置房",分别赋值"1""2""3""4"。乡镇残联建设情况按"乡镇没有残联""乡镇有残联但服务较少"以及"乡镇有残联且服务完善",分别赋值"1""2""3"。村残疾人组织建设效果按"村里没有组织""村里有残疾人组织但活动较少"以及"村里有残疾人组织且活动较多",分别赋值"1""2""3"。无障碍环境建设的满意度按"非常不满意""不满意""一般""比较满意"以及"非常满意",分别赋值"1""2""3""4""5"。

第四部分是参与乡村振兴情况,也就是目前就业状态。本书认为,农村残疾人要参与乡村振兴,首先要做的就是实现就业,因为只有就业，农村残疾人才真正参与到了乡村振兴的进程之中。基于上述逻辑，本书提出，如果农村残疾人处于就业状况就代表其能参与乡村振兴；如果处于失业状态，就代表其没有参与或者不能参与乡村振兴。但为了保证调查结果的客观性，本书分别按"从事种植业""从事养殖业""从事个体工商业""进城务工""在农村被雇用"以及"失业"（分别赋值"1""2""3""4""5""6"）对农村残疾人就业状况展开调查。然后，在计量分析时，将"6"重新赋值为"1"，将"1""2""3""4""5"统一重新赋值为"2"。

三 调查过程描述

课题组的此次调研始于 2018 年 3 月，终于 2018 年 5 月，历时 3 个月，参与调研的人数为 9 人，共分为 3 个小组，调查区域涉及湖南、贵州、广东、广西、江西五省（自治区）。调查共发放问卷 800 份，回收 718 份，有效问卷为 623 份，问卷回收率和有效率分别为 89.75% 和 77.86%，符合人文科学社会发放式问卷的回收率和有效率要求。调研过程中，课题组在湖南、贵州调查时聘请了手语专家，试图与被调查者进行面对面的沟通，但效果并不理想，因为大多数被调查残疾人并不懂手语，此后的调查尽量改由监护人陈述或者填写问卷，如果监护人无法陈述或者无法填写问卷，则由村干部陈述或者填写。

第二节 农村残疾人社会保障调查情况描述

中国农村残疾人社会保障事业是随着新中国的诞生而起步和发展的，是随着社会经济水平提高而不断发展的。中华人民共和国成立以来，中国农村残疾人社会保障事业取得了举世瞩目的伟大成就，农村残疾人的生存和发展得到了很大程度的改善，这为富有中国特色的社会保障理论的建设与发展，提供了非常有价值的素材。

一 被调查者的基本信息描述

通过分析性别、年龄、婚姻、接受教育年限以及个人月收入等基本信息，可以大致了解中国农村残疾人的基本生活状况，而这些状况有助于从宏观层面把握农村残疾人的生活状态与发展现状，进而对其参与乡村振兴能做出一个大致的评估。

（一）农村残疾人性别情况

性别比是在种群层面上研究的问题，是指族群中雄性（男性）对雌性（女性）的比率。在性别比失调的情况下，会产生不良的循环，出生性别比的异常升高若持续下去，将会对人口结构产生重大负面影响，对未来社会的良性稳定运行、社会伦理道德体系也会造成一定冲击。同时男女失调也将带来一系列的社会问题，如婚配失当、人口拐卖、性行为错乱等，影响社会尤其是婚姻的稳定。[①] 此次被调研的农村残疾人男女性别分布情况如表3-2所示。

表3-2　　　　　　　　　农村残疾人性别分布

性别	频数（人）	比例（%）	累计比例（%）
男	336	53.9	53.9
女	287	46.1	100.0
合计	623	100.0	—

表3-2表明，农村残疾人性别分布方面，男性占比为53.9%，女性占比为46.1%，男性明显多于女性，多出了近8个百分点。该比例与《关于开展全国残疾人状况监测工作的通知》（残联发〔2007〕13号）中的男性占52.3%、女性占47.7%的数据大体一致。其原因可能是，男性通常从事较为危险的工作或者在环境较差状态下工作，而且男性的安全意识通常不如女性，所以导致男性更容易被创伤、疾病等外力致残。课题组在调查中曾遇到这样的案例：湖南益阳某村男性村民刘某利用捡来的燃放过的烟花筒，把残留火药倒出，汇聚一起自制炸药炸鱼，然而鱼没炸到，反倒把包括自己在内的3人炸伤，刘某出事时年仅16岁，右手五指及手掌2/3的部分当场炸飞了，一同参与炸鱼的男性村民张某当时年仅15岁，左手当场被炸断，另一男

---

① 顾列铭：《不差钱，只差女》，《乡镇论坛》2009年第14期。

性村民因距离刘某较远，侥幸逃过一劫。而且，刘某和张某两家因为此事，自此以后成为难解冤家，因为药费、抚养费等的争吵一直没有消停过。像这样的事故，女性卷入的可能性通常比较小，因而农村残疾人性别分布方面，男性通常会多于女性。接下来，分析农村残疾人的年龄分布（见表3-3）。

表3-3 农村残疾人性别分布

年龄	频数（人）	比例（%）	累计比例（%）
20周岁以下	61	9.8	9.8
21—50周岁	109	17.5	27.3
51—60周岁	139	22.3	49.6
61—70周岁	169	27.1	76.7
71周岁以上	145	23.3	100.0
合计	623	100.0	—

从表3-3可以看出，农村残疾人的年龄分布具有"越老比例越大"的特征。有20年跨期的"20周岁以下"占比为9.8%，有30年跨期的"21—50周岁"的占比为17.5%，而只有10年跨期的"51—60周岁""61—70周岁"的占比分别为22.3%和27.1%，且"61—70周岁"的占比明显多于"61—70周岁"。我国60岁以上残疾老年人数约为4416万人，占残疾人总数的53.24%，占老年人口总数的24.43%。[①] 以听力残疾为例，我国听力言语残疾人口大约为2700万，其中老年人占1/3。老龄人更容易致残的原因主要有：因为老年人肌力严重衰退，下肢无力，走路不稳，反应迟钝，加上骨质疏松，外力直接作用于疏松的骨质上，极易发生骨折，导致肢体残疾；许多农村老龄人因长期缺乏对外交流，容易出现听说能力、理解能力等的下

---

① 第二次全国残疾人抽样调查领导小组、中华人民共和国国家统计局：《第二次全国残疾人抽样调查主要数据公报》（第二号）2007年5月28日，中残联网站，http：//www.cdpf. org. cn/sytj/content/2007－11/21/content_ 74902. Htm。

降，引发自闭、易怒等不良状况，导致智力水平下降等严重后果，进而出现多重残疾。

课题组在广东佛山均安镇遇到一个这样的案例：一位李姓独居老人，平时能骑电动车外出买菜，也经常在村子的马路上溜达，很少得病，身体看上去非常健康；2016 年夏天的某一天傍晚，72 岁的李老在雨后外出散步时，在没有任何征兆的情况下摔倒在马路上，左腿、左手当场骨折，后来经过 3 个多月的治疗，左手有所恢复，但左腿无论如何都没有再康复了；李老出院后尽管已经与儿子一家在一起居住，但平时也很交流；课题组与李老交流时，能明显感觉到他的思维能力、语言表达能力比正常人要差很多，多重残疾的迹象已经在李老身上出现。这无疑是一个"因老摔倒—肢体残疾—语言、听力残疾—多重残疾"的典型案例。

（二）农村残疾人婚姻状况

婚姻存在的意义就是一个人与另一个人在没有血缘关系的情况下，能够产生最亲密的关系，这种关系与父母无法建立，因为父母已经拥有彼此；与孩子也无法产生这种关系，因为一个是施与方，另一个是接受方；这种关系与朋友无法共存，因为一个人可以有很多朋友。现代意义的"拥有亲密关系"是说两个陌生男女对彼此产生亲密感。既然彼此有亲密感，又无法与其他人产生这样的感觉，这样婚姻就产生了。① 婚姻对一个人来说是一生中最重要的事情，也是人生中一次最最重要的选择。有了婚姻，就有了责任，有了担当。有了去努力，奋斗的动力与人生的目标。接下来，分析本次调查中农村残疾人的婚姻状况（见表 3－4）。

表 3－4　　　　　　　　农村残疾人婚姻状况

婚姻状况	频数（人）	比例（％）	累计比例（％）
未婚	110	17.7	17.7

---

① 王倩、李颖异：《冲突与和解：关系视阈下流动儿童媒介素养构建研究》，《现代传播》（中国传媒大学学报）2018 年第 1 期。

续表

婚姻状况	频数（人）	比例（%）	累计比例（%）
已婚	362	58.1	75.8
离异	55	8.8	84.6
丧偶	96	15.4	100.0
合计	623	100.0	—

婚姻家庭状况是人类社会生活的不可缺少、极其重要的方面。对于残疾人，婚姻含有生存与发展的意义，家庭无疑是其生活的主要载体，对有些农村残疾人来说，婚姻甚至是其生存的唯一依靠。[1] 从表 3-4 提供的信息可知，农村残疾人已婚者为 362 人，占绝大多数，为总样本数 58.1%。未婚者为 110 人，占总样本的 17.7%，尽管未婚者多为"20 周岁以下"，但同样有不少适龄农村残疾人从未结过婚。离异者为 55 人，占总样本的 8.8%，整体上比较正常。丧偶者为 96 人，占总样本的 15.4%，但丧偶农村残疾人至少有 70% 以上为女性，且多为"61—70 周岁""71 周岁以上"的年老女性。课题组在江西某村调查时，一共调查了该村 6 位丧偶农村残疾人，其中就有 5 位是女性。农村残疾离异者有不少情况是因为对方出现了精神残疾而离婚的，湖南某村就有一个这样案例，一位 46 岁的张姓男村民，自幼肢体残疾（跛脚），因"比较勤快"，基本上能谋生、养家，但配偶结婚前就是一位轻度精神残疾者，结婚大约 6 年后，精神残疾日益严重，后来走失了再也找不到，张某在其妻子走失大约 5 年后单方办理了离婚。接下来，分析农村残疾人的接受教育年限状况（见表 3-5）。

（三）农村残疾人文化程度状况

作为社会弱势群体的特殊组成部分，残疾人的教育对于帮助其提升自身素养，增加生活信心，促进就业，进而回归主流社会，消除社

---

[1] 解韬：《我国成年残疾人口的婚姻状况及其影响因素研究》，《人口学刊》2014 年第 1 期。

会排斥与社会隔离，促进其人格完善和参与社会生活能力的提高具有极其重要的意义，因此，残疾人教育事业的发展无疑是我国和谐社会建设的重要内容。[①] 接下来，分析此次调查中农村残疾人的文化程度状况（见表3-5）。

表3-5　　　　　　　　　农村残疾人文化程度状况

文化程度	频数（人）	比例（%）	累计比例（%）
文盲	187	30.0	30.0
小学	166	26.6	56.7
初中	137	22.0	78.7
高中、中职	108	17.3	96.0
大学及以上	25	4.0	100.0
合计	623	100.0	—

注：由于四舍五入的原因，最后合计可能不等100%；下同。

　　文化程度综合反映了农村残疾人人力资本存量情况以及综合素质。因为教育是提高残疾人自身素养进而参与社会竞争的关键，农村残疾人能否接受新事物、接受新观念，主动积极参与到乡村振兴的进程之中，文化程度的高低起着非常关键的作用。从表3-5可知，被调查者中，文盲的样本最多，为187人，占比30.0%，但在文盲农村残疾人中，年老者占比明显多于年轻者。小学文化的农村残疾人为166人，占比26.6%。文盲和小学两者加起来接近60%，由此可见，农村残疾人的文化程度是非常低的。初中文化的农村残疾人为137人，占比为22.0%。高中、中职文化的农村残疾人为108人，占比为17.3%，大学及以上的农村残疾人为25人，占比仅为4.0%，受过高等教育者在农村残疾人中还是一个稀缺物。

　　为直观地反映农村残疾人的文化程度分布情况，本书以文化程度为横轴、以相应的人数和占比为纵轴，编制了"农村残疾人文化程度

---

　　① 尹海洁：《残疾人受教育状况及对其生存的影响》，《山东社会科学》2012年第11期。

分布图"（见图 3－1）。图 3－1 表明，无论是人数还是占比，文化程度越高、柱子越短，这说明农村残疾人接受教育的年限主要分布在低文化程度的区域。

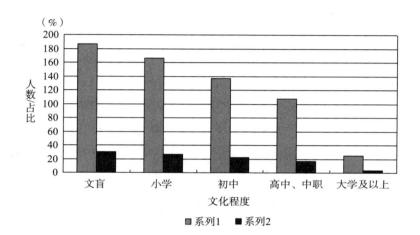

图 3－1　　农村残疾人文化程度分布

接下来，本书将农村残疾人文化程度与就业状态进行交叉分析，从数量上探究两者之间的关系（见表 3－6）。

表 3－6　　　　　　农村残疾人就业状态文化程度的交叉

		文化程度	文盲	小学	初中	高中、中职	大学及以上	合计
就业状态	失业	计数	123	100	62	45	7	337
		受教育年限中的百分比（%）	65.8	60.2	45.3	41.7	28.0	54.1
	就业	计数	64	66	75	63	18	286
		受教育年限中的百分比（%）	34.2	39.8	54.7	58.3	72.0	45.9
合计		计数	187	166	137	108	25	623
		受教育年限中的百分比（%）	100.0	100.0	100.0	100.0	100.0	100.0

表 3 - 7 反映的是农村残疾人文化程度与就业状态之间的关系。在文盲文化的农村残疾人中：就业者为 64 人，失业者为 123 人，就业者几乎只有失业者的一半。在大学及以上文化的农村残疾人中：就业者为 18 人，失业者为 7 人，失业者不足就业者的一半。为直观地反映农村残疾人文化程度与就业状态之间的关系，本书以文化程度为横轴，以就业和失业的相对百分比为纵轴，利用 Excel 软件绘制了文化程度与就业状态变动趋势图（见图 3 - 2）。

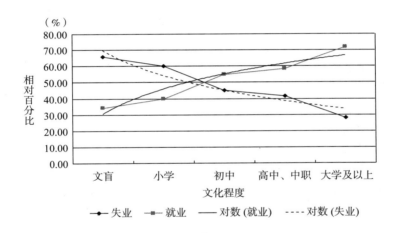

图 3 - 2　农村残疾人文化程度与就业状态变动关系

从图 3 - 2 可知，失业相对比例曲线随着文化程度的提高，稳定下降，而就业相对比例曲线随着文化程度的提高，稳定上升，其相应的对数趋势线更是具有同样的、更为明显的趋势。而且，文化程度在从文盲到小学之间，以及从高中、中职到大学及以上之间，曲线下降或上升的坡度更大，而文化程度在小学到高中、中职之间，曲线下降或上升的坡度相对较为平衡。这说明：第一，文化程度是提高农村残疾人就业率的有效手段；第二，文化程度是提高农村残疾人就业率最有效的两个区间是从文盲到小学，以及从高中、中职到大学。

（四）农村残疾人个人月收入状况

从个体角度看，一个人的月收入基本上能反映出一个人的能力，通常情况下一个人的能力越大，月收入也就会越多。农村残疾人的个人月收入不仅能反映残疾人自身的能力，其平均月收入也能反映整个群体在社会中的生存状况。接下来，分析此次调查中农村残疾人的个人月收入状况（见表3-7）。

表3-7　　　　　　　农村残疾人个人月收入状况

个人月收入	频数（人）	比例（%）	累计比例（%）
800 元以下	277	44.5	44.5
801—1600 元	126	20.2	64.7
1601—2400 元	89	14.3	79.0
2401—3200 元	68	10.9	89.9
3201—4000 元	41	6.6	96.5
4001 元以上	22	3.5	100
合计	623	100.0	—

表3-7表明，个人月收入在800元以下的农村残疾人有277人，占总样本数的44.5%，也就是有接近1/2的农村残疾人每天的收入只有30元以内。个人月收入在2400元以下的农村残疾人占样本的79.0%，个人月收入在4001元以上的只有22人，仅占总样本的3.5%。采用中位数推算，调查样本中农村残疾人的个人月收入大约为1400元，也就是每天只有50元以内的收入。因为中位推算的缺陷，农村残疾人个人月收入大约为1400元已经是严重高估了，调查中课题组发现，许多农村残疾人，特别是50周岁以下的农村残疾人从政府获得的补贴只有大约200元/月，这已经几乎是其全部收入。《2013年度中国残疾人状况及小康进程监测报告》显示，中国农村残疾人家庭人均可支配收入为7829.9元，平均每月仅为652元。[①]

二　被调查者的残疾情况描述

通过分析残疾类型、残疾等级、致残原因等基本信息，可以大致

---

① 陈功、吕庆喆、陈新民：《2013年度中国残疾人状况及小康进程分析》，《残疾人研究》2014年第2期。

了解中国农村残疾人的残疾状况，为乡村振兴战略下农村残疾人的社会保障完善提供参考，促进这个特殊群体更好地融入社会生活、参与乡村振兴。

（一）农村残疾人的残疾类型

残疾类型实际上讲的是残疾人属于哪一种类型的残疾。根据《中华人民共和国残疾人保障法》第 2 条的规定：残疾类型包括视力残疾、听力残疾、言语残疾、肢体残疾、智力残疾、精神残疾、多重残疾和其他残疾的人。此次调查中的农村残疾人的残疾类型见表 3 - 8。

表 3 - 8　　　　　　　　农村残疾人的残疾类型分布

残疾类型	频数（人）	比例（%）	累计比例（%）
视力残疾	91	14.6	14.6
听力残疾	135	21.7	36.3
肢体残疾	153	24.6	60.8
智力残疾	69	11.1	71.9
精神残疾	50	8.0	79.9
多重残疾	95	15.2	95.2
语言残疾	30	4.8	100.0
合计	623	100.0	—

从表 3 - 8 可知，肢体残疾是农村残疾人的主要残疾类型，样本数量为 153 人，占总样本数量的比例接近 1/4。调查中发现，绝大多数农村肢体残疾的人，都是后天原因造成的。听力残疾者次之，为 135 人，占样本的 21.7%，听力残疾者主要由两种情况构成，一是天生听力残疾，二是年老后听力衰退而残疾。多重残疾为 95 人，占比为 15.2%，多重残疾者主要为老年残疾人。视力残疾为 91 人，占比为 14.6%，主要是先天生成的，而且多以整个家庭视力残疾的情况出现。课题组曾在贵州遇到一个这样案例：一家五口人，男主人比较老实、反应不是很快，但也不属于智力残疾，妻子是天生的视力残疾者，其三个子女中有两个同样是天生的视力残疾，仅有一个视力基本

上属于正常。智力残疾者为 69 人，占比为 11.1%，主要是先天原因造成的。精神残疾者为 50 人，占比为 8.0%，构成原因较复杂，既有先天生成者，也有后天受刺激精神失常者，还有因年老而精神失常的情况。语言残疾者为 30 人，占比为 4.8%，是所有残疾类型中占比最少的，但依然比第二次全国残疾人抽样调查中 1.67% 的比例高出不少。课题组在湖南岳阳某村调研时，遇到了一家四口除女主人外，其他三人均为严重口吃的情况。

（二）农村残疾人的残疾等级情况

根据《中华人民共和国残疾人保障法》的规定，残疾人的残疾等级共分为一级残疾、二级残疾、三级残疾、四级残疾，共四个等级。此次调查中的农村残疾人的残疾等级见表 3-9。

表 3-9　　　　　　　　农村残疾人的残疾等级分布

残疾等级	频数（人）	比例（%）	累计比例（%）
一级残疾	95	15.2	15.2
二级残疾	152	24.4	39.6
三级残疾	162	26.0	65.7
四级残疾	126	20.2	85.9
未定级	88	14.1	100.0
合计	623	100.0	—

残疾等级反映了农村残疾人的残损或残疾严重程度，残疾程度最高的是一级残疾，然后依次为二级残疾、三级残疾和四级残疾。总体看来，此次调查中农村残疾人的残疾级别中数量最多的是三级残疾，其样本数量为 162，占比为 26.0%，其次是二级残疾，其样本数量为 152，占比为 24.4%，最少的是未定级者，其样本数量为 88，占比为 14.1%。残疾程度最高的一级残疾的样本数量为 95，占比为 15.2%。未定级的农村残疾人主要在偏远地区或者是致残时间比较短的情况，属于非持证残疾人。课题组在湖南安化的一个偏远山区见到过三位残疾人，残疾特征非常明显，两位是肢体残疾，一位是精神残疾，但都

没有定级。

（三）农村残疾人的致残原因

致残因素通常可以分为先天性因素和后天性因素。先天性因素在各种残疾中，有很大一部分是由先天性致残因素引起的。先天性因素又可分为遗传因素和环境因素。遗传因素是指因为父母遗传基因的作用，使遗传物质发生改变，导致子女在出生时或发育过程中表现出形态和功能方面的异常，如先天性白内障、先天性耳聋、垂体性侏儒等。① 环境因素又可分为两类：一类是胎儿在子宫中发育的内环境，如孕妇患有某些致残疾病、接触过致畸物质、服用某些致残药物、严重营养不良造成对胎儿发育的影响等。另一类因素是妊娠后期、胎儿出生前、胎儿分娩时的产科环境，如异常分娩、分娩过程中的各种损伤和缺氧等。② 当然，大多数先天性残疾的发生是遗传因素和环境因素共同作用的结果。此次调查中的农村残疾人的致残原因分布见表3－10。

表 3－10　　　　　　　　　农村残疾人的致残原因分布

致残原因	频数（人）	比例（％）	累计比例（％）
先天性遗传	70	11.2	11.2
因病致残	247	39.6	50.9
医疗事故致残	30	4.8	55.7
因老致残	144	23.1	78.8
车祸等意外事故致残	132	21.2	100.0
合计	623	100.0	—

导致残疾的主要原因可能只有一类，但也可能是多类互相交错。事实上，在多数情况下要分清某一残疾为先天性残疾还是后天性残疾

① 谢新才、孙悦主：《中医基础理论解析》，中国中医药出版社 2015 年版，第 368 页。
② 张迪：《优生学的伦理反思及生殖遗传学技术的伦理探究》，博士学位论文，北京协和医学院，2015 年。

是很不容易的。从表 3 - 10 可知，此次调查中，因病致残的农村残疾人是最多的，样本数量为 247 个，占总样本的 39.6%，其次是因老致残，样本数量为 144 个，占总样本的 23.1%。医疗事故致残的样本数量最少，为 30 个，占总样本的 4.8%。但车祸等意外事故致残者有132 人，占总样本的 21.1%。先天性遗传的样本数量为 70 个，占总样本的 11.2%。

三　被调查者的社会保障情况描述

社会保障情况是本次调查的重点内容，课题组旨在通过农村残疾人有关社会保障的情况，发现其与就业之间的关系，进而推断出农村残疾人的社会保障情况与其参与乡村振兴之间可能存在的某种关联。

（一）技术培训情况

中国有句俗话：授人以鱼，不如授人以渔。也就是说，残疾人就业不易，一技之长或能改变命运。改革开放以来，党中央和国务院高度重视农村残疾人的生产生活状况，高度重视对农村残疾人开展技术培训，积极地在农村残疾人中推广科学技术，建立职业培训基地，对其进行技术培训，提高其劳动技能，并且帮助其选择适合的就业岗位，充分发挥其潜能。[①] 此次调查中的农村残疾人的技术培训情况见表 3 - 11。

表 3 - 11　　　　　　　　农村残疾人的技术培训情况

技术培训情况	频数（人）	比例（%）	累计比例（%）
未参加技术培训	215	34.5	34.5
政府组织的培训	166	26.6	61.2
村集体组织的培训	161	25.8	87.0
就业服务机构的培训	44	7.1	94.1
用人单位的培训	37	5.9	100.0
合计	623	100.0	—

① 郭钰霞：《当代中国农村残疾人扶贫开发问题研究》，硕士学位论文，吉林大学，2015 年。

从表 3 - 11 可知，未参加技术培训的样本数量为 215 人，占总样本的 34.5%，也就是说超过 1/3 的被调查农村残疾人没有参加过技术培训。参加过政府组织培训的样本数量为 166 人，占总样本的 26.6%。参加过村集体组织培训的样本数量为 161 人，占总样本的 25.8%。参加过就业服务机构组织培训的样本数量为 44 人，占总样本的 7.1%。参加过用人单位组织培训的样本数量为 37 人，占总样本的 5.9%。可见，政府和村集体是为农村残疾人提供技术培训保障的主要单位。调查中发现，自暴自弃而放弃任何技术培训的情况在农村残疾人中不在少数，有些地方政府以乡镇企业为平台，定期对农村残疾人提供技术培训支持，然而真正参与的没有几个。当然，没有从残疾人自身残疾的实际情况出发而对不同的残疾人进行不同的培训，进而使培训内容能够满足残疾人的实际需求情况也不在少数。

（二）乡镇残疾人就业培训机构情况

为推进残疾人自主创业、就业，加快残疾人"精准扶贫""同步小康"进程，有部分乡镇根据上级下达的目标任务，设立了乡镇残疾人就业培训机构。此次调查中的农村残疾人的乡镇残疾人就业培训机构情况见表 3 - 12。

表 3 - 12　　　　　　　乡镇残疾人就业培训机构情况

就业培训机构情况	频数（人）	比例（%）	累计比例（%）
无就业培训机构	380	61.0	61.0
有就业培训机构但服务很少	90	14.4	75.4
有就业培训机构且服务到位	71	11.4	86.8
无就业培训机构但委托其他组织提供服务	44	7.1	93.9
不知道	38	6.1	100.0
合计	623	100.0	—

从表 3 - 12 可知，无就业培训机构的样本数量为 380 人（也就是说农村残疾人所在的乡镇没有设立残疾人就业培训机构），占总样本的 61.0%，这实际上就是说绝大部分乡镇没有设立残疾人就业培训机

构。有就业培训机构但服务很少的样本数量为 90 人，占总样本的
14.4%。有就业培训机构且服务到位的样本数量为 71 人，占总样本
的 11.4%。无就业培训机构但委托其他组织提供服务的样本数量为
44 人，占总样本的 7.1%。不知道的样本数量为 38 人，占总样本的
6.1%。无就业培训机构但委托其他组织提供服务的情况主要有两种
形式：一是地方政府委托地方院校，主要是职业院校定期或不定期向
残疾人提供技术培训服务；二是乡镇残联定期或不定期聘请相关技术
人员和残疾人致富能手向残疾人提供技术培训服务。课题组在广东省
调查时就发现，有不少乡镇与地方职业院校合作，由后者定期为农村
残疾人举办技术培训班，提供技术培训服务。

（三）参加城乡社会养老保险情况

城乡居民养老保险政策是在新型农村社会养老保险试点实施的基
础上，由北京市、天津市、重庆市、浙江省、河南省等地试点先行，
然后出台的全省（市）统一的城乡居民养老保险政策。城乡居民养老
保险政策在制度设计上与"新农保"有很多共同之处，都是由政府主
导建立的社会养老保险制度，实行个人缴费和政府补贴相结合，社会
统筹和个人账户相结合，基本原则是"保基本、广覆盖、有弹性、可
持续"，普惠特征非常明显。① 尽管党和政府近些年来高度重视残疾人
事业，并采取了一系列措施促进该事业的发展，但也许是政策效果滞
后性的原因，在现实中，农村残疾人生存状况并不理想，农村残疾人
的养老还面临着诸多挑战。此次调查中的农村残疾人参加城乡社会养
老保险的情况见表 3 - 13。

表 3 - 13　　　　　农村残疾人参加城乡社会养老保险情况

参加城乡社会养老保险情况	频数（人）	比例（%）	累计比例（%）
未参加	52	8.4	8.4
个人及家庭缴费方式参加	315	50.6	58.9
政府全部或部分代缴方式参加	159	25.5	76.1

---

① 崔红志：《新型职业农民培育的现状与思考》，《农村经济》2017 年第 9 期。

续表

参加城乡社会养老保险情况	频数（人）	比例（%）	累计比例（%）
企业职工形式参加	62	10.0	94.4
社会捐助缴费方式参加	35	5.6	100.0
合计	623	100.0	—

从表 3 – 13 可知，农村残疾人未参加城乡社会养老保险的样本数量为 52 人，占总样本的 8.4%，也就是说，接近 1/10 的农村残疾人未参加城乡社会养老保险。个人及家庭缴费方式参加的样本数量为 315 人，占总样本的 50.6%。政府全部或部分代缴方式参加的样本数量为 159 人，占总样本的 25.5%。企业职工形式参加的样本数量为 62 人，占总样本的 10.0%。社会捐助缴费方式参加的样本数量为 35 人，占总样本的 5.6%。总体上看，在已经参加城乡社会养老保险的样本中，以"个人及家庭缴费方式""政府全部或部分代缴方式"参加者居多，两者加起来占总样本的 76.1%。企业职工形式参加者参加的实际上是企业职工养老保险，但从农村残疾人的就业状况来看，许多已经就业的残疾人并没有参加企业职工养老保险。社会捐助缴费方式参加的样本尽管不多，但毕竟是一个可喜的现象，这对农村残疾人的社会保障事业发展来说无疑具有添砖加瓦的作用。

（四）参加新农合情况

"新农合"的全称为新型农村合作医疗，是指由政府组织、引导、支持，农民自愿参加，个人、集体和政府多方筹资，以大病统筹为主的农民医疗互助共济制度。新农合是由我国农民自己创造的互助共济的医疗保障制度，在保障农民获得基本卫生服务、缓解农民因病致贫和因病返贫方面发挥了重要的作用。[1] 新农合的报销范围主要有三部分，即门诊补偿、住院补偿和大病补偿。此次调查中的农村残疾人的新农合参加情况见表 3 – 14。

---

[1] 李佳：《基于福利认同视角的"新农合"满意度评价研究》，《东北财经大学学报》2018 年第 3 期。

表 3 - 14 农村残疾人参加新农合情况

参加新农合情况	频数（人）	比例（%）	累计比例(%)
未参加	40	6.4	6.4
个人及家庭缴费方式参加	310	49.8	56.2
政府全部或部分代缴方式参加	182	29.2	85.4
企业职工形式参加	57	9.2	94.5
社会捐助缴费方式参加	34	5.5	100.0
合计	623	100.0	—

从表 3 - 14 可知，农村残疾人未参加新农合的样本数量为 40 人，占总样本的 6.4%。个人及家庭缴费方式参加的样本数量为 310 人，占总样本的 49.8%。政府全部或部分代缴方式参加的样本数量为 182 人，占总样本的 29.2%。企业职工形式参加的样本数量为 57 人，占总样本的 9.2%。社会捐助缴费方式参加的样本数量为 34 人，占总样本的 5.5%。总体上看，在已经参加新农合的样本中，以"个人及家庭缴费方式""政府全部或部分代缴方式"参加者居多，两者加起来占总样本的 79.0%。同理，企业职工形式参加者参加的实际上是企业职工医疗保险，但许多已经就业的残疾人并没有参加企业职工医疗保险。

从总体上看，农村残疾人未参加新农合（医疗保险）的样本数量比未参加城乡居民社会养老保险者要少，大约要少 2 个百分点。这说明收入不高的农村残疾人更加注重医疗保险，毕竟其随时面临着需要支出大量医疗费用的风险，而养老保险是"明天的事哪知道"。

（五）接受救助情况

社会救助，有时也称为社会救济。一般情况下，救济是一种消极的救贫济穷措施，是基于一种同情和慈善的心理，对贫困者进行的行善施舍，多表现为暂时性的救济措施，不具有长期性；而救助则更多地折射出一种积极的救困助贫措施，作为政府的责任而采取的长期性的救助，甚至是政府社会保障政策的一部分。因此，基于政府的责任而采取的长期性的救助，通常是指国家对于遭受灾害、失去劳动能力的公民以及低收入的公民给予特别救助，以维持其最低生活水平的一项社会保障制度。社会救助主要是对社会成员提供最低生活保障，其目标是扶危济贫，救助社会残疾人等脆弱群体，其对象是社会中的低收入人群和困难人群。应该说，社会救助是人道主义思想的具体体现，是社会保障的最后一道防护线与安全网。[1] 此次调查中的农村残疾人的接受救助情况见表 3 – 15。

表 3 – 15　　　　　　　　农村残疾人接受救助情况

接受救助情况	频数（人）	比例（%）	累计比例(%)
从未接受	139	22.3	22.3
接受过亲朋救助	132	21.2	43.5
接受过政府救助	137	22.0	65.5
接受过村集体救助	109	17.5	83.0
接受过慈善组织救助	106	17.0	100.0
合计	623	100.0	—

从表 3 – 15 可知，农村残疾人从未接受过任何救助的样本数量为139 人，占总样本的22.3%。换言之，有将近1/4的农村残疾人从未接受过任何形式的救助。接受过亲朋救助的样本数量为132 人，占总样本的21.2%。接受过政府救助的样本数量为137 人，占总样本的22.0%。接受过村集体救助的样本数量为 109 人，占总样本的17.5%。接受过慈善组织救助的样本数量为 106 人，占总样本的17.0%。从未接受过救助的样本绝大部分是经济收入比较高的部分人，或者是子女经济收入比较高，认为自己不需要救助。需要说明的是，有部分农村残疾人同时接受过多种渠道的救助，但为统计方便，本书将其纳入接受救助最多的渠道，如某农村残疾人既接受过政府救助，也接受过村集体救助，还接受过慈善组织救助，但相对而言，慈

---

① 林闽钢：《新历史条件下"弱有所扶"：何以可能，何以可为?》，《理论探讨》2018年第1期。

善组织的救助多一些，就将其纳入"接受过慈善组织救助"。如果将"社会捐助缴费方式参加"城乡社会养老保险、新农合的样本数量与"接受过慈善组织救助"的样本数量对比就知道，慈善组织的救助具有明显的随机性，并不固定。

（六）享受福利情况

残疾人福利是指国家和社会对有残疾的公民在年老、疾病、缺乏劳动能力以及退休、失业、失学等情况下提供基本的物质帮助，并根据特定的社会、经济发展水平，给予其相应的康复、医疗、教育、劳动就业、文化生活、社会环境等方面的权益保障。具体来说，残疾人福利的主要内容是残疾预防、残疾康复、特殊教育、劳动就业、文体娱乐和无障碍环境。[1] 但为了与社会救助、扶贫等区分，本书此处的"福利"采用狭义的口径，特指节日慰问类似的"福利"。此次调查中的农村残疾人的享受福利情况见表 3－16。

表 3－16 农村残疾人享受福利情况

享受福利情况	频数（人）	比例（%）	累计比例（%）
从未享受	110	17.7	17.7
享受过政府福利	116	18.6	36.3
享受过村集体福利	122	19.6	55.9
享受过用人单位福利	133	21.3	77.2
享受过慈善组织福利	142	22.8	100.0
合计	623	100.0	—

从表 3－16 可知，农村残疾人从未接受过福利的样本数量为 110 人，占总样本的 17.7%，这比将近 1/4 的农村残疾人从未接受过任何形式救助的情况要好不少。享受过政府福利的样本数量为 116 人，占总样本的 18.6%。享受过村集体福利的样本数量为 122 人，占总样本

---

① 潘锦棠：《社会保障学》（第 2 版），东北财经大学出版社 2015 年版，第 209—210 页。

的 19.6% 。享受过用人单位福利的样本数量为 133 人，占总样本的 21.3% 。享受过慈善组织福利的样本数量为 142 人，占总样本的 22.8% 。从未享受福利的样本，其原因与从未接受过救助的样本是差不多的。应该说，在农村残疾人福利方面，慈善组织还是做得不错的。享受过用人单位福利的样本数量也比"企业职工形式参加"城乡社会养老保险、新农合的样本数量多了很多，当然，这也从另外的角度说明用人单位福利可能具有"蜻蜓点水"的特征。

（七）接受扶贫支持情况

综观国内国际经验，无论是发达国家抑或是发展中国家，贫困问题都是普遍存在的，特别是残疾人相对贫困的问题更为严重。一个国家和地区随着经济发展、财富总量增长、扶贫开发和社会救助力度加大，残疾人的绝对贫困现象通常情况下会有所减弱甚至逐步消除；但因工业化、城市化、农业现代化进程中的要素极化和市场机制下"能者多劳多得"作用，收入不平等程度不仅不会缩小反而可能会进一步加大，相对贫困现象反倒有可能会变得更加突出并长期存在。① 残疾人扶贫不仅是一项需要社会各界共同努力的持久工程，也是一项与政府执政理念紧密相关的工作。此次调查中的农村残疾人接受扶贫支持情况见表 3 – 17。

表 3 – 17　　　　　　　　农村残疾人接受扶贫支持情况

接受扶贫支持情况	频数（人）	比例（%）	累计比例（%）
从未接受	157	25.2	25.2
接受过产业扶贫	141	22.6	47.8
接受过技术支持扶贫	136	21.8	69.7
接受过优惠政策扶贫	104	16.7	86.4
接受过资金扶贫	85	13.6	100.0
合计	623	100.0	—

---

① 黄恒学、李本钦：《巴中市残疾人扶贫模式创新研究》，中国经济出版社 2015 年版，第 143 页。

从表 3 - 17 可知，农村残疾人从未接受过扶贫支持的样本数量为 157 人，占总样本的 25.2%，也就是说，有 1/4 的农村残疾人从未接受过扶贫支持。接受过产业扶贫的样本数量为 141 人，占总样本的 22.6%。农村残疾人产业扶贫是增强贫困地区和贫困残疾人口"造血"功能和自我发展能力最为有效的路径，主要包含两方面的内容：一是选择适合的产业并将其做大做强，即把蛋糕做大，这是基本前提，产业做不大做不强，产业扶贫只能是空谈；二是保障贫困地区和贫困残疾人口充分分享产业发展收益，即把蛋糕分好，这是重要保障，蛋糕做得再大，残疾人等弱势群体无法分享，产业扶贫同样只能是空谈。① 农村残疾人技术扶贫是通过技术专业人员到农村手把手、面对面传授技术，促进农村残疾人的技术意识，帮助其掌握生产、脱贫技术。② 接受过技术支持扶贫的样本数量为 136 人，占总样本的 21.8%。课题组在贵州见到了以扶贫示范园为平台的技术支持扶贫模式：园区通过开设扶贫就业岗位、进行劳动技能培训、技术专业人员与包括农村残疾人在内的农民一对一辅导，让其成为懂技术、懂管理的职业农民。接受过优惠政策扶贫的样本数量为 104 人，占总样本的 16.7%。接受过优惠政策扶贫的农村残疾人大多是个体工商户，当然也有不少接受过优惠政策扶贫者在调查时已经不再是个体工商户。接受过资金扶贫的样本数量为 85 人，占总样本的 13.6%。接受过资金扶贫的农村残疾人多为种植业者和养殖业者。

（八）接受危房改造情况

危房改造是国家保障性安居工程的组成部分，从 2008 年开始启动、试点，到 2011 年开始扩大到全国范围。毫无疑问，农村危房改造，是一项重要的民生工程。农村危房改造与城市保障房两个安居工程，共同构成了我国完整的城乡保障性安居工程体系，使住房保障覆

---

① 黄承伟、庄天慧：《自然灾害应对与扶贫开发理论与实践》，华中师范大学出版社 2013 年版，第 118 页。

② 国务院扶贫开发领导小组办公室：《为了共同富裕》，中国财政经济出版社 2005 年版，第 244—246 页。

盖到城乡，实现了城乡统筹、城乡一体。① 因而，危房改造也就成为农村残疾人社会保障的重要组成部分。此次调查中的农村残疾人接受危房改造情况见表 3 – 18。

表 3 – 18　　　　　　　农村残疾人接受危房改造情况

接受危房改造情况	频数（人）	比例（%）	累计比例（%）
从未接受	202	32.4	32.4
接受过局部改造	158	25.4	57.8
接受过全新改造	144	23.1	80.9
住政府安置房	119	19.1	32.4
合计	623	100.0	—

从表 3 – 18 可知，农村残疾人从未接受过危房改造的样本数量为 202 人，占总样本的 32.4%，也就是有将近 1/3 的农村残疾人没有接受过危房改造，其原因有两个：一是部分农村老龄残疾人住在子女处，原来的房屋没有必要再改造；二是部分经济状况较好的农村残疾人，其住房用不着改造。接受过局部改造的样本数量为 158 人，占总样本的 25.4%。接受过全新改造的样本数量为 144 人，占总样本的 23.1%。接受过局部改造与接受过全新改造的样本数量相差不多。住政府安置房的样本数量为 119 人，占总样本的 19.1%。有些接受过全新改造的情况并不是因为专门针对农村残疾人而实施的扶贫工程，是因为当地新农村建设的需要，在地方政府的统一规划下对当地某一片区所有住房进行的统一改造，但在改造进程中，农村残疾人所支付的费用要比正常人低很多甚至是完全免费的。需要说明的是，本书将集中安置的精神病农村残疾人也算作了"住政府安置房"。

（九）乡镇残联建设情况

各级残疾人联合会是广大残疾人的重要联系纽带甚至是代言人，

① 中共河北省委讲师团：《惠在何处惠从何来：与干部群众谈党的惠民政策》，人民日报出版社 2012 年版，第 128 页。

特别是街道、乡镇残联，是残疾人工作的基础和落脚点。乡镇残联的主要职责是调查乡镇一级的残疾人的分布、生产与生活状况，统计残疾人的有关数据，分析残疾人致残的原因，为残疾人开展康复、预防等方面的工作提供支持与服务。众所周知，残疾人事业是构建和谐社会的重要组成部分，残疾人基层组织能密切联系本地区残疾人，反映残疾人的意见和需求，维护残疾人的合法权益；广泛团结教育残疾人遵守国家法纪，积极开展活动，丰富残疾人的精神文化生活，充分发挥桥梁、纽带和教育引导作用；为残疾人争取社会保障等合法权益，促进农村残疾人参与生产活动。此次调查中的乡镇残联建设情况见表3-19。

表 3-19　　　　　　　　　　　　乡镇残联建设情况

乡镇残联建设情况	频数（人）	比例（%）	累计比例(%)
乡镇没有残联	203	32.6	32.6
乡镇有残联但服务较少	200	32.1	64.7
乡镇有残联且服务完善	220	35.3	100.0
合计	623	100.0	—

从表3-19可知，乡镇没有残联的样本数量为203人，占总样本的32.6%，也就是有将近1/3的乡镇没有残联。乡镇有残联但服务较少的样本数量为200人，占总样本的32.1%。乡镇有残联且服务完善的样本数量为220人，占总样本的35.3%。从上述数据可以看出，我国乡镇残联的建设情况并不理想，只有1/3多一点的乡镇残联建设与运行状况良好。课题组在调查中发现，乡镇残联建设与运行状况较好的地区，其农村残疾人的就业状况、精神面貌、犯罪率等指标明显要好于那些"没有残联""只挂牌不服务"的地区。

（十）村残疾人组织建设效果

根据中国残联印发的《村（社区）残疾人协会工作规范（试行）》和《残疾人专职委员工作规范（试行）》的精神，村（社区）的残疾人组织主要工作为：密切联系本村（社区）残疾人，代表残疾人利益，积极向村民委员会（社区居民委员会）和乡镇（街道）残联反映残疾人的需求和愿望，维护残疾人合法权益；协助村民委员会（社区居民委员会）开展调查摸底工作，掌握辖区内残疾人的基本情况、基本需求，建档立卡；协助村民委员会（社区居民委员会）和乡镇（街道）残联做好有关残疾人生活保障、就业、扶贫、教育、康复、托养、维权、无障碍建设、文化体育等工作；协助村民委员会（社区居民委员会）和乡镇（街道）残联制定、落实对残疾人的各项优惠扶助措施；完善志愿助残服务机制，办好助残志愿者联络站，发展助残志愿者队伍，开展助残活动。协调推动社区内各类组织和公共服务机构，为残疾人提供优先、优质、优惠的无障碍服务；开展人道主义和残疾人事业的宣传，营造残疾人平等参与的社会氛围。组织开展全国助残日、国际残疾人日和各类残疾人节日等活动；调动残疾人的积极性，参与社区建设；经常组织残疾人开展和参与丰富多彩的活动，活跃残疾人生活；开展残疾人自我教育、自我管理、自我服务，激励残疾人自尊、自信、自强、自立，提高自身素质，遵纪守法，履行公民义务。可见，村残疾人组织建设对农村残疾人社会保障事业的发展具有何等重要的作用。此次调查中村残疾人组织建设效果见表3－20。

表 3－20　　　　　　　　　农村残疾人组织建设情况

农村残疾人组织建设情况	频数（人）	比例（%）	累计比例（%）
村里没有组织	221	35.5	35.5
村里有残疾人组织但活动较少	205	32.9	68.4
村里有残疾人组织且活动较多	197	31.6	100.0
合计	623	100.0	——

从表3－20可知，村里没有残疾人组织的样本数量为221人，占总样本的35.5%，也就是有超过1/3的村没有残疾人组织的存在。村里有残疾人组织但活动较少的样本数量为205人，占总样本的32.9%。村里有残疾人组织且活动较多的样本数量为197人，占总样

本的31.6%。村残疾人组织建设情况大体上与乡镇残联建设情况一致，但相对更为糟糕些。

（十一）无障碍环境建设的满意度情况

20世纪80年代开始，我国的无障碍建设开始起步。2012年8月，国务院颁布了《无障碍环境建设条例》（以下简称《条例》），明确了依法开展无障碍环境建设是政府责任和社会义务。《条例》实施六年来，党和国家高度重视无障碍环境建设，国家无障碍环境建设相关政策标准举措密集出台，城乡无障碍环境建设全面推进，无障碍公共服务水平显著提升，残疾人、老年人等群体及全社会成员得到无障碍实惠越来越多，无障碍理念和意识深入人心，无障碍创新发展成为建成小康社会、民生改善的重要抓手。此次调查中的无障碍环境建设的满意度情况见表3-21。

表3-21　　　　　　　　　无障碍环境建设满意度情况

无障碍环境建设满意度	频数（人）	比例（%）	累计比例（%）
很不满意	140	22.5	22.5
不满意	136	21.8	44.3
一般	128	20.5	64.8
比较满意	119	19.1	83.9
非常满意	100	16.1	100.0
合计	623	100.0	—

从表3-21可知，农村残疾人对无障碍环境建设满意度中，很不满意的样本数量为140人，占总样本的22.5%。不满意的样本数量为136人，占总样本的21.8%。持"一般"态度的样本数量为128人，占总样本的20.5%。比较满意的样本数量为119人，占总样本的19.1%。非常满意的样本数量为100人，占总样本的16.1%。显然，如果将"比较满意"和"非常满意"视为满意，将"很不满意"和"不满意"视为不满意，那么，农村残疾人对无障碍环境建设的不满意率显然要高于满意率。

（十二）目前就业状态

"就"即"从事"的意思，"业"即"工作、职业"的意思。通俗地说，就业就是劳动者去从事某个工作或者从事某种职业。作为人类的第一需要，劳动无疑是神圣的，劳动也是人类谋生最基本的途径。毫无疑问，劳动创造了人类文明并推进了人类文明的不断发展，而作为人类组成部分的残疾人，同样是人类文明创造的重要贡献者，是人类社会进步的重要推进力量。残疾人在人类进步的历史上曾经做出过不可磨灭的贡献，无论是在哪个领域，都是如此。世界一流科学家、艺术家、工程师队伍中从不缺乏残疾人的身影，如著名的音乐家贝多芬耳朵失聪，著名的天体物理学家霍金因小儿麻痹后遗症造成了肢体残疾且语言也有障碍，而霍金对宇宙结构和宇宙物理方面的诸多理论构想却得到了全世界科学界的广泛认可。[1] 我国也有许多残疾人为社会发展做出重大贡献的鲜活案例。所以，残疾并不意味着工作能力的失去，也更不等于不能平等地参与社会活动，特别是社会劳动。残疾人通过自己的努力以及政府和社会的关心、救助和帮扶，完全可以做出和正常人一样的甚至超过正常人的社会贡献，为人类文明的进步锦上添花。课题组在湖南调研时，就见到了一个农村肢体残疾人带领附近村民种植大棚蔬菜致富的典型案例。我国乡村振兴战略的推进，同样离不开农村残疾人的广泛参与。此次调查中的农村残疾人的目前就业状态见表 3 - 22。

表 3 - 22　　　　　　农村残疾人目前就业状态

目前就业状态	频数（人）	比例（%）	累计比例（%）
从事种植业	93	14.9	14.9
从事养殖业	43	6.9	21.8
从事个体工商业	24	3.9	25.7
进城务工	81	13.0	38.7

---

① 沈家观：《上海社会福利企业发展战略研究》，上海人民出版社 2012 年版，第 14 页。

续表

目前就业状态	频数（人）	比例（%）	累计比例（%）
在农村被雇用	45	7.2	45.9
失业	337	54.1	100
合计	623	100.0	—

从表 3 - 22 可知，从事种植业的样本数量为 93 人，占总样本的 14.9%。从事养殖业的样本数量为 43 人，占总样本的 6.9%。从事个体工商业的样本数量为 24 人，占总样本的 3.9%。进城务工的样本数量为 81 人，占总样本的 13.0%。在农村被雇用的样本数量为 45 人，占总样本的 7.2%。失业的样本数量为 337 人，占总样本的 54.1%。显然，如果将"失业"状态以外的就业状态统一归为"就业"，那么农村残疾人目前就业状态中"失业"者明显多于"就业"者。也就是说，农村残疾人目前参与乡村振兴的情况并不理想。在"就业"状态的农村残疾人中，从事种植业者最多，占总样本的 14.9%，但这一部分人中的绝大部分都是在耕种自己的承包地，很少有规模化经营的种植大户、家庭农场主等新型职业农民。进城务工的农村残疾人有 60% 左右是在地方政府统一培训下集中输送到城镇务工的。从事养殖业的农村残疾人大多数都获得过地方政府、慈善组织、地方院校（职业学校）等提供的技术支持。在农村被雇用的情况大都带有照顾性质，如帮亲戚看守果棚基地、渔场等。

第三节　影响农村残疾人参与乡村振兴的社会保障因素分析

在将农村残疾人就业状态作为其参与乡村振兴判断依据的假设前提下，那么有关社会保障诸因素以及农村残疾人自身的特征对其就业状态的影响分析，实际上就是探究农村残疾人参与乡村振兴的影响因素。

一　农村残疾人参与乡村振兴影响因素的 Logistic 回归分析

当因变量为定性变量时，通常可采用 Logistic 回归模型进行分析。[1] 本研究将"从事种植业""从事养殖业""从事个体工商业""进城务工""在农村被雇用"统一作"就业"处理后，农村残疾人的就业状态就成为一个互不交叉的二项分类问题，故本研究采用两项 Logistic 回归模型对调研数据进行分析，并以"失业"为参照组。运行 SPSS 22.0 软件，得到模型显著性及拟合优度以及参数估计结果（见表 3 - 23）。两项 Logistic 回归模型的主要检验指标是对数似然比和伪 R^2 这两个指标。 - 2 对数似然值似然即概率，是指自变量观测值预测因变量观测值的概率。对数似然值（Log Likelihood，LL）是其自然对数形式，因似然的取值范围在 [0，1]，其对数值为负数，因此对数似然值的取值范围在 0 至 - ∞ 。Logistic 模型的估计一般采用的是最大似然法，通过最大似然估计的迭代算法计算进而得到对数似然值（Log Likelihood）。同时，因 - 2LL 近似服从卡方分布且在统计检验上更为方便，因此 - 2LL 可用于检验 Logistic 回归的显著性。若 - 2LL 的实际显著性水平 p 值小于给定的显著性水平（如 0.01），则表明 Logistic 回归方程显著；若 p 值比给定的显著性水平大，则 Logistic 回归方程不显著。本模型的 - 2 倍对数似然值为 394.397，显著水平为 0.000 < 0.01，表明回归方程显著。[2]

Cox & Snell R Square Nagelkerke R Square 与线性回归模型中的 R Square 解释结果类似，但其是在似然值基础上解释 Logistic 回归模型，该值越大表明模型的拟合优度越高，越接近于 1 表明模型拟合优度越高，而越接近于 0 则表明模型拟合优度越低。[3] 本模型的 Cox & Snell R Square 值为 0.526，Nagelkerke R Square 值为 0.703，分别大于 0.5 和 0.7，说明模型拟合优度较高。

① 陶树果、高向东、余运江：《农村劳动年龄人口乡城迁移意愿和城镇化路径研究——基于 CGSS2010 年数据的 Logistic 回归模型分析》，《人口与经济》2015 年第 5 期。
② 江筱薇：《VMS 影响下驾驶员路径选择机理及信息发布策略研究》，博士学位论文，东南大学，2017 年。
③ 闫丽平：《基于时间动态特征的创业行为研究》，博士学位论文，南开大学，2012 年。

表 3 - 23　农村残疾人参与乡村振兴影响因素的 Logistic 回归分析

解释变量		就业（参照组：失业）		
		B	Sig.	Exp（B）
个体因素	性别（1）（参照组：男）	0.022	0.939	1.022
	年龄	0.085	0.446	1.088
	婚姻（1）（参照组：未婚）	-0.529	0.394	0.589
	婚姻（2）（参照组：未婚）	-0.586	0.182	0.557
	婚姻（3）	-1.112**	0.035	0.329
	文化程度	0.265**	0.020	1.304
	个人月收入	0.494***	0.000	1.639
残疾因素	残疾类型（1）（参照组：视力残疾）	0.646	0.363	1.907
	残疾类型（2）	0.546	0.413	1.726
	残疾类型（3）	0.752	0.251	2.122
	残疾类型（4）	-0.223	0.766	0.800
	残疾类型（5）	-0.132	0.865	0.877
	残疾类型（6）	1.291*	0.056	3.638
	残疾等级（1）（参照组：一级残疾）	-0.410	0.404	0.664
	残疾等级（2）	0.075	0.868	1.078
	残疾等级（3）	-0.259*	0.057	0.572
	残疾等级（4）	-0.358**	0.046	0.414
社会保障因素	参加技术培训（1）（参照组：未参加培训）	-1.99***	0.002	0.137
	参加技术培训（2）	-1.999***	0.002	0.135
	参加技术培训（3）	-1.464**	0.03	0.431
	参加技术培训（4）	-1.003**	0.015	0.367
	乡镇残疾人就业培训机构情况（1）（参照组：无就业培训机构）	-0.792	0.213	0.453
	乡镇残疾人就业培训机构情况（2）	-0.159	0.823	0.853
	乡镇残疾人就业培训机构情况（3）	-0.46	0.527	0.631
	乡镇残疾人就业培训机构情况（4）	0.093	0.907	1.097
	参加城乡社会养老保险情况（1）（参照组：未参加）	-0.159	0.818	0.853
	参加城乡社会养老保险情况（2）	1.313**	0.031	2.107

续表

解释变量		就业（参照组：失业）		
		B	Sig.	Exp（B）
社会保障因素	参加城乡社会养老保险情况（3）	1.369 **	0.024	2.345
	参加城乡社会养老保险情况（4）	0.376	0.604	1.457
	参加新农合情况（1）（参照组：未参加）	-0.589	0.369	0.555
	参加新农合情况（2）	1.334 ***	0.008	2.666
	参加新农合情况（3）	1.424 ***	0.003	2.851
	参加新农合情况（4）	0.528	0.477	1.695
	接受救助情况（1）（参照组：从未接受）	-1.184 **	0.017	0.306
	接受救助情况（2）	-1.281 ***	0.007	0.278
	接受救助情况（3）	-0.241	0.599	0.786
	接受救助情况（4）	0.104	0.836	1.110
	享受福利情况（1）（参照组：从未享受）	0.237	0.618	1.268
	享受福利情况（2）	0.132	0.778	1.141
	享受福利情况（3）	0.142	0.739	1.152
	享受福利情况（4）	-0.320	0.464	0.726
	接受扶贫支持情况（1）（参照组：从未接受）	-2.439 ***	0.000	0.087
	接受扶贫支持情况（2）	-1.972 ***	0.000	0.139
	接受扶贫支持情况（3）	-1.822 ***	0.000	0.162
	接受扶贫支持情况（4）	-1.676 ***	0.002	0.387
	接受危房改造情况（1）（参照组：从未接受）	0.713	0.106	2.039
	接受危房改造情况（2）	0.452	0.291	1.572
	接受危房改造情况（3）	0.551	0.213	1.735
	乡镇残联建设情况（1）（参照组：乡镇没有残联）	-3.001 ***	0.000	0.650
	乡镇残联建设情况（2）	-1.178 ***	0.000	0.308
	村残疾人组织建设效果（1）（参照组：村里没有组织）	-1.985 ***	0.000	0.562
	村残疾人组织建设效果（2）	-0.937 ***	0.006	0.392
	无障碍环境建设的满意度	0.313 ***	0.002	1.368

续表

解释变量	就业（参照组：失业）		
	B	Sig.	Exp（B）
常量	1.219	0.437	3.384
Sig.	0.000		
-2LL	394.397		
Cox and Snell	0.526		
Nagelkerke	0.703		

注：***、**和*分别表示统计检验达到0.01、0.05和0.1的显著性水平（双尾）。

二 回归结果解读

（一）农村残疾人个体因素分析

在个体因素中，婚姻（3）（丧偶）在0.05置信水平下显著，B值为负，对农村残疾人参与乡村振兴具有显著负向影响；文化程度和个人月收入分别在0.05和0.01置信水平下显著，B值为正，对农村残疾人参与乡村振兴具有显著的正向影响。

农村残疾人的婚姻状态中，婚姻（3）（丧偶）相对未婚而言，更容易处于失业状态，Exp（B）为0.329表明，丧偶的农村残疾人相对未婚的农村残疾人来说，处于就业状态的可能性下降67.1%。可能的解释是：农村残疾人本来与外界交往不多，如果遇到了丧偶这类不幸的事情，对其打击是非常之大的；部分农村残疾人可能会在丧偶后失去生活的信心和勇气，开始变得消沉，不去努力寻找工作或者不去努力工作，自暴自弃，进而无法参与到乡村振兴的进程之中。课题组在调查中遇到过多起农村残疾人在丧偶后便一蹶不振的案例。

文化程度的Exp（B）为1.304，B值为正，这表明文化程度每提高一个层次，农村残疾人处于就业的可能性就增加30.4%。这比较好理解：一方面，如果某个农村残疾人的文化程度较高，也就是其拥有较高的人力资本存量，这说明其在学习新知识，接受新鲜事物等方面要优于文化程度相对较低的农村残疾人，而劳动力市场的用人单位之所以选择文化程度较高的农村残疾人是因为从长远角度来看，这不只是降低单位雇工成本的问题，关键是能够提高单位的生产要素的边际生产率，也就是具有人力资本积累的农村残疾人，掌握着一定的知识和技术，其潜在的高效率性和对用人单位的高贡献性，使其更加容易进入劳动力市场，获得上岗就业机会，参与乡村振兴；另一方面，农村残疾人通过接受更多的教育，提高了自身的认知水平、专业技能等综合素质，这无疑有利于其进行工作搜寻、收集筛选招聘信息并对这些信息做出准确反应，提高工作获得率。[1]

个人月收入的 Exp（B）为 1.639，B 值为正，这表明个人月收入越高，农村残疾人就业的可能越大。具体来说，农村残疾人从以 800 元为分组标准的较低收入组，每向邻近较高收入组移动一个组，其就业的可能性就增加 63.9%。这很好理解，收入越高的农村残疾人，越有前进的动力，越有成就感，越能努力去就业或创业以创造更多的个人财富和社会财富；相反，收入越低的农村残疾人，越没有生活与生存的信心，越难实现就业，更别谈创业。

（二）农村残疾人的残疾因素分析

在残疾因素中，残疾类型以视力残疾为参照，语言残疾在 0.1 的置信水平下显著，B 值为正；残疾等级以一级残疾为参照，四级残疾和未定级残疾分别在 0.1 和 0.05 置信水平下显著，B 值为负。

相对农村视力残疾人而言，农村语言残疾人更容易实现就业，其 Exp（B）为 3.638 表明，农村语言残疾人比视力残疾人就业的可能性要高出 263.8%。其原因主要是农村视力残疾人就业领域非常窄，通常情况下，视力残疾人的就业渠道主要有保健按摩、钢琴调律、电话客户服务、心理咨询、电脑应用等，但这些就业渠道在广大农村地区基本上是不存在的。相对而言，农村语言残疾人无论是种植业、养殖业，还是农业生产服务业，都可以实现就业。

相对一级残疾的农村残疾人而言，四级残疾和未定级残疾的农村残疾人更容易实现就业，其 B 值为负，Exp（B）分别为 0.572 和

---

① 任国强：《人力资本对农民非农就业与非农收入的影响研究——基于天津的考察》，《南开经济研究》2004 年第 3 期。

0.414 表明，四级残疾和未定级残疾的农村残疾人比一级残疾者失业的可能性分别下降了 42.8% 和 58.6%。一级残疾是最严重的残疾等级，就业难度本身比较大，四级残疾是残疾程度最轻的，当然相对容易就业些，也就更有可能参与乡村振兴。未定级农村残疾人有一部分残疾特征并不是十分明显，主要是邻居们均认为其有残疾，还有少量是刚刚致残的，还处于工伤治疗期，调查中也没有将其算为失业。

（三）农村残疾人社会保障因素分析

在社会保障因素中，乡镇残疾人就业培训机构情况、农村残疾人享受福利情况、农村残疾人接受危房改造情况没有通过显著性水平检验，对农村残疾人就业状态（参与乡村振兴）没有产生显著性影响。

在参加技术培训因素中，参加政府组织的培训、村集体组织的培训、就业服务机构的培训、用人单位的培训的农村残疾人相对未参加培训的农村残疾人，失业的可能明显下降，其 Exp（B）分别为 0.137、0.135、0.431、0.367。这说明，参加政府组织的培训的农村残疾人，相对未参加培训的农村残疾人，其失业的可能下降了 86.3%；参加村集体组织的培训的农村残疾人，相对未参加培训的农村残疾人，其失业的可能下降了 86.5%；参加就业服务机构的培训的农村残疾人，相对未参加培训的农村残疾人，其失业的可能下降了 56.9%；参加就业服务机构培训的农村残疾人，相对未参加培训的农村残疾人，其失业的可能下降了 63.3%。无论是地方政府，还是村集体组织的农村残疾人培训，其中不少培训是包工作安排的培训，也就是农村残疾人参加完培训并达到一定的要求后，地方政府或者村集体将会为其安排相应的工作。课题组在广东东莞调查时，就发现了有村集体统一将语言残疾、肢体残疾（腿）等类型的农村残疾人组织起来进行集中培训，合格后统一安排到附近服装企业从事穿珠的工作。参加就业服务机构培训的农村残疾人尽管没有其他形式的培训效果好（下降幅度相对较小），但农村残疾人能参加就业服务机构培训就说明其有就业意识，愿意通过技术学习这条路去获得工作。参加用人单位培训的农村残疾人本身就在就业状态，而且参加过用人单位技术培训农村残疾人，在工作转换时，无疑具有一定的技术优势。

在参加城乡社会养老保险情况因素中，相对"未参加"组，政府全部或部分代缴方式参加、以企业职工形式参加均在 0.05 的置信水平下通过了显著性水平检验，对农村残疾人就业状态（参与乡村振兴）具有显著性影响。其 B 值均为正，Exp（B）分别为 2.107 和 2.345。这表明，以政府全部或部分代缴方式参加城乡社会养老保险的农村残疾人，实现就业（参与乡村振兴）的可能性比未参加者要高出 110.7%；以企业职工形式参加城乡社会养老保险的农村残疾人，实现就业（参与乡村振兴）的可能性比未参加者要高出 134.5%。其原因可能是：未参加者中有相当部分是个人或者后代家庭经济情况比较好，没有就业压力；以政府全部或部分代缴方式参加者可能出自内心地觉得理应做一些力所能及的工作，以回报社会，同时政府也可能在为这些人积极谋求就业出路；以企业职工形式参加者中的绝大部分本身就处在就业状态，其优势理应更加明显。

在参加新农合情况因素中，相对"未参加"组，政府全部或部分代缴方式参加、以企业职工形式参加均在 0.01 的置信水平下通过了显著性水平检验，对农村残疾人就业状态（参与乡村振兴）具有显著性影响。其 B 值均为正，Exp（B）分别为 2.666 和 2.851。这表明，以政府全部或部分代缴方式参加新农合的农村残疾人，实现就业（参与乡村振兴）的可能性比未参加者要高出 166.6%；以企业职工形式参加新农合的农村残疾人，实现就业（参与乡村振兴）的可能性比未参加者要高出 185.1%。其原因可能是：未参加者中有相当部分是个人或者后代家庭经济情况比较好，医疗费用支付能力比较强，不需要通过就业获得收入来支付医疗费用；以政府全部或部分代缴方式参加者同样可能出自内心地觉得理应做一些力所能及的工作，以回报社会；以企业职工形式参加者中的绝大部分本身就处在就业状态。

在接受救助情况因素中，相对"从未接受"组，接受过亲朋救助、接受过政府救助分别在 0.05 和 0.01 的置信水平下通过了显著性检验，对农村残疾人就业状态（参与乡村振兴）具有显著影响。其 B 值均为负，Exp（B）分别为 0.306 和 0.278。这表明，接受过亲朋救助的农村残疾人，其失业的可能性比从未接受者要下降 69.4%；接受过政府救助的农村残疾人，其失业的可能性比从未接受者要下降72.2%。其可能的解释是：接受过亲朋救助的农村残疾人，大多与亲朋好友关系比较好，各方面都能得到亲朋好友的帮助和照顾，相对容易实现就业；接受过政府救助者同样可能出自内心地觉得理应做一些力所能及的工作，以回报社会。课题组曾遇到过许多"接受过亲朋救助"的农村残疾人实现就业的案例。在湖南长沙宁乡某村，有一车祸导致左手截肢的农村残疾人，因下有三个小孩且上有一个老人，负担较重，日常中经常要接受亲朋的救助，方能保证基本生活，但他常年就业，主要是为堂兄弟看守渔场，每月能得到2500元的收入。

在接受扶贫支持情况因素中，相对"从未接受"组，接受过产业扶贫、接受过技术支持扶贫、接受过优惠政策扶贫、接受过资金扶贫均在0.01的置信水平下通过了显著性检验，对农村残疾人就业状态（参与乡村振兴）具有显著性影响。其B值均为负，Exp（B）分别为0.087、0.139、0.162、0.387。这表明，接受过产业扶贫的农村残疾人，其失业的可能性比从未接受者要下降91.3%；接受过技术支持扶贫的农村残疾人，其失业的可能性比从未接受者要下降86.1%；接受过优惠政策扶贫的农村残疾人，其失业的可能性比从未接受者要下降83.8%；接受过资金扶贫的农村残疾人，其失业的可能性比从未接受者要下降61.3%。其可能的解释是：产业扶贫是脱贫攻坚的主要措施之一，是实现长效增收，激发农村残疾人内生动力的有效途径，而且基层在产业扶贫项目选择上偏向于平稳和传统且技术要求不太高的种养业①，尽管这种产业扶贫方式并非地方政府有意为之，但实践中却容易让农村残疾人群体受益，因为其他健全的村民可能不太愿意从事传统的种养业；接受过技术支持扶贫的农村残疾人，大多掌握了一定的技术，有了技术保障无疑相对容易就业②；接受过优惠政策扶贫的农村残疾人，本来就有不少的人已经在创业，优惠政策只是为其创业

---

① 郭晓鸣、虞洪：《具有区域特色优势的产业扶贫模式创新——以四川省苍溪县为例》，《贵州社会科学》2018年第5期。

② 万兰芳、向德平：《精准扶贫方略下的农村弱势群体减贫研究》，《中国农业大学学报》（社会科学版）2016年第5期。

保驾护航；接受过资金扶贫的农村残疾人，既可能利用扶贫资金进行创业，也可能利用扶贫资金掌握了一门技术，还可能利用扶贫资金参股了专业合作社，总之，这些情况都有利于农村残疾人就业。

在乡镇残联建设情况因素中，相对"乡镇没有残联"组，乡镇有残联但服务较少、乡镇有残联且服务完善均在 0.01 的置信水平下通过了显著性检验，对农村残疾人就业状态（参与乡村振兴）具有显著性影响。其 B 值均为负，Exp（B）分别为 0.650 和 0.308。这表明，乡镇有残联但服务较少地区的农村残疾人，其失业的可能性比乡镇没有残联地区的农村残疾人要下降 35.0%；乡镇有残联且服务完善地区的农村残疾人，其失业的可能性比乡镇没有残联地区的农村残疾人要下降 69.2%。其可能的解释是：部分地区的乡镇残联可能因各种原因不能为农村残疾人提供全方位的服务，但所提供的服务具有针对性，能显著地促进农村残疾人就业；而乡镇有残联且服务完善的地区，其农村残疾人的就业无疑能得到乡镇残联的全方位支持，因而其就业的可能性也会更大。当然，乡镇有残联且服务完善相对乡镇有残联但服务较少的情况，其对农村残疾人就业的促进作用无疑更加明显。

在村残疾人组织建设效果因素中，相对"村里没有组织"组，村里有残疾人组织但活动较少、村里有残疾人组织且活动较多均在 0.01 的置信水平下通过了显著性检验，对农村残疾人就业状态（参与乡村振兴）具有显著性影响。其 B 值均为负，Exp（B）分别为 0.562 和 0.392。这表明，村里有残疾人组织但活动较少地区的农村残疾人，其失业的可能性比村里没有残疾人组织地区的农村残疾人要下降 43.8%；村里有残疾人组织且活动较多地区的农村残疾人，其失业的可能性比村里没有残疾人组织地区的农村残疾人要下降 60.8%。其可能的解释是：村里有残疾人组织，尽管可能因为经费来源较少等原因导致活动较少，但毕竟有组织就有可能把农村残疾人组织起来，增加其归属感，并分享就业信息，传递正能量；而村里有残疾人组织且活动较多的地区，其农村残疾人无疑更有归属感，正能量更足，其就业的可能性也就更大。与乡镇残联建设情况因素同理，村里有残疾人组织且活动较多相对村里有残疾人组织但活动较少的情况，其对农村残疾人就业的促进作用更加明显。

无障碍环境建设满意度的 Exp（B）为 1.368，B 值为正，这表明无障碍环境建设满意度越高，农村残疾人就业的可能越大，满意度每提高一个层次，农村残疾人就业的可能性就增加 36.8%。这比较好理解，一方面，无障碍环境建设较好，有利于农村残疾人外出活动，与他人交流和沟通，获得信息和正能量；另一方面，无障碍环境建设较好的地区，很有可能对农村残疾人事业较为重视，能为其就业和参与社会生产活动创造条件、提供支持。

第四节　乡村振兴战略下农村残疾人社会保障存在的主要问题

近年来，从中央政府到地方政府，都不断加大了农村残疾人社会保障力度，我国农村残疾人社会保障事业也取得了一定的成就。但同时也要看到，因我国整个社会保障体系的建设还不尽完善，城乡之间经济发展水平差距依然很大，加上农村残疾人自身的缺陷和功能障碍等因素的影响，农村残疾人社会保障还存在诸多需要完善之处，与乡村振兴战略实施的内在要求还存在很大的差距。

一　针对农村残疾人的特惠保障尚比较缺乏

特惠保障通常是指，对农村残疾人等特殊困难群体实施的优先照顾和政策上给予适度倾斜的一种社会保障类型。随着经济社会的不断发展，我国政府和社会各界对农村残疾人等特殊群体的照顾力度和政策倾斜力度日益加大，应该说，大部分农村残疾人在不同方面已经享受到了国家的优惠政策，并得到了实实在在的好处。如就业上优先安排、技术培训上的大力支持、最低生活保障上的政策照顾、创业上的财税优惠支持、养老保险和医疗保险金的全部或部分代缴，这些保障政策无疑大大地改善了农村残疾人的生存与发展环境。

但是，客观而论，农村残疾人生存与发展环境的改善速度和缓解程度依然比较有限，而且主要是得益于经济增长带来的普惠性的收益分享，而不是特惠性的农村残疾人社会保障政策安排。从实际效果看，这种普惠性的收益分享往往表现为农村残疾人与健全人处在同一起跑线上，残疾人生活状况与全社会平均水平相比差距仍然非常巨大，甚至有继续被拉大的趋势。[①] 从人均纯收入来看，《2013 年国民经济和社会发展统计公报》显示，2013 年全年农村居民人均纯收入为 8896 元，而《2013 年度中国残疾人状况及小康进程监测报告》相关数据表明，农村残疾人家庭人均纯收入 7829.9 元，后者只有前者的 88.02%。可见，针对提升农村残疾人收入的特惠性保障政策并不多或者说效果并不明显。

从养老、医疗等常规社会保障政策来看，调查中发现，目前很多农村地区实施的是每年由县级财政给予农村残疾人 50—120 元的补贴，以帮助其缴纳医疗保险及养老保险，尽管这在政策上已经表明政府财政对农村残疾人参保给予一定补贴，但这 50—120 元远远不能满足农村残疾人缴纳医疗保险及养老保险的需求，实际上很多农民也同样能享受这种补贴。不少农村残疾人家庭本来就比较困难、收入很少，这种普惠性补贴对农村残疾人来说，无异于杯水车薪。相关数据显示，早在 2014 年，我国新农合的参加率已经达到 98.0% 左右，而农村残疾人新农合参加率约为 94.0%，两者相差了近 4 个百分点。本书的调查数据显示，农村残疾人的新农合参加率只有 93.6%，而这已经是 2018 年的调查数据。这反映出目前我国针对农村残疾人提供的特惠政策不足，政府普惠性补贴不能满足农村残疾人的需求。而且，调查中还发现，在"五保"政策方面，尽管地方政府都明确规定要把农村持证残疾人全部纳入"五保"范畴，然而在实际操作中，部分持证残疾人根本无法享受到这一政策。

特别是农村残疾儿童入学方面，尽管绝大部农村地区都根据义务教育法的要求，对农村儿童采取了一视同仁的政策，允许残疾儿童入学。然而，因残疾儿童自身功能的障碍，而农村地区又基本上没有特殊学校和专门的特殊教育老师，残疾儿童根本无法按正常孩子的教

---

① 余向东：《残疾人社会保障法律制度研究》，中国法制出版社 2012 年版，第 106 页。

材、学习进度一起学习。久而久之，这些残疾儿童就成为学校的另类，被迫弃学。

总之，在针对农村残疾人特惠保障政策方面，不少地区还做得远远不够。

二 农村残疾人社会保障的供给理念比较滞后

相当长一段时期以来，我国地方政府在社会管理方面存在一定的认知偏差，在两个极端不断试错：或者习惯于计划经济时代的价值取向与思维逻辑，理所当然地认为政府要包揽一切公共事务，因而经常以垄断者的身份向社会提供一切公共服务；或者基于市场经济的需求，一味地追求 GDP 增长速度，而忽视了公共设施、公共教育、公共文化、公共卫生、公共环境以及社会保障等社会性事业的建设与发展。[①] 正是在这种背景下，我国的社会保障供给理念，也包括农村残疾人社会保障的供给理念比较滞后，导致供给失衡。

在我国经济不断发展的进程中，尽管政府一直在努力解决贫富差距过大的问题，但无论是新农村建设、新型城镇化建设还是城乡统筹发展等战略的实施，该问题依然没有根治，城乡二元化现象还相当严重，农村贫困问题，特别是农村残疾人贫困问题尤为严重。为此，各级政府出台了很多举措，从教育保障、就业扶持、产业扶贫等方面加大了保障力度，但农村残疾人的社会保障问题依然较为严峻，其重要的原因之一就是社会保障供给理念比较滞后。许多地方政府在农村残疾人社会保障供给方面，主要按照中央、省级（自治区、直辖市）的要求与指示，落实上级精神，没有构建起适合本地区农村残疾人的社会保障供给理念，这种被动执行政策的情况无疑会导致农村残疾人社会保障的供需失衡。毫无疑问，落实上级政策非常重要，但地方政府也要从实际出发，结合本地区经济社会发展水平、产业发展现状以及当地农村残疾人的分布，构建起在上级精神框架内但富有地方特色的农村残疾人社会保障供给理念，而很多地方政府显然没有做到这至关

---

① 林薇、章汝先：《论公共服务的有效供给——以海南建设国际旅游岛为背景》，《人民论坛》2012 年第 8 期。

重要的一点。

同时，许多政府及社会各界对农村残疾人的社会保障供给通常是基于这样的逻辑：农村残疾人是弱势群体中的特别弱势群体，主要应该从经济、物质方面给予其照顾和扶持。正是基于这种逻辑，许多地方政府注重对农村残疾人提供资金、实物方面的社会保障，而忽视了对其提供诸如教育、就业、技术培训等方面的保障。然而，应该看到，针对农村残疾人的扶贫已经实施了十多年，但是其生活质量与发展前景并没有得到根本性的改善，其原因正是上述认识逻辑的弊端所致。尽管农村残疾人是弱势群体中的特别弱势群体，无疑应该从态度和行动两个方面对其给予同情和帮助，但要在给予其同情的同时，给予其就业、创业等方面的照顾，让其能通过自身的努力参与到社会生产、生活之中，实现自身的价值。[①]

综上所述，因为我国地方政府存在社会管理的认知偏差，以及对农村残疾人社会保障逻辑的片面理解，导致了农村残疾人社会保障供给理念的滞后，进而使其社会保障供需出现了失衡。

三　城乡残疾人社会保障差距大

目前，城乡社会保障差距大既是全国性的普遍问题，也是不少地区农村残疾人社会保障事业建设中必须尽快克服的难题。

从享受国家提供的社会保障的时间来看，1999 年我国城镇残疾人开始享受国家提供的社会保障，而农村残疾人的国家社会保障直到 2007 年才开始实施，两者相差了 8 年时间，在这种条件下，农村残疾人社会保障事业的建设步伐无疑要比城镇慢很多。

从城乡残疾人保障供给内容来看，城镇残疾人能享受包括住房、医疗、养老等方面的补助，但是农村残疾人只能享受"五保"政策以及新农合和城乡居民养老保险的补助，况且新农合和城乡居民养老保险对农村残疾人来说，只有部分农村残疾人能享受。

从残疾人教育保障和服务来看，我国残疾人教育尽管已经初步形

---

① 文扬、周代娣：《中国农村贫困残疾人脱贫研究》，《劳动保障世界》2018 年第 6 期。

成了从基础教育、高等教育到成人教育以及从普通教育到职业教育的残疾人教育服务体系，但残疾人教育体系的受益群体主要是城镇残疾人，农村残疾人受教育比例非常低。课题组查阅了湖南某职业院校2017年招录的26名残疾考生的生源地，其中有22名来自城镇，只有4名来自农村，且进一步调查发现，这4名生源地在农村的考生，其中又有3名实际上从小学到高中一直在城镇读书，仅1名考生是地地道道通过农村教育进入职业院校的。因为绝大部分农村残疾人家庭无法为其子女提供城镇读书的环境，因而残疾人教育体系的城乡受益比是极其悬殊的。

从资金支持来看，湖南某县2016年安排了80.6万元资助残疾人，但落实到农村残疾人的为45.3万元，落实到城镇残疾人的为35.3万元，但该县80%以上的残疾人分布在农村。那么，按照该资助情况推算，残疾人人均获得的资助，城镇残疾人是农村残疾人的3倍以上。

从救助资金来看，课题组调查中了解到，大部分农村残疾人得到的低保救助在100—150元，而城镇地区残疾人的最低生活保障费基本上在300—400元，广东有些地区甚至有600元。如果城镇地区残疾人能拥有力所能及的工作，哪怕工作具有明显的照顾性质，救助资金还会更高，且能享受三险或者五险。

从医疗保障方面来看，城镇残疾人拥有的医疗设施、医疗与康复服务等远远高于农村，农村残疾人的医疗与康复只能在简单的村卫生室解决。

由此可见，城乡残疾人的社会保障差距是非常大的。

四　残疾老人和重度残疾人的养老与生活照料问题突出

《2013年度中国残疾人状况及小康进程监测报告》相关数据显示，我国农村残疾人参加新型农村养老保险的比例为84.7%，比上年度提高了2.4个百分点。尽管这说明新型农村养老保险自2009年试点以来所覆盖的残疾人群在不断扩大，农村残疾人参保比例在不断提高，但是，对于现阶段领取基础养老金的农村老年残疾人而言，基础养老金相对于其巨额的医疗与康复支出来说，无疑是杯水车薪。由此可见，新农保对农村老龄残疾人的保障力度可谓是隔靴搔痒。

残疾老人的养老问题，在我国农村地区，基本上还是靠供养家庭照顾来解决，这既是我国几千年的优良传统，也是当前的现实。只有在一些经济条件和基础设施比较好的地方（如广东），才建立起了"托养"机构，为家庭保障能力减弱或丧失家庭保障的残疾老人提供养老扶助。有关统计资料显示，我国城镇和乡村完全失能老年人占相应老年人总数的比例，分别为 5.0% 和 6.9%，乡村的占比高出城镇近两个百分点；在城镇完全失能老年人中，有照料需求的大约为77.1%；而农村大约为 61.8%，前者比后者高出近 16 个百分点；农村完全失能老年人的照料需求从 2000 年到 2006 年相对上升了51.0%，其上升幅度显著地大于同期城镇完全失能老人照料需求15.2% 的上升幅度。① 然而，与之严重背离的是：一方面，目前农村养老机构严重不足，而乡镇的养老院，收养的主要是孤寡老人，很难覆盖农村全部；另一方面，一些社会化养老机构的目标对象主要为乡镇和农村中的富裕群体，收费标准比较高，农村残疾人家庭显然无法承受。而且，在农村养老机构中，大多数都明确表示，只接收生活自理老人，不接收完全失能老人。因此，农村老年残疾人和重度残疾人的生活照料和其他各项服务在很大程度上还是只能依靠家人，养老社会化服务，无论是基础还是发展现状，在农村还非常薄弱。应该说，农村老年残疾服务的基本方式依然是"居家养老"。

与此同时，现在农村家庭生活负担大多比较沉重，在一些独生子女政策相对执行得比较好的地区，农村家庭小型化特征明显，"421"型结构（上有 4—8 个老人，下有 1—2 个未成年孩子）的家庭不在少数。② 此外，许多农村还有个众所周知的普遍现象，那就是很多农村年轻人外出在城镇打工，家里只剩下老人和孩子相依为命，即使留在家乡的年轻人，其结婚后也会与老人"分家"而独立生活，对不时需

---

① 周晓蒙、刘琦：《失能老年人的居住意愿及其影响因素分析》，《人口与发展》2018年第 2 期。

② 张茜：《"天地之间"：农村统与分经营体制形成的社会基础与内在机理》，博士学位论文，华中师范大学，2016 年。

要照顾的残疾老人的服侍难以周全。同时，在"居家养老"的模式下，因为下一代的生活压力和负担过重，年轻人对老人精神生活的关注显得有心无力，精神赡养更是无从谈起。即使有少数幸运的农村老年残疾人，具有相对固定的家庭照料者，其家属在长期照料中也积累了一定的经验，但这些残疾老人需要的是相对专业的康复指导，而这些指导是其照料无法提供的。

五 农村残疾人的服务保障供给普遍不足

服务保障是确保残疾人生活和工作的有效手段，服务保障机构是残疾人社会保障事业顺利开展的关键平台。然而，时至目前，我国大多数农村地区有关农村残疾人服务保障的机构还普遍性地缺失，导致农村残疾人的服务保障供给普遍性不足。

首先，许多地区缺乏农村残疾人的关爱服务体系。关爱服务体系具有一套系统化、组织化、制度化的关爱服务供给机制，是实现残疾人"残有所养、残有所医、残有所为、残有所乐"的重要保障。然而，在现实生活中，许多地区因对农村残疾关爱服务体系建设不够重视，导致有关农村残疾人的关爱服务体系严重缺乏，使农村残疾人面临"残无所养、残无所医、残无所为、残无所乐"的尴尬局面。[1] 同时，从整体上看，我国目前有关农村残疾人服务体系构建的制度安排还严重缺乏，夹杂在政府政策和制度中的相关文件只是提出了要开展农村残疾人的社会关怀活动，但并没有提出相应的责任单位、建设时间、推进方略，因此导致制度化、系统化的关爱服务体系迟迟难以启动。

其次，农村残疾人服务的机构设置参差不齐。尽管目前许多地方政府成立了农村残疾人工作领导小组，但是有关农村地区残疾人的社会保障决策权主要分散在民政局、残联、社会保障局等机构或部门，而这些机构或部门面向的是所有贫困人员或所有残疾人员的，因而缺乏专门针对农村地区残疾人社会保障的服务机构。而且，尽管近些年

---

[1] 周沛：《社会治理视角下中国特色残疾人事业探略及发展路径分析》，《社会科学》2015 年第 8 期。

来，地方政府加大了对残疾人基础服务设施建设的投入力度，但这些投入主要集中在城镇，农村的无障碍环境建设还处在起步阶段，这又进一步导致了有关农村残疾人的教育、就业、医疗、康复等服务设施建设的滞后。①

最后，因为农村残疾人服务的机构设置参差不齐，相应地导致了专业工作队伍组建的滞后或缺失，在大多数农村地区，其农村残疾人服务队伍零散地分布在民政、残联等单位或部门，且多为兼职，专业知识也不强。

相对农村健全人群而言，农村残疾人不仅要面临身体机能缺陷困境，更要承受社会、生活等方面带来的困扰，无疑更需要一个较为完善的机构来帮助其克服困难。然而，因地方政府用于农村地区的财力比较有限，多数福利机构的管理人员也是从医院、卫生所借调而来的，对残疾人工作了解较少，没有系统学习过有关残疾人服务的知识。

六　农村残疾人社会保障体系运行不畅

农村残疾人社会保障是一个国家或地区整个社会保障体系的重要组成部分，但它又有别于常规的社会保障体系，具有自身的运行逻辑和运行特征。生活在农村的残疾人，不仅在生活和工作方面处于弱势地位，而且在政治权益保障方面也无疑是弱势群体，这就导致了农村残疾人社会保障体系运行中一系列问题的存在。具体来说，农村残疾人社会保障体系运行中主要存在社保金发放不到位、信息反馈渠道不畅和管理监督的缺失等问题。

第一，农村残疾人社保资金发放不到位。农村残疾人社保资金发放不到位主要表现在三个方面：一是短斤缺两，有些农村地区残疾人实际领取的最低生活补助与政府给予的金额并不完全一致，存在缺斤短两的情况，甚至还有被冒领的现象出现②；二是发放日期不规范，

① 宜勇、吴香雪：《无障碍战略与残疾人扶贫问题研究》，《中州学刊》2017年第11期。

② 徐祥运、刘欢、李茁：《农村残疾人社会保障的现状、问题与对策——以辽宁省盘锦市L村为例》，《青岛科技大学学报》（社会科学版）2017年第1期。

相对城镇残疾居民而言，农村残疾人的社保金不能按规定日期及时发放到相关人员手上，总会与规定发放日存在一定的偏差；三是领取比较麻烦，因受乡镇金融机构的上班时间限制以及参保人或者受助人的领取时间完全一致等条件的限制，许多行动不便的农村残疾人为了领取一次社保金或补助金甚至要跑好几次金融机构，耗时、劳神、费力、低效。

第二，农村残疾人社会保障机制运行中信息反馈渠道不畅。农村残疾人在享受社会保障制度给其带来实实在在好处的同时，总会遇到意想不到的麻烦。这些麻烦中最为突出就是资金发放时间不及时、不同保障项目之间如何对接等问题，而遇到此类问题时，想咨询如何解决却又不知道具体应该找哪个部门或者找谁，或者是好不容易把问题反馈给村干部后，等到解决方案拿回来时，通常都是几个月甚至半年之后的事了，而当时的问题已经被新的问题覆盖。农村残疾人社会保障运行中信息反馈不畅已经严重影响了其社会保障制度的正常运行，甚至导致已经加入社会保障的农村残疾人退保情况的出现。课题组在调查中就遇到过多起这样的案例。

第三，农村残疾人社会保障缺少社会监督。农村残疾人社会保障的有序、高效、公正运行是维护广大农村残疾人利益的基本保证和根本要求。目前农村残疾人社会保障主要由所在乡镇政府内部进行指导和监督，并没有外界力量的有效监督，尽管乡镇政府很努力为农村残疾人提供服务，但在实际运行中总会有走样的情况出现，很多关系农村残疾人切身利益的事项难以及时解决，严重损害了农村残疾人的利益，这无疑有违我国政府全心全意为人民服务的宗旨，同时又阻碍了农村残疾人社会保障事业的正常发展。

第五节　农村残疾人社会保障存在问题的成因

社会保障体系的健全并非能在一朝一夕内完成，而是需要一个长期的过程来完善。在农村残疾人社会保障事业发展中，遇到这样或者那样的问题并不可怕，关键是要在发现问题后，尽快从根本上洞察问题产生的原因，进而有针对性地制定解决方略，农村残疾人社会保障制度才能日益完善、农村残疾人社会保障事业才能不断向前发展。

一　农村残疾人社会保障立法滞后

《中华人民共和国宪法》为我国农村残疾人社会保障事业的建设与发展奠定了法律基础。宪法明确规定：凡是中华人民共和国公民因年老、疾病、劳动能力丧失的情况，均可享受国家和社会提供的物质帮助；国家和社会要为这些需要帮助的群体提供社会保险、社会救济和医疗保险。《中华人民共和国残疾人保障法》规定：国家和社会要采取扶助、救济和其他福利保障措施，改善残疾人的生活。[①] 1994 年的《残疾人教育条例》规定：国家和社会对残疾人接受教育的权利和义务采取帮助政策。2004 年的《关于进一步加强扶助贫困残疾人工作的意见》明确指出了政府在解决残疾人社会保障方面的重要责任。2007 年的《残疾人就业条例》指出，为了使残疾人真正地实现自我价值，更好地参与到社会生活与社会事务之中，政府和社会应努力为其就业创造良好的环境。2008 年修订的《中华人民共和国残疾人保障法》根据我国基本国情，结合残疾人事业发展的阶段特征和主要问题，在一定程度上为我国残疾人事业发展困境的摆脱提供了更为有力的法律保障。[②] 然而，针对农村残疾人的相关法律法规依然没明确，修订的《残疾人社会保障法》并没有认识到城乡残疾人之间在经济基础、生存环境等方面的巨大区别，只是将残疾人作为一个整体而采取了一些法律保护措施。

目前，在我国农村残疾人社会保障体系运行中，出现了较多的问题，但却没有与之相对应的法律依据进行解决，这就凸显了我国社会保障法律体系的不健全。当农村残疾人提出某项关于社会保障的诉求时，却因法律法规的缺失，法院或者相关机构无法做到依法判案，甚至陷入一种无法可依的状态。最终导致农村残疾人社会保障问题无法

---

① 杨伟国、代懋：《中国残疾人就业的政策支持》，《教学与研究》2008 年第 3 期。
② 杨伟国、代懋：《中国残疾人就业政策的结构与扩展》，《学海》2007 年第 4 期。

得到合理的解决，既影响了农村残疾人的生活，也造成了残疾人对地方政府的不信任和对社会的抱怨。同时，现行的一些法律法规也存在需要进一步完善的地方，如目前我国实施的《残疾人保障法》，该法规定了残疾人保护的实施机关以及相关保障内容，但是在保障内容方面却规定得比较窄，在实践操作中经常面临困境。如该法规定，能享有国家人性化、特殊化的保障及照顾的残疾人，必须是"残疾证"残疾人，但是现实中，很多农村残疾人因为各种原因并没有办理"残疾证"。课题组曾在贵州毕节市某村遇到三位残疾人，一位视力残疾，一位肢体残疾，另一位是精神残疾，三位残疾人全部没有残疾证。

从司法救济来看，修订版《残疾人保障法》第 13 条规定：对侵害残疾人合法权益行为的投诉、检举、控告，人民法院、人民检察院、公安机关或政府有关部门应依法受理查处，不得推诿、拖延。然而，在实践中，很多农村残疾人权利受到侵犯，人民检察院并没有主动提出公诉及控告，导致这些受侵犯的人只能忍气吞声，从而致使农村残疾人被歧视的现象屡见不鲜。如不少企业明确不聘用残疾人，不少地方政府在招录公务员时，也对残疾人持有明显的歧视态度。湖南岳阳曾发生一个这样的案例：右眼几乎失明、左眼矫正视力为 0.3 的视力残疾人谭某持有国家视力二级残疾证，2016 年谭某报考了本地法制办的公务员，并取得笔试第一、面试第二、总成绩排第一的好成绩；但谭某最终落选了，原因是他的视力不符合《公务员录用体检通用标准（试行）》以及"基层法制部门的人员，经常要上山下乡，晚上如果有突发事件，我们还派个人去招呼他？"

在法律执行方面同样存在执行不力的问题。目前我国实施的《残疾人保障法》是 1990 年颁布、2008 年修订的，由于现行的法律存在诸多问题，在立法、内容、权益规范方面不能适应当前农村残疾人保护的需要，从而使得在执法的过程中不时会出现执法不力、"走过场"以及主体规定不明、乱作为、不作为等现象。尤为严重的是现实中执法机关因权责不明而相互推诿。如《残疾人保障法》中出现了"有权要求有关部门依法处理"的条文，"有关部门"具体是哪个部门或者哪些部门，那些部门之间又如何协作，并没有明确规定，最终出现人人有责但无人负责的局面。① 农村残疾人社会保障涉及民政、财政、卫生、教育等多个部门，各个部门为求工作完善，都制定了涉及农村残疾人的文件规定，部门与部门之间缺乏有效的沟通机制，导致政出多门、互相推诿现象层出不穷。与此同时，由于农村位置偏远，执法缺乏有效监督，加上基层执法人员素质普遍不高，也会出现执法不当的问题。

由此可见，社会保障立法滞后，是农村残疾人社会保障产生的法制原因。

二　对农村残疾人社会保障事业的认识有待提高

思想认识决定行动，是行动的先导与动力。人们无论做什么事，都是先有思想认识才有行动。② 有正确的思想认识才会有正确的行动，有积极向上的思想认识才会有积极的努力和行动，有统一的思想认识才会有统一的行动。只有在思想认识上高度统一，在行动上目标高度一致，在情感上高度共鸣，心才能往一处想，劲才能往一处使，从而形成强大的合力，达到预期目标。从该角度看，思想认识有待提升是造成农村残疾人保障系列问题的又一个重要原因。因为现实中依然存在很多落后的、歧视的、不平等的思想观念和思想认识，从而使农村残疾人合法权益没有得到有效保护，农村残疾人生活状况没有得到持续改善，农村残疾人社会保障事业没有得到持续、健康发展。

第一，对农村残疾人该享有的权利有待进一步重视。尽管《中华人民共和国宪法》《中华人民共和国残疾人保护法》《关于进一步加强扶助贫困残疾人工作的意见》等法律法规对残疾人应该享有的权利做出了相应的规定，但在农村地区，残疾人应该享有的权利却往往无法真正实现，其原因就是地方政府对农村残疾人应该享有的权利不够重视。正是因为地方政府对农村残疾人应该享有的权利不够重视，从而在工作重心上，在资源配置上，在政策导向上，都没有合理处置。

---

① 饶志静：《论劳动就业歧视禁止形态的边界——基于〈就业促进法〉第 3 条的法教义学分析》，《上海师范大学学报》（哲学社会科学版）2016 年第 6 期。

② 罗堂庆：《检察工作规律与检察管理研究》，中国检察出版社 2013 年版，第 147 页。

如不少农村地区无障碍环境建设还没有起步，城乡差距巨大，农村残疾人维权无法得到有效落实等，实际上都是对农村残疾人合法权益不够重视的结果。

第二，对农村残疾人社会保障的调查不够重视。调查是收集第一手资料，掌握事实真相最有效的渠道。毛泽东主席曾说过"没有调查，就没有发言权"。目前，在许多农村地区，农村残疾人社会保障的实施没有起到应有的保障作用，不少农村残疾人对目前的社会保障供给很不满意，其原因就是地方政府不注重实事求是，不注重对农村残疾人社会保障的调研，导致很多保障项目根本就不符合农村残疾人的实际需求。

第三，地方政府决策者缺乏长远眼光。如何从根本上对农村残疾人社会保障问题加以解决，是各级政府都应该考量的问题。然而，为什么一直以来，不少地区农村残疾人社会保障事业建设步伐缓慢、效果不显著，其原因之一就是地方政府决策者缺乏长远的眼光。县（区）级政府作为执行农村残疾人社会保障政策的重要政权机关，在农村残疾人社会保障事业建设中处于核心领导地位，如何有效解决农村残疾人社会保障问题必须得到县（区）级政府的高度重视。然而，很多县（区）级政府决策者缺乏长远眼光，片面追求 GDP 增长和政绩，大搞残疾人保障的形象工程，只注重表面，不注重实质，导致不少地区农村残疾人社会保障事业建设步伐非常缓慢。

第四，农村传统封建思想依然存在。在广大农村，特别是一些偏远山区，传统封建思想至今依然存在。包括村干部在内的很多人都认为，农村残疾人低人一等，农村残疾人是社会的累赘。在这种思想下，不少人把农村残疾人当作一种社会负担来看待。国家层面不断加强顶层设计，出台残疾人教育保障措施、残疾人就业促进政策，但是到了地方政府，特别是农村地区，就难把农村残疾人当作一种特殊的人力资本进行培训和打造，不用心去挖掘这种人力资本的潜力，而是把其当作低等人来看，或者是稍作努力没有取得即期成效后便又马上放弃了，这无疑是传统封建思想的具体体现。

三　城乡二元结构的深远影响

城乡经济社会的二元结构是发展中国家由农业社会向工业社会转变中的必然产物。在这个转变过程中，通常存在两大经济部门：一是生产方式落后、生产效率较为低下的农业经济部门；二是生产方式先进、劳动效率较高的工业经济部门。农业分布在乡村，工业主要分布在城市，工农业之间的差距以及城市与乡村之间的差距极为显著，二元经济结构由此而来。中国的二元经济结构具有自身鲜明的特点，即在计划经济条件下形成的政府主导型二元经济结构。如通过工农业产品价格的"剪刀差"政策、"户籍制度"的城乡隔离政策等一系列制度手段，将农民严格限制在农业生产领域，无法突破厚厚的"城墙"。由此形成了以工业经济为一元，以农业经济为另一元的城乡二元社会经济结构。[①]

中国城乡二元社会经济结构及二元体制安排必然导致二元社会保障制度的形成，进而造成社会保障资源在城乡之间配置的失衡，进而造成了农村残疾人的不公平社会保障待遇，甚至被排斥在社会保障制度的边缘。[②] 这种不公平局面的产生主要源于一些人为设计的不公平的二元经济结构体系的制度安排——制度排斥。这也是为什么包括农村残疾人在内的农民始终逃不出贫困恶性循环怪圈的症结所在。[③] 从社会保障制度角度来看，其二元性具体体现在社会保障制度的建设、社会保障的管理以及社会保障水平等方面。

第一，社会保障制度建设的二元性。从时间维度来看，中国城市社会保障制度比农村社会保障制度的建立时间无疑要早得多。从内容维度来看，经过几十年的发展，城市目前已基本形成较为全面、以社会保险为主要内容的社会保障体系，而农村社会保障建设从开始时走

① 高姗姗：《城乡二元结构与农村社会保障制度》，《湖北财经高等专科学校学报》2009 年第 6 期。

② 汤夺先、张甜甜、王增武：《农村残疾人发展困境论析》，《残疾人研究》2012 年第 1 期。

③ 张起梁：《二元经济结构下农村社会保障问题研究》，博士学位论文，西北师范大学，2012 年。

的就是以家庭保障为主、集体保障为辅的道路，不少城市社会保障项目在农村依然处于空白状态。而且，农村社会保障主要局限于自然灾害救济、优抚安置等方面，缺乏能够覆盖全体农民的社会保障项目和能够包容全部社会保障项目的农村社会保障制度。从制度的实施维度来看，城镇实施强制性原则，而农村实施自愿性原则。

第二，社会保障管理的二元性。在我国社会保障的管理上，城镇是重点，被集中统一纳入劳动保障事业管理体系；而对农村社会保障的管理很长时间以来则处于分散状态，多头管理、多头不管。如农村最低生活保障、"五保户"供养和灾害救济由民政部门负责管理；农村养老保险由劳动和社会保障部门管理；农村新型合作医疗由卫生部门管理；农村医疗救助由民政部门负责管理。这种部门条块分割，导致农村社会保障的工作效率与城市相比明显要低得多。同时，由于统一管理的缺乏，不免存在部门各自为政、资金挤占和挪用等混乱现象。

第三，社会保障水平的二元性。以残疾人社会保障水平为例，养老保险、医疗保障、康复保障、资金投入等方面的二元性特征均非常明显。具体来看教育保障水平，有调查数据显示，16 岁以上残疾人口中，文化程度为文盲的残疾人口占调查总人口的比例，城市为6.40%，农村为19.70%；小学文化程度城市比例为25.78%，农村为29.2%；初中文化程度城市为22.78%，农村为14.86%；高中文化程度（含中专）城市为16.78%，农村为3.54%；大学文化程度（大专及以上）城市为8.37%，农村为0.38%。在残疾人文化程度中，农村普遍低于城市，残疾人群体中文化程度越高，农村残疾人的占比就越少。

由此可见，城乡二元结构的深远影响是我国农村残疾人社会问题产生的重要原因之一。

四 农村残疾人社会保障监督机制不健全

监督机制是指具有法定监督权的多元监督主体在对公权力机关及其雇员进行监督时的任务和权限的划分以及执行的总和。健全、有效的监督机制可以减少公权力机关及其雇员违法乱纪行为的发生，降低效率损失，从而提高质量和效率。① 政府政策对残疾人生活全方位的保障是良好的开端，但是因官僚体制下的层层重叠，使政策的实行过程不免磕磕碰碰，环环相扣的体制也使政策在下达的过程中程序烦琐、时间漫长，甚至最终偏离了政策的初衷。当然，这也不是在残疾人保障制度实施过程的独有现象，在中国的其他制度实施中也有类似的状况出现。这是制度设计方面存在的弊端，并非一朝一夕能改变的。具体到农村残疾人社会保障，有关农村残疾人低保金、救济金对象的确定时所出现的偏差，正是这种制度运行的结果。而且，因地方政府对农村残疾人社会保障政策宣传得不到位，使农村残疾人甚至是普通村民都不了解自身的社会保障制度，这又进一步使这种制度脱离了正常轨迹的运行，难以得到持续。

以农村残疾人的"两项补贴"为例，对补贴资金的复核无疑能起到防范风险、提高审计质量的作用。目前国内，大多数农村对残疾人补贴发放的复核仍然存在较大的空白。有些地方政府部门虽然知道有监管与复核职责，却没有制定具体操作方式。各县（区）有关残疾人"两项补贴"的通知文件中，大多没有设定明确的备案机制，只有少数县（区）明确了定期复核机制。复核形式大多采用了残疾人主动申报与发放部门定期抽查相结合的方式。复核内容则主要包括三个方面：申请人资格条件变化与否；补贴发放是否足额、到位；具体复核的截止时间点。对"两项补贴"复核的缺乏，实际上为补贴资金的安全留下了隐患。地方政府相关工作人员有可能借着监管复核的空白，对农村残疾人总人数、残疾等级、贫困情况、就业状况、康复与否等指标进行隐瞒和放大，进而滋生了腐败的空间。

对于政府内部监督，农村残疾人"两项补贴"政策并不是缺乏监督制约体系，而是现有政策只给出了指导性方针，缺乏切实可行的操作方式和监督手段。这样，监督部门虽然知道自身的监督职责，却缺乏操作手段。因而，只有很少的县（区）建立了具有可操作性的监督管理制度，如民政和残联部门的监督管理职责是建立"两项补贴"制

① 李金龙、唐皇凤：《公共管理学基础》，上海人民出版社 2008 年版，第 415 页。

度数据库，县（市）区民政和残联的监督管理职责是及时录入和更新数据库、按规定和程序及时办理发放或停发手续、建立健全补贴对象档案管理并落实责任主体、加强档案管理，县级民政部门和残联的监督管理职责是对补贴对象进行日常抽查检查[①]等。

农村是一个"差序格局"的社会，人与人之间都处于一个血缘、亲缘、地缘交错的复杂"网络"之中。如果缺乏可行的监督机制和监督手段，无疑容易滋生腐败。如果缺乏对农村残疾人资格审查的有效监督，就极可能会出现盗领、冒领，甚至伪造证明材料以骗取补贴资金的违法行为；如果缺乏对补贴资金管理的监督，就有可能会出现资金被挪用的现象；如果缺乏对政策执行人员的有效监督，执行人员容易受到走后门、托关系的影响而放松资格审查、放宽等级标准等。[②]无论是何种形式的监督缺失或者不到位，都将对农村残疾人"两项补贴"资金的安全造成现实或潜在的威胁。

五 农村残疾人社会保障市场化改革过慢

在西方经济较为发达的国家，社会保障是伴随着资本主义市场经济的确立而产生，并且也随着这种市场经济体制的变化而不断做出相应的调整与改革。[③] 社保基金市场化改革的重要性已凸显并得到了决策层的重视，近年来在社会保障方面所进行的一系列改革举措，为深化社保基金市场化改革做了相应准备。[④] 农村残疾人社会保障市场化改革过慢主要表现在三个方面：一是地方政府对农村残疾人社会保障的独揽包办；二是农村残疾人社会保障无市场竞争性；三是农村残疾人社会保障缺乏市场推动机制。

第一，地方政府对农村残疾人社会保障的独揽包办。在许多农村

---

① 谢迪欣：《辽宁省残疾人"两项补贴"政策执行问题研究》，硕士学位论文，辽宁大学，2017年。

② 王璐航：《社会公正视角下的农村残疾人社会救助政策研究》，硕士学位论文，吉林大学，2013年。

③ 王章华：《中国新型农村社会养老保险制度研究》，博士学位论文，华东师范大学，2011年。

④ 朱常柏：《改革开放以来中国共产党城市社会救助包容性研究》，博士学位论文，扬州大学，2016年。

地区，地方政府在农村残疾人社会保障供给中独揽包办，没有理顺政府与其他市场主体之间的关系，更谈不上建立健全与其他市场主体之间的"合作—竞争—合作"模式。政府与其他市场主体之间的模糊关系使地方政府既不能提高公共服务的质量，也使其他社会主体进入农村残疾人社会保障领域市场严重受阻，进而导致农村残疾人社会保障出现供需失衡，严重损害了该群体的合法权益。多中心治理理论一直致力于打破以政府为单一中心的社会主体结构，注重构建多中心的社会治理模式，发展社会自治，实现多元合作治理。① 然而，地方政府主导的一元格局依然是现在农村残疾人社会保障供给的实际情况。地方政府作为农村残疾人社会保障的一个重要主体，残疾人社会保障的政策制定权、资源调度权、指挥运作权等都集中掌控在地方政府的手中，其在农村残疾人社会保障体系具体运作中占据着绝对的主导地位。然而，地方政府仍然全力固守着国家中心主义，服务型政府建设步伐缓慢，独揽包办现象还普遍存在。尽管，近些年来中央一再强调地方政府要调整自身与其他主体之间的关系，将许多政府管得多、管不好的任务交由社会自主管理，但地方政府与其他主体的关系仍有待进一步理顺。

第二，农村残疾人社会保障无市场竞争性。没有竞争就无法发现差距，没有竞争就没有进步。竞争是保持事物持久生命力最重要的法宝，事物的长效发展无疑离不开有序的竞争。当前我国农村残疾人社会保障主要是由地方政府独揽包办，其他社会主体，特别是市场主体依然处于缺失状态。因为缺少竞争，农村残疾人社会保障供给中就难免会出现效率低、质量差以及供给成本过大等系列问题，这无疑严重地影响了农村残疾人的切身利益以及政府公共财政资金的使用效率。在市场主体缺位的情况下，没有其他主体能够与地方政府竞争，导致地方政府无改进农村残疾人社会保障运行中存在不足的内在激励。

第三，农村残疾人社会保障缺乏市场推动机制。市场的竞争性促使各参与主体不断进行技术革新和信息更新，以保持其在经济发展中

① 胡晓玲：《行政权社会化的逻辑理路及其当代转换》，《学术界》2018 年第 6 期。

的有利地位。在农村残疾人社会保障的具体实施中，市场主体承包政府外包的一些服务项目，在技术改进、成本降低、服务质量提高的同时也推动着政府职能的改进和完善，并在合作的互动中促进着政府与市场边界的进一步清晰。然而，在当前我国农村残疾人社会保障体系运行中，因为市场主体的缺失，这种推动作用并没有充分发挥出来，严重影响了实施的效果，损害了农村残疾人的切身利益。这实际上是我国许多农村地区目前尚没有建成村级残疾人组织的重要因素之一。

六 社会公共精神有待增强

作为植根于公民社会之中的道德与政治价值，公共精神的核心理念包括政治平等、参与和责任、信任和宽容、团结和协作。[1] 公共事务多中心治理实现的基本条件，就是公民具备较强的公共精神。然而，在市场化的改革进程中，我国公民公共精神呈现出了弱化趋势。部分公民对公共事务进行"软反抗"，或者采用"搭便车"策略，社会的整体信任度不高。这种不信任既表现为公民对政府的不信任、对社会组织的不信任，也表现为对他人的不信任。[2] 久而久之，难免会引发社会诚信危机，在彼此不信任的社会环境下，不同主体之间的有效合作很难实现。在社会公共精神缺失的背景下，因为社会救助较少，容易造成农村残疾人家庭负担过重，陷入贫困恶性循环。

农村残疾人家庭的收入主要依靠家庭成员的辛勤劳作所得，他们或者从事农业活动或者外出务工，但整体上的收入并不高。部分农村残疾人因为自身的功能缺陷甚至终身无法给家庭带来收入，反而需要其他家庭投入精力和财力去供养。在社会公共精神不足的背景下，这无疑会加大农村残疾人家庭的精神与物质负担。尽管政府也对残疾人社会保障投入大量资金，但是农村残疾人参与社会保障仍然需要个人或家庭缴纳一定的金额，这无疑给原来就不宽裕的农村残疾人家庭又增添了沉重的负担。此时，如果有良好的社会公共精神，社会各界能

---

① 吴光芸、李建华：《论公共精神的培育与和谐社会的构建》，《中共天津市委党校学报》2009 年第 3 期。

② 朱富强：《有为政府在现代社会的基础性职能——基于社会伦理教育的经济学探讨》，《学习与实践》2018 年第 6 期。

伸出援助之手，帮助农村残疾人家庭减轻负担，无疑有助于其渡过难关，重拾生活信心。

然而，现实中除一些零散的社会救助外，农村残疾人能从政府以外的渠道获得的帮助少得可怜。本研究的实地调研中，以社会捐助缴费方式参加城乡养老保险的样本数量只有 35 个，以社会捐助缴费方式参加新农合的样本只有 34 个，分别只占总样本的 5.6% 和 5.5%，农村残疾人从未接受过任何救助的样本占总样本的 22.3%，以及 35.5% 的村没有残疾人组织，这些数据无不表明，在农村残疾人社会保障领域，社会公共精神是何等缺乏。很多农村残疾人需要其他家庭成员的常年照顾，生活和经济方面的沉重压力使许多农村残疾人家庭力不从心，陷入绝望境地。

第六节　本章小结

本章共分为五部分。第一部分介绍了农村残疾人社会保障调查问卷的设计，并对量表进行了解释和调查过程进行了描述。第二部分对被调查者的基本信息、被调查者的残疾情况以及被调查者的社会保障情况进行了统计描述。第三部分采用 Logistic 回归分析对影响农村残疾人参与乡村振兴的因素进行分析后对回归结果进行了解读。第四部分主要探讨了乡村振兴战略下农村残疾人社会保障存在的针对农村残疾人的特惠保障尚比较缺乏、农村残疾人社会保障的供给理念比较滞后、城乡残疾人社会保障差距过大等问题。第五部分从农村残疾人社会保障立法滞后、对农村残疾人社会保障事业的认识有待提高、城乡二元结构的深远影响等角度概括了乡村振兴战略下农村残疾人社会保障存在问题的原因。

第四章　乡村振兴战略下中国农村残疾人
社会保障制度目标

党的十九大报告首次提出乡村振兴战略，并将其作为建设社会主义现代化强国的七大战略之一写入党章，2017 年中央农村工作会议和 2018 年中央一号文件进一步提出了实施乡村振兴战略的顶层设计，为如何实施乡村振兴战略规划了时间表和路线图。作为一盘宏伟的棋局，乡村振兴战略的实施必将对中国农村发展格局产生重大影响，中国农村残疾人社会保障制度的建设同样将面临新的机遇，需要赋予新的时代内涵。

第一节　乡村振兴及其阶段目标

2018 年全国"两会"期间，习近平总书记六下团组，心系"三农"，连提乡村振兴。显然，中国特色社会主义进入新时代，而在新时代做好"三农"工作的总抓手就是实施乡村振兴战略，这是适应中国国情农情和新时代新要求的战略考量。实施乡村振兴战略需要从历史和现实相贯通、国际和国内相关联、理论和实际相结合的宽广视角进行思考和把握。[①]

一　乡村振兴战略的时代意义

习近平总书记在党的十九大报告中指出，"要实施乡村振兴战略，

[①] 危旭芳、王会：《略论新时代中国乡村振兴的内涵要义》，《新疆农垦经济》2018 年第 4 期。

坚持农业农村优先发展"。这不仅抓住了当前乡村发展的"牛鼻子"，也为今后乡村发展指明了方向，具有重大的理论意义和现实意义。

（一）实施乡村振兴战略是建设现代化国家的必然要求

习近平总书记指出，"没有农业现代化，没有农村繁荣富强，没有农民安居乐业，国家现代化是不完整、不全面、不牢固的"。农村地区特别是贫困农村地区是制约我国现代化建设最大的"瓶颈"和短板。当前，我国城乡发展不平衡、不协调的问题比较突出，集中表现在城乡居民收入差距较大，农业基础地位不够稳固，农村各项事业发展滞后等方面。这些问题不仅影响着农业农村发展，也阻碍着"四化"同步发展，是全面建设现代化过程中必须要解决和处理好的问题。可见，实施乡村振兴战略是建设现代化国家的必然要求。

（二）实施乡村振兴战略是新时代解决我国社会主要矛盾的迫切要求

党的十九大报告指出，"新时代我国社会主要矛盾已经转化为人民日益增长的美好生活需要和不平衡不充分的发展之间的矛盾"。目前最大的不平衡是城乡发展的不平衡以及农村内部发展的不平衡，最大的不充分是"三农"发展的不充分，包括农业现代化发展的不充分，社会主义新农村建设的不充分，就业、医疗、住房等满足农民需求不充分等。解决好不平衡不充分问题，要大力实施乡村振兴战略，让农业强起来、农村美起来、农民富起来，让乡村留住绿水青山、记住乡愁。可见，实施乡村振兴战略是新时代解决我国社会主要矛盾的迫切要求。

（三）实施乡村振兴战略是落实为人民服务这一根本宗旨的重要体现

民心是最大的政治，民生是最大的政绩，民心连着民生。[1] 立政之本则存乎农。因为农业在国民经济中的基础地位，中国作为一个农业大国，农业农村的发展关乎到国家命运和人民幸福。党的十九大报告提出的乡村振兴战略，按照二十字的总要求，从农村经营制度、土

---

[1]　李抒望：《要切实保障和改善民生》，《党建研究》2011 年第 5 期。

地制度、产权制度等方面做了明确的部署和要求，这些调整都体现着党中央"以人民为中心"的执政理念和工作宗旨，目的在于满足广大人民群众对美好生活的需要，让广大农民共享改革发展成果，提高其安全感、获得感和幸福感。可见，实施乡村振兴战略无疑是落实中国共产党为人民服务这一根本宗旨具体而又重要的体现。

二 乡村振兴战略的理论内涵

振兴是振发兴举、增强活力的意思。相应地，中国乡村振兴是指，在马克思主义理论、科学发展观指导下，遵循市场基本规律，通过培育乡村发展内生力量，促进乡村全面复苏，进而实现城乡融合发展的一种发展战略。作为应对社会主要矛盾转换、城乡发展失衡和乡村发展不充分的战略安排，中国乡村振兴无疑具有十分丰富的科学内涵。

（一）马克思主义中国化的新实践

时代是思想之母，实践是理论之源。党的十八大以来，中国共产党领导全国各族人民勇敢面对错综复杂的国内外局势，锐意进取，改革发展稳定、内政外交国防、治党治国治军等各个领域全面迈进，中国特色社会主义事业跃上了新的台阶。[①] 在这个不平凡的过程中，中国共产党为中国特色社会主义事业的全面建设和发展，进行了艰辛卓越的探索，取得重大的理论创新成果，彰显了故鼎革新的马克思主义理论品格。在新的时期，随着社会生产力水平显著提高，中国社会的主要矛盾已经转换为人民对美好生活的需求与发展不充分、不平衡之间的矛盾，人民除对物质文化生活提出更高要求外，对民主、法治、公平、正义、环境等的要求也提升到了新的高度。社会主要矛盾的转换，无疑对党和政府的工作提出了新的要求，这也就赋予了中国共产党不断进行理论创新的伟大使命。乡村振兴战略，正是中国共产党基于这样一种时代背景，在马克思主义理论指导下，总结提炼中国乡村发展实践、有效响应社会主要矛盾转换的理论创新成果，是马克思主

---

① 曲青山、刘荣刚：《习近平系列重要讲话精神研究综述》，《毛泽东邓小平理论研究》2017 年第 1 期。

义中国化的新实践。

（二）村镇化与城镇化双轮驱动模式开启

在城镇化过程中，受城市本位主义影响，不少观点认为，只要通过城市发展，然后带动乡村发展就足够了。随着这种错误思维的不断演变和极化，实践中就变成了以牺牲乡村发展来博取城市扩张的单极发展模式，最终不仅导致了乡村衰落、沦陷，也导致了城市发展后劲不足。为此，中国提出了旨在促进城乡统筹、城乡一体为基本特征的新型城镇化战略。然而，从本质上看，新型城镇化首先强调的依然是城镇化，只是在城镇化的过程中突出了对乡村发展的照顾，但这并未改变乡村发展是城镇发展的附庸属性。从动力机制上看，这种靠城镇发展促进或带动乡村发展的方略，终究具有外生性，只能通过"涓流效应"或扩散效应惠及乡村，而乡村本身并没有积聚自主发展的内生动力和内在活力，所以中国乡村始终难以找准发展节奏。乡村振兴战略的提出，则彻底打破了这一传统发展思维，标志着乡村将成为中国经济社会发展的主战场之一，城乡两个空间平等发展之旅正式启航，"村镇化"与"城镇化"双轮驱动的新型发展模式将会成为中国经济社会发展的新常态。

（三）乡村全面现代化对农业产业现代化的替代

21世纪以来，中国政府一直都非常重视"三农"问题，但在地方实践中，关注的焦点却是农业现代化，强调的重点是农业产业发展，但农业产业发展只是乡村发展的核心要义，并不能代表整个乡村的发展。因此，尽管党和国家的顶层设计不厌其烦地提出"三农"问题，但地方的公共政策和资源却主要配置在农业现代化方面，对乡村全面现代化考虑得并不周到。其原因主要是地方政府决策都遵循着这样的逻辑：工业化、城市化是政府的首要任务，乡村公共政策和公共产品的供给，应围绕工业化、城市化对乡村的需求而制定，因为乡村是城市粮食和工业原料的供应基地，而粮食和工业原料主要依赖于农业产业及其现代化。[①] 因而，在该逻辑下，农业的发展也就冠冕堂皇

---

① 刘维奇：《中国城镇化功能与城乡关系的演变》，《兰州学刊》2014年第5期。

地代表了整个乡村的发展。这种以农业产业衡量整个乡村的逻辑，不仅肢解了农业多功能价值，也漠视了承载在乡村之上的厚重的人文历史资源和传统文明，导致乡村不能充分发展。由此可见，乡村振兴战略的提出，实际上是对以往"城市偏向"发展理念的矫正，意味着乡村全面现代化将替代农业产业现代化。

三 乡村振兴战略的阶段目标

乡村振兴作为一系统、复杂的工程，不可能一蹴而就，需要分阶段推进，需要与我国经济社会发展的阶段目标保持一致。

（一）我国经济社会发展的阶段目标

1. 2020 年全面建成小康社会

到 2020 年，中国将非常接近世界银行所定义的高收入国家的门槛。那时，中国的人均收入将达到 1 万美元。尽管中国国家提出全面建成小康社会，远远不止收入水平这一项衡量指标。按照购买力评价来看，到 2020 年中国发展水平将接近美国的 1/3，这对一个大国来说是非常不容易的。2020 年，中国人可以骄傲地说，我们没有拖全球经济发展平均水平的后腿。同时，2020 年绝对不仅仅只有收入水平的提高，更有全面贫困的消灭，从过去非常贫瘠、生活条件很恶劣的农村，转向现代化的比较富裕的新农村，乡村开始呈现出全面复苏。[①]另外，在民生问题上，百姓的一些痛点也在逐步解决，如就诊看病，如残疾人、农民工等特殊群体的社会保障事业。

2. 2035 年跨入高收入国家的行列

在民众的生活水平、人均发展的水平、国家的富裕程度上，我们将进入人口超过 500 万的中大型国家的 30 强，人均 GDP 达到美国的 50%。这个数字是非常有意义的，根据我们的分析，如果一个国家发展水平能够达到全世界大国发展最高水平的 50% 以上，也就是说达到美国的 50% 以上，这个经济体就比较稳定了，国家经济的"身体"就足够强壮了。到 2035 年，根据党的十九大报告，中国要基本实现

---

① 李稻葵：《新时代，用新思维应对中国经济的六大挑战》，《金融经济》2017 年第 23 期。

社会主义现代化，这个"现代化"绝不仅仅是一个经济水平，还有民生、法治以及百姓的文明程度和心态等。

3. 2050 年进入中大型国家 20 强

人均 GDP 将占到美国的 70%，人均收入水平相当于法国。一方面是中国城镇化规模进一步扩大，农村人口进入城市后也能很好地解决住房、就业、医疗、养老、子女入学等问题，真正地融入城市；另一方面，新农村建设和乡村振兴将达到更高水平，2050 年左右城乡差距完全抹平。同时，2050 年，中国在世界贸易体系中将成为贸易强国，贸易大国的地位将十分稳固。那时，我们的国家还有很多地方和法国的埃菲尔铁塔、卢浮宫一样，具有全球吸引力，那时的中国将会更有魅力。

（二）乡村振兴战略的阶段目标

党的十九大报告提出，实施乡村振兴战略。2017 年的中央农村工作会议则进一步明确了实施乡村振兴战略的目标任务：到 2020 年，乡村振兴取得重要进展，制度框架和政策体系基本形成；到 2035 年，乡村振兴取得决定性进展，农业农村现代化基本实现；到 2050 年，乡村全面振兴，农业强、农村美、农民富全面实现。①

到 2020 年，乡村振兴取得重要进展，实施乡村振兴战略的工作格局基本形成，初步构建城乡融合发展的体制机制和政策体系。主要农产品供给能力稳步增强，农村基础保障条件进一步改善，公共服务水平进一步提高，幸福美丽新村建设任务基本完成，农民收入持续稳定增长，实现贫困县全部"摘帽"、贫困村全部退出、贫困人口全部脱贫，农民生活全面达到小康水平。

到 2035 年，在全面建成小康社会的基础上，实施乡村振兴战略取得决定性进展，在全国基本实现农业农村现代化，基本建成农产品市场竞争力强、科技创新水平高、农业质量效益好、三次产业融合深、服务体系建设优、农村生态环境美、乡村善治文化兴、职业农民

---

① 韩俊：《实施乡村振兴战略　奋力开创新时代"三农"工作新局面》，《时事报告》（党委中心组学习）2018 年第 2 期。

队伍强的农业强国。并在乡村产业兴旺、生态宜居、乡风文明、治理有效、生活富裕五个方面取得了阶段性的突破。

到 2050 年，乡村全面振兴，农村物质文明、政治文明、精神文明、社会文明、生态文明全面提升，全面建成农业强国，全面实现农业农村现代化，城乡居民实现共同富裕，农业强、农村美、农民富全面实现。

第二节 乡村振兴战略下中国农村残疾人社会保障制度评价体系

近 20 年来，我国农村社会保障制度建设无疑取得了长足的进步，各项制度覆盖面和保障水平不断提高，但同时也要清楚这样一个事实，即因地区经济社会发展水平的差异导致我国农村社会保障的发展在各地并不平衡。正是因为这种地区差异的存在，决定了不同区域农村社会保障水平差异的存在，农村残疾人的社会保障水平同样如此。那么，要有效监测和评价农村残疾人社会保障水平，就必须要构建一套指标体系，对之进行动态监控与评价。

一 有关残疾人社会保障水平指标体系的研究

国内有关残疾人社会保障水平指标体系的研究整体上看还是一个"软肋"，中残联 2006 年颁布的《中国残疾人小康进程监测指标体系》已经算是一个权威的版本。甘肃省残联于 2006 年也曾构建过一套与之类似的指标体系，天津残联也在该方面做过一些努力。《中国残疾人小康进程监测指标体系》包含了残疾人生存状况、发展状况以及环境状况三个方面的指标，但从目前来看，该指标体系既有些指标不够精简，也有些指标反映的信息不够全面，且客观性指标较多，无法衡量残疾人的主观感受[1]，特别是该指标体系没有从根源上关注残

---

[1] 焦法威：《全面小康背景下残疾人生活质量指标体系研究》，硕士学位论文，浙江大学，2010 年。

疾的发生，只是就残疾人而谈残疾人的社会保障，忽略了残疾人数量增加，会导致残疾人人均能享受资源的减少，进而导致残疾人整体生活质量难以提升的情况。

苗兴壮（2008）提出，计算残疾人社会保障水平需要采用一套综合指数，需要用等价量来统一各指标间的量纲。如果将以不同计量单位表示的社会指标加权组合成综合指数，几乎没有任何价值，因为其中任何一个指标计量单位的变化，都会产生一个不同的指数结果。因此，在构建残疾人社会保障水平综合评价指数时，首先必须统一各指标的量纲，也就是把不同单位表示的各项指标作无量纲化处理。而去量纲化的方法之一就是定基转化法。该去量纲化的方法是将某一特定的时期或地区的指标作为基数，取值 100 作为指数，其他时期或地区的指标均以该基数为准进行计算。[1]

1982 年、1993 年和 2006 年的联合国大会分别通过了《关于残疾人的世界行动纲领》《残疾人机会均等标准准则》以及《残疾人权利公约》《关于残疾人的世界行动纲领》以及《残疾人机会均等标准准则》，这五个文件既是残疾人事业发展的国际规范性文件，也是残疾人事业发展的基础理论文献，对有关残疾人的研究具有重要价值。

旨在促进、保护和确保所有残疾人充分和平等地享有一切人权和基本自由的《残疾人权利公约》既规定了缔约国在残疾人方面应该履行的义务，同时也规定了残疾人平等和不歧视的权利、无障碍权利、生命权利、在法律面前平等权利、司法保护权利、独立生活和融入社区权利、表达意见的自由和获得信息的机会、受教育权利、健康权利、适应训练和康复权利、工作和就业权利、适当的生活水平和社会保护权利、参与政治和公共生活权利以及参与文化生活、娱乐、休闲和体育活动等权利。[2]

旨在使残疾人得以"充分参与"社会生活和发展并享有"平等地

---

[1]　苗兴壮：《残疾人社会保障水平指标体系的探讨》，《学术界》2008 年第 4 期。

[2]　曾令良：《国际人权公约的实施及中国的实践》，武汉大学出版社 2015 年版，第 230 页。

位"的《关于残疾人的世界行动纲领》进一步规定了残疾人在立法、物质环境、收入和社会保障、教育和培训、就业、娱乐活动、文化、宗教、体育运动等方面的机会平等。[1]

《残疾人机会均等标准规则》对残疾人平等参与的先决条件、平等参与的目标领域，以及该规则的执行措施、监测机制都做了规定。[2]

以上国际规范性文件规定的权利，实际上成为后来许多学者制定和开发残疾人社会保障水平指标体系的重要依据。

二 乡村振兴战略下农村残疾人社会保障制度评价体系

以联合国的《残疾人权利公约》《关于残疾人的世界行动纲领》以及《残疾人机会均等标准准则》三个文件为指导，结合国家统计局用的是统计科学研究所制定的全面建成小康社会统计监测指标体系以及乡村振兴战略实施的时代背景，本书构建了乡村振兴战略下农村残疾人社会保障制度评价的指标体系。本指标体系共分为六大维度，即农村残疾人生活保障、农村残疾人康复保障、农村残疾人教育保障、农村残疾人就业保障、农村残疾人无障碍环境保障、农村避免致残保障（见表4-1）。

表4-1 乡村振兴战略下农村残疾人社会保障制度评价指标体系

乡村振兴战略下农村残疾人社会保障制度评价体系	农村残疾人生活保障A	农村残疾人参加社会保险比例（A1）
		农村最低生活保障实现比例（A2）
		农村残疾人获得国家和集体救济的比例（A3）
		农村残疾人托养服务机构比例（A4）
	农村残疾人康复保障B	开展康复服务的乡村比例（B1）
		设置康复机构的乡村比例（B2）
		辅助器具供应比例（B3）
		残疾人接受康复服务的比例（B4）
	农村残疾人教育保障C	学龄农村残疾儿童接受义务教育比例（C1）
		农村残疾少年接受特殊教育普通高中教育比例（C2）
		农村残疾少年接受中等职业教育的比例（C3）

---

① 陈佑武、常燕群：《残疾人人权的法律保护》，中国检察出版社2014年版，第303页。

② 刘琼莲：《残疾人均等享有公共服务问题研究》，天津人民出版社2015年版，第73页。

续表

乡村振兴战略下农村残疾人社会保障制度评价体系	农村残疾人教育保障 C	农村残疾青年接受特殊教育学院教育的比例（C4）
		农村残疾青年接受普通高等教育的比例（C5）
	农村残疾人就业保障 D	农村残疾人就业率（D1）
		农村残疾人参加职业培训比例（D2）
		农村残疾人依靠政府、村集体就业的比例（D3）
		农村残疾人依靠就业服务机构就业的比例（D4）
	农村残疾人无障碍环境保障 E	农村残疾人接受社区服务的满意率（E1）
		农村残疾人综合服务的满意率（E2）
		农村残疾人参加普法活动的满意率（E3）
		农村残疾人参与社区文体活动的满意率（E4）
		对无障碍环境的满意率（E5）
	农村避免致残保障 F	先天性遗传致残率（F1）
		因病致残率（F2）
		医疗事故致残率（F3）
		因老致残率（F4）
		其他原因致残率（F5）

从表 4－1 可知，本书的农村残疾人社会保障制度评价指标体系既有农村残疾人参加社会保险比例、农村最低生活保障实现比例等宏观层面的指标，也有先天性遗传致残率、因病致残率等微观层面的指标；既有农村残疾人就业率、农村残疾人参加职业培训比例等客观性的指标，也有农村残疾人接受社区服务的满意率、农村残疾人综合服务的满意率等主观性的指标。

（一）农村残疾人生活保障维度

农村残疾人生活保障是指国家和社会采取扶助、救济和其他福利措施，保障和改善农村残疾人的生活保障机制，如对无劳动能力、无法定扶养人、无生活来源的农村残疾人按照规定予以供养、救济等。[①]经济发展水平是影响农村残疾人生活保障的重要因素之一。我国不同

---

① 孙光德：《社会保障概论》第 4 版，中国石化出版社 2013 年版，第 226 页。

区域间经济社会发展的不平衡造成东部、中部、西部残疾人民生活保障呈现明显梯度分布，而且东部、中部、西部经济发展差距拉大，东部地区各省份残疾人数量少，财力充足，残疾人得到的人均资源多，而中、西部却相反①，因此西部农村残疾人的生活保障在乡村振兴进程中更应被高度重视。农村残疾人生活保障维度共包括农村残疾人参加社会保险比例、农村最低生活保障实现比例、农村残疾人获得国家和集体救济的比例、农村残疾人托养服务机构比例四个二级指标，该维度全部为客观性的指标，主要是考察农村残疾人的生存问题，毕竟生存是农村残疾人最基本的需求。

（二）农村残疾人康复保障维度

残疾人康复是指通过特定的治疗、训练等方式和措施，改善、恢复和补偿残疾人的有关身体功能，使其减轻能力障碍，获得最大限度的日常生活自理本领，为其日后重新参与社会生活创造必备的身体条件。② 人类对康复的认识经历了一个漫长的过程之后，才日益认识到生命抢救过来后，"疾病"可能稳定下来，但也有可能继续发展，人们从事日常生活活动和工作的能力受到"疾病"的影响，也就是会有后遗症的产生。如果能够在抢救生命和治疗疾病的同时，将保护功能、恢复功能的措施同时开展，不少人在疾病得以恢复的同时，也能回归家庭、回归社会以正常工作与生活，使其生活质量全面提高。正是经由了认识上的不断深入，"康复"逐渐为人们所认识和重视。③ 党和政府对残疾人康复服务的重视程度在日益提高、投入力度在不断加大，但因农村环境的特殊性、康复资源缺乏、康复政策实施不到位等原因，目前我国农村残疾人康复服务还存在服务形式单一、供需矛盾大、管理不完善等系列问题。④ 农村残疾人康复保障维度共包括开

---

① 张艳霞：《西部农村残疾人的民生保障与公共服务——基于贵州省黔西南自治州的调查》，《中国农业大学学报》（社会科学版）2016年第3期。
② 汤黎虹：《社会法学》第2版，中国人民公安大学出版社2014年版，第9页。
③ 孙树菡、毛艾琳：《我国残疾人康复需求与供给研究》，《湖南师范大学社会科学学报》2009年第1期。
④ 严妮、李静萍：《农村残疾人康复服务困境与对策建议》，《残疾人研究》2013年第4期。

展康复服务的乡村比例、设置康复机构的乡村比例、辅助器具供应比例、残疾人接受康复服务的比例四个二级指标，该维度同样全部为客观性的指标，旨在考察农村残疾人的康复问题，因为康复是农村残疾人维持基本生存的必要条件。

（三）农村残疾人教育保障维度

农村残疾人教育保障是指国家和社会保障患有残疾的农村儿童、农村青年和农村成年人享有平等的初等、中等和高等教育机会的保障机制。[①] 2017 年 2 月 1 日，李克强总理签署了中华人民共和国国务院令（第 674 号），公布了修订后的《残疾人教育条例》（以下简称《条例》），《条例》共包括总则、义务教育、职业教育、学前教育、普通高级中等以上教育及继续教育等八章合计 59 条规定。《条例》既充分顺应了世界残疾人教育发展新趋势，也充分体现了新时代背景下我国残疾人教育事业的发展新方向。《条例》特别突出了"以人为本"的价值取向，体现了以人为尊，以人为重，以人为先，把尊重人、解放人、依靠人、为了人和塑造人的残疾人教育事业发展价值目标。如《条例》强调要以残疾儿童少年的差异性需求为本，保障所有残疾儿童少年都有权接受良好的教育；禁止任何基于残疾的教育歧视，确保残疾儿童少年在无歧视环境中接受适合的教育，促进其发展。[②] 农村残疾人教育保障维度共包括学龄农村残疾儿童接受义务教育比例、农村残疾少年接受特殊教育普通高中教育比例、农村残疾少年接受中等职业教育的比例、农村残疾青年接受特殊教育学院教育的比例、农村残疾青年接受普遍高等教育的比例五个二级指标，该维度同样全部为客观性的指标，旨在考察农村残疾人的教育问题，接受教育是改变农村残疾人双重弱势的主要途径。

（四）农村残疾人就业保障维度

农村残疾人就业是指在就业年龄段的农村残疾人，有就业愿望和

---

① 胡芳肖、杨潇、王育宝等：《社会救助理论与实务》，西安交通大学出版社 2015 年版，第 304 页。

② 陈红、赵斌：《我国残疾人教育发展趋势、挑战与对策——基于〈残疾人教育条例〉的思考》，《现代特殊教育》2017 年第 16 期。

有劳动能力，并从事有报酬的生产劳动。① 经过"十二五"时期的大力支持，我国残疾人的就业状况得到了明显的改善，残疾人分散按比例、集中、自主创业、灵活就业多元化的就业格局日益形成，覆盖城乡的残疾人就业服务体系也正在完善，残疾人就业的社会环境正在好转。目前，我国就业年龄段持证残疾人的就业率在43%左右，也就是说还有超过50%的残疾人处于失业状态。② 残疾人就业服务是为满足残疾人生存与发展以及自我价值实现所需而提供的以信息、技术或劳务等服务形式表现出来的一种特殊的专门提供就业帮助的公共产品，残疾人就业服务主体为各级政府部门与残联组织，提供以集中就业、按比例就业以及灵活就业为主的三种就业形式。③ 农村残疾人就业保障维度共包括农村残疾人就业率、农村残疾人参加职业培训比例、农村残疾人依靠政府、村集体就业的比例、农村残疾人依靠就业服务机构就业的比例四个二级指标，该维度的指标旨在衡量农村残疾人的就业状况以及促进农村残疾人就业的社会化服务状况，就业是农村残疾人实现独立自主、持续发展的基本条件。

（五）农村残疾人无障碍环境保障维度

无障碍环境是指一个通行无阻、易于接近的理想环境，包括物质环境、信息和交流的无障碍；物质环境无障碍的要求是城市道路、公共建筑物和居住区的规划、设计、建设应方便残疾人的通行和使用，如城市道路应方便视力残疾者通行，建筑物应考虑出入口、电梯、扶手、厕所、房间、柜台等设置残疾人可使用的相应设施和方便残疾人通行等；信息和交流的无障碍的要求是公共传媒应使听力、语言和视力残疾者能够无障碍地获得信息，进行交流，如影视作品、电视节目的字幕和解说，电视手语，盲人有声读物等。④ 农村残疾人无障碍环

---

① 程必定：《科学发展观在安徽的转化》，安徽人民出版社 2008 年版，第 344 页。

② 方仪、何侃、潘威：《残疾人就业服务的发展现状、问题及对策》，《现代特殊教育》2017 年第 20 期。

③ 甘昭良：《促进残疾人就业的职业教育支持研究》，《北京联合大学学报》2017 年第 4 期。

④ 沈剑辉、钱志亮：《特殊儿童定向行走训练》，南京师范大学出版社 2015 年版，第 29 页。

境保障维度共包括农村残疾人接受社区服务的满意率、对无障碍环境的满意率、农村残疾人参加普法活动的满意率、农村残疾人参与社区文体活动的满意率、农村残疾人综合服务的满意率五个二级指标，该维度旨在考察农村残疾人的社会融入以及生活质量。

（六）农村避免致残保障维度

环境因素致残，是指环境因素能够引起躯体、器官、组织的严重损伤而直接致残，或引起某种疾病，且当该疾病病情发展严重时导致器官、组织产生不可逆损伤而遗留残疾。[1] 避免致残就是对致残环境因素进行的改变和优化。农村避免致残的保障维度共包括先天性遗传致残率、因病致残率、医疗事故致残率、因老致残率、其他原因致残率等六个二级指标，这些指标值的降低，意味着农村避免致残的保障效果的取得。

三　乡村振兴战略下农村残疾人社会保障制度评价体系的使用方法

（一）各维度的计算方法

本书构建的评价体系共分为六个维度，但随着乡村振兴战略的持续推进，每个维度在不同时期的权重应该有所区别。本研究按照乡村振兴战略推进的 2020 年、2035 年和 2050 年这三个时间节点，采用专家调查法，通过背对背的通信方式征询专家小组成员的预测意见，经过几轮征询，专家意见趋于集中，最后分别对各维度及各维度下的各项目进行赋值（见表4－2）。

表4－2　　乡村振兴战略下农村残疾人社会保障制度评价各维度的权重

维度	权重（%）		
	2020 年	2035 年	2050 年
农村残疾人生活保障 A	20	15	10
农村残疾人康复保障 B	10	15	25

[1]　中国残疾人联合会编：《残疾人工作基本知识读本》，华夏出版社 2009 年版，第 192 页。

续表

维度	权重（%）		
	2020 年	2035 年	2050 年
农村残疾人教育保障 C	20	20	15
农村残疾人就业保障 D	20	20	15
农村残疾人无障碍环境保障 E	10	15	25
农村避免致残保障 F	20	15	10

从表 4 - 2 可知，在 2020 年，与乡村振兴战略推进进程相匹配的农村残疾人社会保障制度评价权重如下：农村残疾人生活保障维度占比为 20%、农村残疾人康复保障维度占比为 10%、农村残疾人教育保障维度占比为 20%、农村残疾人就业保障维度占比为 20%、农村残疾人无障碍环境保障维度占比为 10%、农村避免致残保障维度占比为 20%。在此阶段，专家们可能认为，尽管此时已经"实现贫困县全部摘帽、贫困村全部退出"，但因农村残疾人的特殊性，其生活保障依然应在其社会保障体系中占据主要的位置。农村残疾人教育保障维度、农村残疾人就业保障维度权重同样为 20%，主要原因是在此阶段农村残疾人的教育需求、就业需求的满足尽管会得到一定程度的改善，但依然需要政府、社会各界合力进一步改善。至于农村避免致残保障维度权重为 20%，其原因是 2020 年时农村基础设施、医疗服务等尽管已经有了很大的改善，但致残的各类因素依然需要高度关注。在此阶段，农村残疾人康复保障维度、农村残疾人无障碍环境保障维度的权重分别为 10% 的原因，并不是康复保障、无障碍环境保障已经非常到位了，而因为此时其他维度相对来说更加重要。

在 2035 年时，农村残疾人生活保障维度占比为 15%、农村残疾人康复保障维度占比为 15%、农村残疾人教育保障维度占比为 20%、农村残疾人就业保障维度占比为 20%、农村残疾人无障碍环境保障维度占比为 15%、农村避免致残保障维度占比为 15%。在此阶段，农村残疾人教育保障维度和农村残疾人就业保障维度的占比没有改变，依然为20%，其原因是此时农村残疾人的教育需求、就业需求并不一定能得到全部满足，教育和就业在农村残疾人社会保障体系中的地位和作用依然非常重要。农村残疾人生活保障、农村避免致残保障权重下降的原因主要是因经济社会的发展，全社会的生活保障压力已经显著下降，并且随着农村基础设施、医疗服务等的进一步改善，致残的各类因素明显减少，因而其权重开始下降。相应地，此时农村残疾人康复保障、无障碍环境保障随着社会的进步，其重要性必将进一步凸显。

在2050年时，农村残疾人生活保障维度占比为10%、农村残疾人康复保障维度占比为25%、农村残疾人教育保障维度占比为15%、农村残疾人就业保障维度占比为15%、农村残疾人无障碍环境保障维度占比为25%、农村避免致残保障维度占比为10%。此时，农村残疾人生活保障维度、农村避免致残保障维度的权重进一步下降，因为生活保障已经不再是农村残疾人社会保障体系中的关键内容，致残的各类因素也因乡村振兴下乡村环境的改变而大幅减少。农村残疾人康复保障维度、农村残疾人无障碍环境保障维度的权重大幅上升，因为这两个维度直接关系到农村残疾人的幸福感、获得感和安全感，在城乡居民实现共同富裕，农业强、农村美、农民富全面实现的此时，农村残疾人的"民生三感"理应成为衡量其社会保障制度的重要标准。农村残疾人教育保障维度和农村残疾人就业保障维度的占比也开始下降，这既说明教育和就业依然是农村残疾人社会保障制度体系中的重要内容，但此时，农村物质文明、政治文明、精神文明、社会文明、生态文明已经全面提升，农村残疾人的教育和就业问题已经得到了较好的解决。

根据上述分析，乡村振兴战略下农村残疾人社会保障制度评价体系的计算公式为：

$$Y_{2020} = A \times 20\% + B \times 10\% + C \times 20\% + D \times 20\% + E \times 10\% + F \times 20\% \tag{4-1}$$

$$Y_{2035} = A \times 15\% + B \times 15\% + C \times 20\% + D \times 20\% + E \times 15\% + F \times 15\% \tag{4-2}$$

$$Y_{2050} = A \times 10\% + B \times 25\% + C \times 15\% + D \times 15\% + E \times 25\% + F \times 10\% \qquad (4-3)$$

（二）各维度下各项目的计算方法

因各维度下各项目基本上都是选取了一些具有代表性的项目，从时间角度看具有普适性，不需要根据乡村振兴战略的推进进程再分别进行赋值，各维度的总分为 100 分，各维度下各项目的分数同样为 100 分。

1. 农村残疾人生活保障维度的计算方法

根据专家调查法的结果，农村残疾人参加社会保险比例（A1）、农村最低生活保障实现比例（A2）、农村残疾人获得国家和集体救济的比例（A3）、农村残疾人托养服务机构比例（A4）各占 25%。于是就有：

$$A = A_1 \times 25\% + A_2 \times 25\% + A_3 \times 25\% + A_4 \times 25\% \qquad (4-4)$$

至于农村残疾人生活保障维度下各项目的计分见表 4-3。

表 4-3　　　　农村残疾人生活保障维度下各项目计分方式

项目	计分					
农村残疾人参加社会保险比例（A1）	A1 < 50% = 0分	50% ≤ A1 < 60% =60分	60% ≤ A1 < 70% =70分	70% ≤ A1 < 80% =80分	80% ≤ A1 < 95% =90分	95% ≤A1 =100分
农村最低生活保障实现比例（A2）	A2 < 50% = 0分	50% ≤ A2 < 60% =60分	60% ≤ A2 < 70% =70分	70% ≤ A2 < 80% =80分	80% ≤ A2 < 95% =90分	95% ≤A2 =100分
农村残疾人获得国家和集体救济的比例（A3）	A3 < 50% = 0分	50% ≤ A3 < 60% =60分	60% ≤ A3 < 70% =70分	70% ≤ A3 < 80% =80分	80% ≤ A3 < 95% =90分	95% ≤A3 =100分
农村残疾人托养服务机构比例（A4）	A4 < 50% = 0分	50% ≤ A4 < 60% =60分	60% ≤ A4 < 70% =70分	70% ≤ A4 < 80% =80分	80% ≤ A4 < 95% =90分	95% ≤A4 =100分

从表 4-3 可知，农村残疾人生活保障维度下各项目的计分均以

50% 为初始计分，因为根据乡村振兴战略的规划目标，即使在离现在最近的 2020 年，农村残疾人参加社会保险比例、农村最低生活保障实现比例、农村残疾人获得国家和集体救济的比例以及农村残疾人托养服务机构比例理应都在 50% 以上，如果低于 50% 一律都只能按 0分计算。至于为什么各项目的比例大于或等于 95% 就计分为满分 100分，其原因是届时可能会有各种主客观因素的存在，导致各项目的比例要达到 100% 几乎是不可能的。

2. 农村残疾人康复保障维度的计算方法

$$B = B_1 \times 25\% + B_2 \times 25\% + B_3 \times 25\% + B_4 \times 25\% \qquad (4-5)$$

农村残疾人康复保障维度下各项目的计分见表 4-4。

表 4-4 农村残疾人康复保障维度下各项目计分方式

项目	计分				
开展康复服务的乡村比例（B1）	B1 < 50% = 0 分	50% ≤ B1 < 60% = 60 分	60% ≤ B1 < 70% = 70 分	70% ≤ B1 < 80% = 80 分	80% ≤ B1 < 95% = 90 分	95% ≤ B1 = 100 分
设置康复机构的乡村比例（B2）	B2 < 50% = 0 分	50% ≤ B2 < 60% = 60 分	60% ≤ B2 < 70% = 70 分	70% ≤ B2 < 80% = 80 分	80% ≤ B2 < 95% = 90 分	95% ≤ B2 = 100 分
辅助器具供应比例（B3）	B3 < 50% = 0 分	50% ≤ B3 < 60% = 60 分	60% ≤ B3 < 70% = 70 分	70% ≤ B3 < 80% = 80 分	80% ≤ B3 < 95% = 90 分	95% ≤ B3 = 100 分
残疾人接受康复服务的比例（B4）	B4 < 50% = 0 分	50% ≤ B4 < 60% = 60 分	60% ≤ B4 < 70% = 70 分	70% ≤ B4 < 80% = 80 分	80% ≤ B4 < 95% = 90 分	90% ≤ B4 = 100 分

有研究指出，康复对于残疾人而言极其重要，它是残疾人提高生活自理能力，融入社会的基础和保障；尽管近年来残疾人康复需求服务的覆盖率不断提高，但仍比较低，2007 年、2008 年、2009 年和2010 年农村残疾人中当年接受过康复服务的比例分别占当年全部农村残疾人口的 15.7%、19.2%、19.3% 和 30.8%。[①] 因此，农村残疾人

---

① 许琳、唐丽娜、张艳妮：《基本公共服务均等化视角下的我国农村残疾人社会保障制度建设研究》，《西北大学学报》（哲学社会科学版）2011 年第 6 期。

康复保障维度下各项目的计分同样均以50%为初始计分，因为根据乡村振兴战略的规划目标，即使在离现在最近的2020年，开展康复服务的乡村比例、设置康复机构的乡村比例、辅助器具供应比例以及残疾人接受康复服务的比例理应都在50%以上，如果低于50%一律都只能按0分计算。至于为什么残疾人接受康复服务的比例大于或等于90%就计分为满分100分，其原因是可能会有部分残疾人因个人原因不愿意接受康复服务，即使有康复服务、辅助器具的提供，该项目的比例不太可能达到100%。

3. 农村残疾人教育保障维度的计算方法

农村残疾人教育保障维度下各项目的计分见表4-5。

$$C = C_1 \times 20\% + C_2 \times 20\% + C_3 \times 20\% + C_4 \times 20\% + C_5 \times 20\%$$

$$(4-6)$$

表4-5　　　　农村残疾人教育保障维度下各项目计分方式

项目	计分				
学龄农村残疾儿童接受义务教育比例（C1）	C1 < 50% = 0分	50% ≤ C1 < 60% = 60分	60% ≤ C1 < 70% = 70分	70% ≤ C1 < 80% = 80分	80% ≤ C1 < 95% = 90分	95% ≤ C1 = 100分
农村残疾少年接受特殊教育普通高中教育比例（C2）	C2 < 30% = 0分	30% ≤ C2 < 35% = 60分	35% ≤ C2 < 40% = 70分	40% ≤ C2 < 45% = 80分	45% ≤ C2 < 50% = 90分	50% ≤ C2 = 100分
农村残疾少年接受中等职业教育的比例（C3）	C3 < 30% = 0分	30% ≤ C3 < 35% = 60分	35% ≤ C3 < 40% = 70分	40% ≤ C3 < 45% = 80分	45% ≤ C3 < 50% = 90分	50% ≤ C3 = 100分
农村残疾青年接受特殊教育学院教育的比例（C4）	C4 < 10% = 0分	10% ≤ C4 < 15% = 60分	15% ≤ C4 < 20% = 70分	20% ≤ C4 < 25% = 80分	25% ≤ C4 < 30% = 90分	30% ≤ C4 = 100分
农村残疾青年接受普通高等教育的比例（C5）	C5 < 5% = 0分	5% ≤ C5 < 10% = 60分	10% ≤ C5 < 15% = 70分	15% ≤ C5 < 20% = 80分	20% ≤ C5 < 25% = 90分	20% ≤ C5 = 100分

在表 4 - 5 中，学龄农村残疾儿童接受义务教育比例 C1，当 C1 <
50% 时，计分为 0 分；当 50% ≤ C1 < 60% 时，计分为 60 分；当 60% ≤
C1 < 70% 时，计分为 70 分；当 70% ≤ C1 < 80% 时，计分为 80 分；当
80% ≤ C1 < 95% 时，计分为 90 分；当 95% ≤ C1 时，计分为 100 分。
义务教育是每一个公民的权利和义务，农村残疾儿童同样有接受义务
教育的权利和义务。农村残疾少年接受特殊教育普通高中教育比例
C2，当 C2 < 30% 时，计分为 0 分；当 30% ≤ C2 < 35% 时，计分为 60
分；当 35% ≤ C2 < 40% 时，计分为 70 分；当 40% ≤ C2 < 45% 时，计
分为 80 分；当 45% ≤ C2 < 50% 时，计分为 90 分；当 50% ≤ C2 时，
计分为 100 分。因为有部分农村残疾少年可能会因客观原因而选择中
等职业教育，普通高中教育比例能达到 50% 以上已经相当不容易。农
村残疾少年接受中等职业教育的比例的计分方式与接受特殊教育普通
高中教育是一致的，原因也是一致的。农村残疾青年接受特殊教育学
院教育的比例 C4，当 C4 < 10% 时，计分为 0 分；当 10% ≤ C4 < 15%
时，计分为 60 分；当 15% ≤ C4 < 20% 时，计分为 70 分；当 20% ≤
C4 < 25% 时，计分为 80 分；当 25% ≤ C4 < 30% 时，计分为 90 分；
当 30% ≤ C4 时，计分为 100 分。对农村残疾青年来说，特殊教育学
院教育是其专属的高等教育，但部分农村残疾青年也可以选择接受普
通高等教育，因而农村残疾青年接受特殊教育学院教育者能达到
30% 以上，应该是非常不容易了。农村残疾青年接受普通高等教育
的比例 C5，当 C5 < 5% 时，计分为 0 分；当 5% ≤ C5 < 10% 时，计
分为 60 分；当 10% ≤ C5 < 15% 时，计分为 70 分；当 15% ≤ C5 <
20% 时，计分为 80 分；当 20% ≤ C5 < 25% 时，计分为 90 分；当
20% ≤ C5 时，计分为 100 分。农村残疾青年因身体及其功能的缺
陷，在学习上难以与正常青年竞争，其接受普通高等教育的比例能
超过 20% 已经相当不容易了。

4. 农村残疾人就业保障维度的计算方法

$$D = D_1 \times 25\% + D_2 \times 25\% + D_3 \times 25\% + D_4 \times 25\% \qquad (4 - 7)$$

农村残疾人就业保障维度下各项目的计分见表 4 - 6。

表4-6　　　　　农村残疾人就业保障维度下各项目计分方式

项目	计分				
农村残疾人就业率（D1）	D1 < 40% = 0分	40% ≤ D1 < 50% =60分	50% ≤ D1 < 60% =70分	60% ≤ D1 < 70% =80分	70% ≤ D1 < 80% =90分	80% ≤ D1 = 100分
农村残疾人参加职业培训比例（D2）	D2 < 30% = 0分	30% ≤ D2 < 40% =60分	40% ≤ D2 < 50% =70分	50% ≤ D2 < 60% =80分	60% ≤ D2 < 70% =90分	70% ≤ D2 = 100分
农村残疾人依靠政府、村集体就业的比例（D3）	D3 < 10% = 0分	10% ≤ D3 < 15% =60分	15% ≤ D3 < 20% =70分	20% ≤ D3 < 25% =80分	25% ≤ D3 < 30% =90分	30% ≤ D3 = 100分
农村残疾人依靠就业服务机构就业的比例（D4）	D4 < 20% = 0分	20% ≤ D4 < 30% =60分	30% ≤ D4 < 40% =70分	40% ≤ D4 < 50% =80分	50% ≤ D4 < 60% =90分	60% ≤ D4 = 100分

　　从表4-6可知，农村残疾人就业率D1 < 40%时，一律计0分；40% ≤ D1 < 50%时计60分；50% ≤ D1 < 60%时计70分；60% ≤ D1 < 70%时计80分；70% ≤ D1 < 80%时计90分；80% ≤ D1时计100分。就业是最大的民生，对农村残疾人来说，同样如此，但确实有部分农村残疾人是无法实现就业的，所以就业率能达到80%以上，已经相当不容易了。农村残疾人参加职业培训比例D2 < 30%时，一律计0分；30% ≤ D2 < 40%时计60分；40% ≤ D2 < 50%时计70分；50% ≤ D2 < 60%时计80分；60% ≤ D2 < 70%时计90分；70% ≤ D2时计100分。因为部分农村残疾人可能通过中等职业、高等教育实现了就业，不需要参加职业培训，所以农村残疾人参加职业培训的比例能达到70%以上时，就计满分。农村残疾人依靠政府、村集体就业的比例D3 < 10%时，一律计0分；10% ≤ D3 < 15%时计60分；15% ≤ D3 < 20%时计70分；20% ≤ D3 < 25%时计80分；25% ≤ D3 < 30%时计90分；30% ≤ D3时计100分。因自身的弱势性，部分农村残疾人的就业需要政府、村集体的帮助，但政府、村集体能使用的资源也是有限的，因而当D3 < 10%时，说明政府、村集体在促进农村残疾人就业方面做得还不够，但当30% ≤ D3时，政府、村集体的努力已

经能让社会各界满意了。农村残疾人依靠就业服务机构就业的比例 D4 < 20% 时，一律计 0 分；20% ≤ D4 < 30% 时计 60 分；30% ≤ D4 < 40% 时计 70 分；40% ≤ D4 < 50% 时计 80 分；50% ≤ D4 < 60% 时计 90 分；60% ≤ D4 时计 100 分。就业服务机构能为农村残疾人就业提供专业服务，而且随着市场化改革的深入，农村残疾人依靠就业服务机构提供的服务而获得就业的比例将会越来越多，因而 D4 < 20% 时一律计 0 分，当 60% ≤ D4 时计 100 分。

5. 农村残疾人无障碍环境保障维度的计算方法

$$E = E_1 \times 20\% + E_2 \times 20\% + E_3 \times 20\% + E_4 \times 20\% + E_5 \times 20\%$$

$$(4 - 8)$$

农村残疾人无障碍环境保障维度下各项目的计分见表 4 - 7。

表 4 - 7　　农村残疾人无障碍环境保障维度下各项目计分方式

项目	计分					
农村残疾人接受社区服务的满意率（E1）	E1 < 50% = 0 分	50% ≤ E1 < 60% = 60 分	60% ≤ E1 < 70% = 70 分	70% ≤ E1 < 80% = 80 分	80% ≤ E1 < 95% = 90 分	90% ≤ E1 = 100 分
农村残疾人综合服务的满意率（E2）	E2 < 50% = 0 分	50% ≤ E2 < 60% = 60 分	60% ≤ E2 < 70% = 70 分	70% ≤ E2 < 80% = 80 分	80% ≤ E2 < 95% = 90 分	90% ≤ E2 = 100 分
农村残疾人参加普法活动的满意率（E3）	E3 < 50% = 0 分	50% ≤ E3 < 60% = 60 分	60% ≤ E3 < 70% = 70 分	70% ≤ E3 < 80% = 80 分	80% ≤ E3 < 95% = 90 分	90% ≤ E3 = 100 分
农村残疾人参与社区文体活动的满意率（E4）	E4 < 50% = 0 分	50% ≤ E4 < 60% = 60 分	60% ≤ E4 < 70% = 70 分	70% ≤ E4 < 80% = 80 分	80% ≤ E4 < 95% = 90 分	90% ≤ E4 = 100 分
对无障碍环境的满意率（E5）	E5 < 50% = 0 分	50% ≤ E5 < 60% = 60 分	60% ≤ E5 < 70% = 70 分	70% ≤ E5 < 80% = 80 分	80% ≤ E5 < 95% = 90 分	90% ≤ E5 = 100 分

农村残疾人无障碍环境保障维度下各项目的计分方式为残疾人自主评价，各个项目的整体满意率如果 < 50%，就统一计 0 分；整体满意率

介于 50% —60% 就计 60 分；整体满意率介于 60% —70% 就计 70 分；整体满意率介于 70% —80% 就计 80 分；整体满意率介于 80% —95% 就计 90 分；整体满意率大于 90% 就计 100 分。满意率属于自感评价，不同个体的视角不同、需求不同、感觉不同，给出的评价也会有所差别，所以整体满意率能达到 90% 就计 100 分。

6. 农村避免致残保障维度的计算方法

$$F = F_1 \times 20\% + F_2 \times 20\% + F_3 \times 20\% + F_4 \times 20\% + F_5 \times 20\%$$

$$(4-9)$$

农村残疾人避免致残保障维度下各项目的计分见表 4-8。

表 4-8　　　农村残疾人避免致残保障维度下各项目计分方式

项目	计分				
先天性遗传致残（F1）	F1 > 30% = 0 分	30% ≥ F1 > 25% =60 分	25% ≥ F1 > 20% =70 分	20% ≥ F1 > 15% =80 分	15% ≥ F1 > 10% =90 分	10% ≥F1 =100 分
因病致残（F2）	F2 > 40% = 0 分	40% ≥ F2 > 32% =60 分	32% ≥ F2 > 24% =70 分	24% ≥ F2 > 16% =80 分	16% ≥F2 >8% =90 分	8% ≥ F2 =100 分
医疗事故致残（F3）	F3 > 2% = 0 分	2% ≥ F3 > 1.6% =60 分	1.6% ≥ F3 > 1.2% =70 分	1.2% ≥ F3 > 1.0% =80 分	1.0% ≥ F3 > 0.8% =90 分	0.8% ≥F3 =100 分
因老致残（F4）	F4 > 15% = 0 分	15% ≥ F4 > 13% =60 分	13% ≥ F4 > 11% =70 分	11% ≥F4 >9% =80 分	9% ≥F4 > 7% =90 分	7% ≥ F4 =100 分
其他原因致残（F5）	F5 > 20% = 0 分	18% ≥ F5 > 16% =60 分	16% ≥ F5 > 14% =70 分	14% ≥ F5 > 12% =80 分	12% ≥ F5 > 10% =90 分	10% ≥F5 =100 分

宋相鑫（2014）的研究指出，在农村残疾人的残疾因素中，先天性遗传导致残疾的占农村残疾人总人数的 23.7%、因病致残（含传染性疾病残疾、非传染性疾病残疾）的占 38.9%、医疗事故致残的占 1.7%、因老致残的占 14.1%，其他原因致残（含出车祸导致身体残疾）的占 21.6%。[1] 农村残疾人避免致残保障维度下各项目计分采

_____

[1]　宋相鑫：《人的发展视角下农村老年残疾人社会保障问题研究》，博士学位论文，吉林大学，2014 年。

用倒计分制，先天性遗传致残的比例 F1 如果 >30%，该项目就计 0分；如果 30% ≥F1 >25%，就计 60 分；如果 25% ≥F1 >20%，就计70 分；如果 20% ≥F1 >15%，就计 80 分；如果 15% ≥F1 >10%，就计 90 分；如果 10% ≥F1，就计 100 分。在现代社会，先天性遗传致残率是可以在一定程度上通过医疗技术、婚姻选择等方式使其不断降低的。因病致残 F2 如果 >40%，该项目就计 0 分；如果 40% ≥F2 >32%，就计 60 分；如果 32% ≥F2 >24%，就计 70 分；如果 24% ≥F2 >16%，就计 80 分；如果 16% ≥F2 >8%，就计 90 分；如果8% ≥F2，就计 100 分。因病致残既有农村医疗设备和医疗技术的客观原因，也有农村人口自身对待疾病风险态度的主观原因，但通过医疗设备和医疗技术的改进和提高，以及农村人口自身风险意识的加强，是可以实现较大幅度的降低的。医疗事故致残 F3 如果 >2%，该项目就计 0 分；如果 2% ≥F3 >1.6%，就计 60 分；如果 1.6% ≥F3 >1.2%，就计 70 分；如果 1.2% ≥F3 >1.0%，就计 80 分；如果1.0% ≥F3 >0.8%，就计 90 分；如果 0.8% ≥F3，就计 100 分。医疗事故致残基本上属于人为原因，是可以有效避免的，但毕竟小概率的误差还是难以完全避免的。因老致残 F4 如果 >15%，该项目就计 0分；如果 15% ≥F4 >13%，就计 60 分；如果 13% ≥F4 >11%，就计70 分；如果 11% ≥F4 >9%，就计 80 分；如果 9% ≥F4 >7%，就计90 分；如果 7% ≥F4，就计 100 分。因老致残有部分原因是因为人体器官衰退，难以避免，但有不少的情况是因为缺少应有的照料而导致的，因而因老致残的情况是可以较最大幅度降低的。其他原因致残 F5如果 >20%，该项目就计 0 分；如果 18% ≥F5 >16%，就计 60 分；如果 16% ≥F5 >14%，就计 70 分；如果 14% ≥F5 >12%，就计 80分；如果 12% ≥F5 >10%，就计 90 分；如果 10% ≥F5，就计 100分。因其他原因致残本身就包括了较多的因素，可控性相对较弱，因而 F5 能小于 10%，意味着该项目已经较为理想。

（三）总分值计算方法

联立式（4 - 1）、式（4 - 4）、式（4 - 5）、式（4 - 6）、式（4 - 7）、式（4 - 8）、式（4 - 9），联立式（4 - 2）、式（4 - 4）、式

（4－5）、式（4－6）、式（4－7）、式（4－8）、式（4－9），联立式
（4－3）、式（4－4）、式（4－5）、式（4－6）、式（4－7）、式
（4－8）、式（4－9），可以得到式（4－10）、式（4－11）、式（4－
12）。

$$Y_{2020} = (A_1 \times 25\% + A_2 \times 25\% + A_3 \times 25\% + A_4 \times 25\%) \times 20\% + (B_1 \times 25\% + B_2 \times 25\% + B_3 \times 25\% + B_4 \times 25\%) \times 10\% + (C_1 \times 20\% + C_2 \times 20\% + C_3 \times 20\% + C_4 \times 20\% + C_5 \times 20\%) \times 20\% + (D_1 \times 25\% + D_2 \times 25\% + D_3 \times 25\% + D_4 \times 25\%) \times 20\% + (E_1 \times 20\% + E_2 \times 20\% + E_3 \times 20\% + E_4 \times 20\% + E_5 \times 20\%) \times 10\% + (F_1 \times 20\% + F_2 \times 20\% + F_3 \times 20\% + F_4 \times 20\% + F_5 \times 20\%) \times 20\%$$

$$(4-10)$$

$$Y_{2035} = (A_1 \times 25\% + A_2 \times 25\% + A_3 \times 25\% + A_4 \times 25\%) \times 15\% + (B_1 \times 25\% + B_2 \times 25\% + B_3 \times 25\% + B_4 \times 25\%) \times 15\% + (C_1 \times 20\% + C_2 \times 20\% + C_3 \times 20\% + C_4 \times 20\% + C_5 \times 20\%) \times 20\% + (D_1 \times 25\% + D_2 \times 25\% + D_3 \times 25\% + D_4 \times 25\%) \times 20\% + (E_1 \times 20\% + E_2 \times 20\% + E_3 \times 20\% + E_4 \times 20\% + E_5 \times 20\%) \times 15\% + (F_1 \times 20\% + F_2 \times 20\% + F_3 \times 20\% + F_4 \times 20\% + F_5 \times 20\%) \times 15\%$$

$$(4-11)$$

$$Y_{2035} = (A_1 \times 25\% + A_2 \times 25\% + A_3 \times 25\% + A_4 \times 25\%) \times 10\% + (B_1 \times 25\% + B_2 \times 25\% + B_3 \times 25\% + B_4 \times 25\%) \times 25\% + (C_1 \times 20\% + C_2 \times 20\% + C_3 \times 20\% + C_4 \times 20\% + C_5 \times 20\%) \times 15\% + (D_1 \times 25\% + D_2 \times 25\% + D_3 \times 25\% + D_4 \times 25\%) \times 15\% + (E_1 \times 20\% + E_2 \times 20\% + E_3 \times 20\% + E_4 \times 20\% + E_5 \times 20\%) \times 25\% + (F_1 \times 20\% + F_2 \times 20\% + F_3 \times 20\% + F_4 \times 20\% + F_5 \times 20\%) \times 10\%$$

$$(4-12)$$

根据式（4－10）、式（4－11）以及式（4－12），可以计算出
2020 年、2035 年、2050 年我国乡村振兴战略下农村残疾人社会保障
制度的得分，为此还需要给出得分的评判标准。本书综合专家意见后
认为，Y_{2020}、Y_{2035}、Y_{2050} 得分为 80 分以上为良好、90 分以上为优秀。
接下来，本书以良好为下限、优秀为上限，分别对 2020 年、2035 年、
2050 年乡村振兴战略下我国农村残疾人社会保障制度的建设标准展开
讨论。

第三节　乡村振兴战略下中国农村残疾人
社会保障制度目标

对社会保障水平适度性的具体测定标准是社会保障费用的支出要与国家生产力发展水平以及各方面的承受能力保持大体一致。从质与量两者的统一来看，并非社会保障水平越高就越好，其原因是社会保障水平提高速度很大程度上取决于国民收入水平的增加与国民经济增长总量的增加，超越国民经济承受能力的社会保障水平，哪怕再高，也是没有办法持续的。[1] 因此，社会各界致力于研究和提倡的无疑应该是适度的社会保障水平。

在农村残疾人社会保障制度建设过程中，社会保障水平之所以占据极其重要的地位，其因主要在于，农村残疾人社会保障制度基本职能能否实现，主要是在于其保障水平是否"适度"。如果水平适度，既能保障其功能充分释放，也能促进国民经济持续发展。农村残疾人社会保障水平的不适度有水平过低和水平过高两种情况。农村残疾人社会保障制度的建立不等于其保障功能的实现，这一制度提供的保障必须维持在一定的水平上才能发挥出其应有的作用，过低或过高的社会保障水平都无法保障其功能的有效实现；相反，还会造成一系列意想不到的社会问题。[2] 社会保障本质上是一种社会资源的再分配，运用过度会挫伤全社会生产积极性。高社会保障水平是通过过高的税收负担所进行的社会资源再分配。这种再分配在现代社会是必要的，但运用过度则会有明显的弊端出现：一是寻租机会的出现，容易导致权力寻租；二是扭曲市场信号。市场分配机制与再分配机制和原理是不一样的，市场机制强调的是机会均等，而再分配强调的是结果平均。

---

①　王轩、刘骏民、王佳妮：《我国社会保障评价体系重构、检验与分析》，《管理评论》2018 年第 2 期。

②　郝晓宁、胡鞍钢：《中国人口老龄化：健康不安全及应对政策》，《中国人口·资源与环境》2010 年第 3 期。

平均分配会给人们不好的信号：努力与不努力的结果没有区别，这无疑会挫伤社会生产的积极性。①

有统计数据显示，欧盟人口大约是世界人口的9%，其国内生产总值大约是全球的25%，而欧盟的福利开支却大约是世界的50%。也许有很多人对欧洲的高福利非常向往，但这种"从摇篮到坟墓"的福利制度不仅成为欧洲各国公共财政支出的沉重负担，也正日益侵蚀着其竞争力，削弱着欧盟国家在全球政治和经济舞台上的地位。从1976—2007年是欧洲福利制度的"白银时代"，该制度在继续带来积极效果的同时，其弊端和缺陷也日益显现。高福利是建立在高税收之上的，如果缺少高税收的支撑，高福利也就是水中月、镜中花。高税收的一个严重后果是导致富人和资本外逃，而资本不足又导致再生产投入减少、经济增长乏力，而经济增长乏力下必然会有大量工人持续失业，工人失业增加又将导致更多社会福利需求的产生，其结果是政府被迫不断提高税收以支撑福利开支，而不断提高税收则进一步导致资本外逃，如此循环，高福利国家的经济就不可避免地陷入难以自拔的恶性循环之中。② 甚至还有人认为，高福利给欧洲带来的最为负面的结果是在精神层面，它剥夺了欧洲人努力向上的斗志，让其意志消沉；欧洲现在看上去暮气沉沉，这不仅仅是因为人口老龄化问题异常严峻，也与高福利下广大年轻人好逸恶劳、缺乏努力向上的斗志紧密相连。

因此，本书根据乡村振兴战略的阶段目标，分别构建了乡村振兴战略下中国农村残疾人社会保障制度2020年、2035年和2050年的阶段目标。

一 乡村振兴战略下中国农村残疾人社会保障制度2020年目标

根据前文所知，到2020年时，中国乡村振兴将取得突破性的进展，实施乡村振兴战略的工作格局已经基本形成，初步构建城乡融合

---

① 傅志明：《从过度到弹性：欧盟劳动者保障的变迁与启示》，《中国行政管理》2015年第12期。

② 蔡宇宏：《福利制度：社会民主主义与自由主义的比较——以瑞典与美国为例》，《学术研究》2006年第12期。

发展的体制机制以及政策体系。届时，主要农产品供给能力稳步增强，农村基础保障条件进一步改善，公共服务水平进一步提高，幸福美丽新村建设任务基本完成，农民收入持续稳定增长，实现贫困县全部摘帽、贫困村全部退出、贫困人口全部脱贫，农民生活达到全面小康水平。① 在这里，农村基础保障条件进一步改善，当然也应包括农村残疾人无障碍环境建设的进一步优化；公共服务水平进一步提高，也意味着农村残疾人康复服务、农村残疾人教育保障服务、农村残疾人就业服务的进一步提升以及环境因素致残的进一步改善；贫困人口全部脱贫，农民生活达到全面小康水平，无疑包括了农村残疾人的全部脱贫，农村残疾人的生活实现全面小康。据此，本书提出的乡村振兴战略下中国农村残疾人社会保障制度 2020 年目标如表 4 - 9 所示。

表 4 - 9 乡村振兴战略下中国农村残疾人社会保障制度 2020 年目标

项目	建设目标（%）	得分（分）
农村残疾人参加社会保险比例（A1）	75	80
农村最低生活保障实现比例（A2）	75	80
农村残疾人获得国家和集体救济的比例（A3）	75	80
农村残疾人托养服务机构比例（A4）	70	80
开展康复服务的乡村比例（B1）	70	80
设置康复机构的乡村比例（B2）	70	80
辅助器具供应比例（B3）	70	80
残疾人接受康复服务的比例（B4）	70	80
学龄农村残疾儿童接受义务教育比例（C1）	80	80
农村残疾少年接受特殊教育普通高中教育比例（C2）	40	80
农村残疾少年接受中等职业教育的比例（C3）	40	80
农村残疾青年接受特殊教育学院教育的比例（C4）	20	80
农村残疾青年接受普通高等教育的比例（C5）	15	80

---

① 王亚华、苏毅清：《乡村振兴——中国农村发展新战略》，《中央社会主义学院学报》2017 年第 6 期。

续表

项目	建设目标（%）	得分（分）
农村残疾人就业率（D1）	60	80
农村残疾人参加职业培训比例（D2）	60	90
农村残疾人依靠政府、村集体就业的比例（D3）	25	90
农村残疾人依靠就业服务机构就业的比例（D4）	40	80
农村残疾人接受社区服务的满意率（E1）	80	80
农村残疾人综合服务的满意率（E2）	75	80
农村残疾人参加普法活动的满意率（E3）	80	90
农村残疾人参与社区文体活动的满意率（E4）	80	90
对无障碍环境的满意率（E5）	70	80
先天性遗传致残（F1）	20	80
因病致残（F2）	18	80
医疗事故致残（F3）	1.2	80
因老致残（F4）	11	80
其他原因致残（F5）	14	80
合计	—	81.4

根据表4-9的相关数据，根据式（4-1）可以算出，在2020年，乡村振兴战略下中国农村残疾人社会保障制度建设的目标是至少达到81.4分，也就是达到良好的水平。

从农村残疾人生活保障维度来看，农村残疾人参加社会保险比例（A1）必须达到75%左右，获得80分的计分；农村最低生活保障实现比例（A2）必须达到75%左右，获得至少80分的计分；农村残疾人获得国家和集体救济的比例（A3）必须达到75%左右，获得至少80分的计分；农村残疾人托养服务机构比例（A4）必须达到70%左右，获得至少80分的计分。

从农村残疾人康复保障维度来看，开展康复服务的乡村比例（B1）必须达到70%左右，获得至少80分的计分；设置康复机构的乡村比例（B2）必须达到70%左右，获得至少80分的计分；辅助器具供应比例（B3）必须达到70%左右，获得至少80分的计分；残疾人接受康复服务的比例（B4）必须达到70%左右，获得至少80分的计分。

从农村残疾人教育保障维度来看，学龄农村残疾儿童接受义务教育比例（C1）必须达到80%左右，获得至少80分；农村残疾少年接受特殊教育普通高中教育比例（C2）必须达到40%左右，获得至少80分；农村残疾少年接受中等职业教育的比例（C3）必须达到40%左右，获得至少80分；农村残疾青年接受特殊教育学院教育的比例（C4）必须达到20%左右，获得至少80分；农村残疾青年接受普通高等教育的比例（C5）必须达到15%左右，获得至少80分。

从农村残疾人就业保障维度来看，农村残疾人就业率（D1）必须达到60%左右，获得至少80分；农村残疾人参加职业培训比例（D2）必须达到60%左右，获得至少90分；农村残疾人依靠政府、村集体就业的比例（D3）必须达到25%左右，获得至少90分；农村残疾人依靠就业服务机构就业的比例（D4）必须达到40%左右，获得至少80分。

从农村残疾人无障碍环境保障维度来看，农村残疾人接受社区服务的满意率（E1）必须达到80%左右，获得至少80分；农村残疾人综合服务的满意率（E2）必须达到75%左右，获得至少80分；农村残疾人参加普法活动的满意率（E3）必须达到80%左右，获得至少90分；农村残疾人参与社区文体活动的满意率（E4）必须达到80%左右，获得至少90分；对无障碍环境的满意率（E5）必须达到70%左右，获得至少80分。

从农村避免致残保障维度来看，先天性遗传致残率（F1）必须控制在20%左右，从而至少获得80分；因病致残率（F2）必须控制在18%左右，从而至少获得80分；医疗事故致残率（F3）必须控制在1.2%左右，从而至少获得80分；因老致残率（F4）必须控制在11%左右，从而至少获得80分；其他原因致残率（F5）必须控制在14%左右，从而至少获得80分。

二　乡村振兴战略下中国农村残疾人社会保障制度 2035 年目标

实施好乡村振兴的第二步战略，关键要在已经确立好的制度框架内坚持走好中国特色社会主义乡村振兴的道路，充分运用好2020—2035 年的这 15 年时间，系统解决好城乡关系的重塑、集体经济的实现、小农户与现代农业的衔接、生态宜居村庄的发展、乡村文化的重振、乡村治理体系的健全等重大问题。① 乡村振兴战略推进到 2035 年时，在全面建成小康社会的基础上，整个战略要取得决定性进展，在全国基本实现农业农村现代化，基本建成农产品市场竞争力强、科技创新水平高、农业质量效益好、三次产业融合深、服务体系建设优、农村生态环境美、乡村善治文化兴、职业农民队伍强的农业强国。② 那时，优秀的传统文化开始重新充满活力，农民的精神面貌得以重新焕发，人们的思想道德得以革新，乡村社会的文明程度已经大幅进步。③ 与此同时，乡村产业兴旺、生态宜居、乡风文明、治理有效、生活富裕的具体目标已经全面推进并取得重大进展。

那么，农村残疾人社会保障制度也将要在乡村振兴战略的持续推进下，随着乡村经济社会的发展实现质的飞跃。④ 农村残疾人生活保障、农村残疾人康复保障、农村残疾人教育保障、农村残疾人就业保障、农村残疾人无障碍环境保障、农村避免致残保障各个维度下各个项目的计分也要出现较大的提高（见表 4-10）。

表 4-10　　乡村振兴战略下中国农村残疾人社会保障制度 2035 年目标

项目	建设目标（%）	得分（%）
农村残疾人参加社会保险比例（A1）	90	90
农村最低生活保障实现比例（A2）	90	90
农村残疾人获得国家和集体救济的比例（A3）	90	90
农村残疾人托养服务机构比例（A4）	85	90
开展康复服务的乡村比例（B1）	85	90
设置康复机构的乡村比例（B2）	85	90
辅助器具供应比例（B3）	85	90

---

① 王亚华：《乡村振兴"三步走"战略如何实施》，《人民论坛》2018 年第 10 期。

② 魏后凯：《如何走好新时代乡村振兴之路》，《人民论坛·学术前沿》2018 年第 3 期。

③ 杜育红、杨小敏：《乡村振兴：作为战略支撑的乡村教育及其发展路径》，《华南师范大学学报》（社会科学版）2018 年第 2 期。

④ 马玉荣：《一号文件为乡村振兴搭建起"梁"和"柱"——专访国务院发展研究中心农村经济研究部部长叶兴庆》，《中国发展观察》2018 年第 Z1 期。

续表

项目	建设目标（%）	得分（%）
残疾人接受康复服务的比例（B4）	85	90
学龄农村残疾儿童接受义务教育比例（C1）	90	90
农村残疾少年接受特殊教育普通高中教育比例（C2）	45	90
农村残疾少年接受中等职业教育的比例（C3）	42	80
农村残疾青年接受特殊教育学院教育的比例（C4）	22	80
农村残疾青年接受普通高等教育的比例（C5）	18	80
农村残疾人就业率（D1）	68	80
农村残疾人参加职业培训比例（D2）	65	90
农村残疾人依靠政府、村集体就业的比例（D3）	28	90
农村残疾人依靠就业服务机构就业的比例（D4）	45	80
农村残疾人接受社区服务的满意率（E1）	90	90
农村残疾人综合服务的满意率（E2）	85	90
农村残疾人参加普法活动的满意率（E3）	90	90
农村残疾人参与社区文体活动的满意率（E4）	85	90
对无障碍环境的满意率（E5）	85	90
先天性遗传致残（F1）	12	90
因病致残（F2）	14	90
医疗事故致残（F3）	0.9	90
因老致残（F4）	8	90
其他原因致残（F5）	11	90
合计	—	87.8

根据表 4 - 10 的相关数据，根据式（4 - 2）可以算出，在 2035 年，乡村振兴战略下中国农村残疾人社会保障制度建设的目标是至少达到 87.8 分，也就是接近 2035 年标准的良好水平。当然，这也要求各个维度下各个项目的建设都要取得较大的进展。

从农村残疾人生活保障维度来看，农村残疾人参加社会保险比例（A1）必须达到 90% 左右，获得 90 分的计分；农村最低生活保障实现比例（A2）必须达到 90% 左右，获得至少 90 分的计分；农村残疾人获得国家和集体救济的比例（A3）必须达到 90% 左右，获得至少

90 分的计分；农村残疾人托养服务机构比例（A4）必须达到 85% 左右，获得至少 90 分的计分。农村残疾人生活保障维度下各项目之间实际上具有高度相关性，因此其提升的比例理应保持大体一致。

从农村残疾人康复保障维度来看，开展康复服务的乡村比例（B1）必须达到 85% 左右，获得至少 90 分的计分；设置康复机构的乡村比例（B2）必须达到 85% 左右，获得至少 90 分的计分；辅助器具供应比例（B3）必须达到 85% 左右，获得至少 90 分的计分；残疾人接受康复服务的比例（B4）必须达到 85% 左右，获得至少 90 分的计分。农村残疾人康复保障维度下各项目稍微滞后于农村残疾人生活保障维度下各项目的建设，这也符合社会发展的一般规律。

从农村残疾人教育保障维度来看，学龄农村残疾儿童接受义务教育比例（C1）必须达到 90% 左右，获得至少 90 分；农村残疾少年接受特殊教育普通高中教育比例（C2）必须达到 45% 左右，获得至少 90 分；农村残疾少年接受中等职业教育的比例（C3）必须达到 42% 左右，获得至少 80 分；农村残疾青年接受特殊教育学院教育的比例（C4）必须达到 22% 左右，获得至少 80 分；农村残疾青年接受普通高等教育的比例（C5）必须达到 18% 左右，获得至少 80 分。

从农村残疾人就业保障维度来看，农村残疾人就业率（D1）必须达到 68% 左右，获得至少 80 分；农村残疾人参加职业培训比例（D2）必须达到 65% 左右，获得至少 90 分；农村残疾人依靠政府、村集体就业的比例（D3）必须达到 28% 左右，获得至少 90 分；农村残疾人依靠就业服务机构就业的比例（D4）必须达到 45% 左右，获得至少 80 分。

从农村残疾人无障碍环境保障维度来看，农村残疾人接受社区服务的满意率（E1）必须达到 90% 左右，获得至少 90 分；农村残疾人综合服务的满意率（E2）必须达到 85% 左右，获得至少 90 分；农村残疾人参加普法活动的满意率（E3）必须达到 90% 左右，获得至少 90 分；农村残疾人参与社区文体活动的满意率（E4）必须达到 85% 左右，获得至少 90 分；对无障碍环境的满意率（E5）必须达到 85% 左右，获得至少 90 分。

从农村避免致残保障维度来看，先天性遗传致残率（F1）必须控制在 12% 左右，从而至少获得 90 分；因病致残率（F2）必须控制在 14% 左右，从而至少获得 90 分；医疗事故致残率（F3）必须控制在 0.9% 左右，从而至少获得 90 分；因老致残率（F4）必须控制在 8% 左右，从而至少获得 90 分；其他原因致残率（F5）必须控制在 11% 左右，从而至少获得 90 分。

三　乡村振兴战略下中国农村残疾人社会保障制度 2050 年目标

在 2036—2050 年的这 15 年时间中，中国乡村振兴进入第二步战略阶段。此时，乡村振兴将面临之前两个战略阶段中依然没有解决的农业农村发展中的老大难问题，也将可能面对一些需要根据实际发展情况而做出策略调整的新情况。但作为迈向乡村振兴的最后一大步，第三步必须针对重点、难题，集中力量展开决胜攻坚。在此阶段，需要集中力量从乡村文化、生态环境和社会治理等方面入手进行决胜攻坚、取得最后的胜利。然而，乡村文化的兴盛，是长期沉淀的结果，不是一朝一夕就能完成的任务，它需要从文化传承人才的培育、思想道德引导、乡贤文化再造以及文化素质教育等方面入手，进行长期不懈的努力。因此，实现文化的振兴无疑是乡村振兴决胜阶段的关键内容。[1] 当然，一旦乡村文化得以重振、焕发新的生机，乡村生态环境的进一步改善和社会治理的进一步完善也将会变得自然而然，此时，自然社会的良性互动与循环协调格局也就在乡村中得以形成，乡村也就实现了从物质到精神的全面振兴。[2]

到 2050 年，乡村全面振兴，农村物质文明、政治文明、精神文明、社会文明、生态文明全面提升，全面建成农业强国，全面实现农业农村现代化，城乡居民实现共同富裕，农业强、农村美、农民富全面实现。

根据表 4 – 11 的相关数据，根据式（4 – 3）可以算出，在 2050

---

① 姜德波、彭程：《城市化进程中的乡村衰落现象：成因及治理——"乡村振兴战略"实施视角的分析》，《南京审计大学学报》2018 年第 1 期。

② 魏后凯：《实施乡村振兴战略的科学基础和重点任务》，《团结》2018 年第 1 期。

年，乡村振兴战略下中国农村残疾人社会保障制度建设的目标是至少达到 97.2 分，也就是超过 2050 年标准的优秀水平。当然，这也要求各个维度下各个项目的建设都要取得进一步的发展。

表 4 – 11　乡村振兴战略下中国农村残疾人社会保障制度 2050 年目标

项目	建设目标（%）	得分（分）
农村残疾人参加社会保险比例（A1）	98	100
农村最低生活保障实现比例（A2）	100	100
农村残疾人获得国家和集体救济的比例（A3）	95	100
农村残疾人托养服务机构比例（A4）	100	100
开展康复服务的乡村比例（B1）	100	100
设置康复机构的乡村比例（B2）	98	100
辅助器具供应比例（B3）	98	100
残疾人接受康复服务的比例（B4）	88	90
学龄农村残疾儿童接受义务教育比例（C1）	95	100
农村残疾少年接受特殊教育普通高中教育比例（C2）	48	90
农村残疾少年接受中等职业教育的比例（C3）	45	90
农村残疾青年接受特殊教育学院教育的比例（C4）	30	100
农村残疾青年接受普通高等教育的比例（C5）	20	100
农村残疾人就业率（D1）	75	100
农村残疾人参加职业培训比例（D2）	75	100
农村残疾人依靠政府、村集体就业的比例（D3）	30	100
农村残疾人依靠就业服务机构就业的比例（D4）	55	90
农村残疾人接受社区服务的满意率（E1）	90	90
农村残疾人综合服务的满意率（E2）	90	90
农村残疾人参加普法活动的满意率（E3）	98	100
农村残疾人参与社区文体活动的满意率（E4）	88	90
对无障碍环境的满意率（E5）	90	100
先天性遗传致残（F1）	10	100
因病致残（F2）	6	100
医疗事故致残（F3）	0.5	100
因老致残（F4）	6	100
其他原因致残（F5）	11	90
合计	—	97.2

　　从农村残疾人生活保障维度来看，农村残疾人参加社会保险比例（A1）必须达到98%左右，获得100分的计分；农村最低生活保障实现比例（A2）必须达到100%，获得100分的计分；农村残疾人获得国家和集体救济的比例（A3）必须达到95%左右，获得100分的计分；农村残疾人托养服务机构比例（A4）必须达到100%，获得100分的计分。此阶段，农村残疾人生活保障维度下各项目的得分均要达到100分。

　　从农村残疾人康复保障维度来看，开展康复服务的乡村比例（B1）必须达到100%，获得100分的计分；设置康复机构的乡村比例（B2）必须达到98%左右，获得100分的计分；辅助器具供应比例（B3）必须达到98%左右，获得100分的计分；残疾人接受康复服务的比例（B4）必须达到88%左右，获得至少90分的计分。农村残疾人康复保障维度下各项目稍微滞后于农村残疾人生活保障维度下各项目的建设，这也符合社会发展的一般规律。除残疾人接受康复服务的比例受主观因素影响难以达到100%外，农村残疾人康复保障维度下的其他项目均在此阶段要达到100%，均要获得100分的计分。

　　从农村残疾人教育保障维度来看，学龄农村残疾儿童接受义务教育比例（C1）必须达到95%左右，获得100分；农村残疾少年接受特殊教育普通高中教育比例（C2）必须维持在48%左右，获得至少90分；农村残疾少年接受中等职业教育的比例（C3）必须达到45%左右，获得至少90分；农村残疾青年接受特殊教育学院教育的比例（C4）必须达到30%左右，获得100分；农村残疾青年接受普通高等教育的比例（C5）必须达到20%左右，获得100分。此阶段，除农村残疾少年接受特殊教育普通高中教育的比例和农村残疾少年接受中等职业教育的比例分别维持和达到48%和45%左右外，学龄农村残疾儿童接受义务教育比例必须达到95%以上，也就是除个别客观原因无法入学的残疾儿童外，其他所有残疾儿童也均能接受义务教育。

　　从农村残疾人就业保障维度来看，农村残疾人就业率（D1）必须达到75%左右，获得100分；农村残疾人参加职业培训比例

（D2）必须达到 75% 左右，获得 100 分；农村残疾人依靠政府、村集体就业的比例（D3）必须达到 30% 左右，获得 100 分；农村残疾人依靠就业服务机构就业的比例（D4）必须达到 55% 左右，获得至少 90 分。

从农村残疾人无障碍环境保障维度来看，农村残疾人接受社区服务的满意率（E1）必须维持 90% 左右，获得至少 90 分；农村残疾人综合服务的满意率（E2）必须维持 90% 左右，获得至少 90 分；农村残疾人参加普法活动的满意率（E3）必须达到 98%，获得 100 分；农村残疾人参与社区文体活动的满意率（E4）必须达到 88% 左右，获得至少 90 分；对无障碍环境的满意率（E5）必须达到 90% 左右，获得 100 分。

从农村避免致残保障维度来看，先天性遗传致残率（F1）必须控制在 10% 以下，从而获得 100 分计分；因病致残率（F2）必须控制在 6% 以下，从而获得 100 分计分；医疗事故致残率（F3）必须控制在 0.5% 以下，从而获得 100 分计分；因老致残率（F4）必须控制在 6% 以下，从而获得 100 分计分；其他原因致残率（F5）同样必须控制在 11% 以下，从而至少获得 90 分。随着社会发展，可能会出现一些意想不到的因素，导致农村残疾人口的产生，因而其他原因致残率（F5）是难以大幅下降的。

四 乡村振兴战略下中国农村残疾人社会保障制度阶段目标的对比分析

整体上看，乡村振兴战略下中国农村残疾人社会保障制度阶段目标是依据当前我国经济社会发展水平、乡村振兴战略的阶段目标以及农村残疾人社会保障制度的建设现状而制定的。但本书认为，目前我国农村残疾人社会保障制度的建设滞后于其他群体的社会保障制度，因而，本书将 2020—2035 年视为中国农村残疾人社会保障制度建设的发力阶段，各维度下各项目都要取得突破性的进展，而将 2036—2050 年视为中国农村残疾人社会保障制度建设的巩固和完善阶段，部分维度下部分项目的建设维持第二阶段的水平即可。至于乡村振兴战略下中国农村残疾人社会保障制度阶段目标的差异，见表 4 - 12。

表4-12　乡村振兴战略下中国农村残疾人社会保障制度阶段目标的差异

项目	2020年建设目标（%）	2035年建设目标（%）	2050年建设目标（%）	2035年较2020年的变化（%）	2050年较2035年的变化（%）
农村残疾人参加社会保险比例（A1）	75	90	98	15	8
农村最低生活保障实现比例（A2）	75	90	100	15	10
农村残疾人获得国家和集体救济的比例（A3）	75	90	95	15	5
农村残疾人托养服务机构比例（A4）	70	85	100	15	15
开展康复服务的乡村比例（B1）	70	85	100	15	15
设置康复机构的乡村比例（B2）	70	85	98	15	13
辅助器具供应比例（B3）	70	85	98	15	13
残疾人接受康复服务的比例（B4）	70	85	88	15	3
学龄农村残疾儿童接受义务教育比例（C1）	80	90	95	10	5
农村残疾少年接受特殊教育普通高中教育比例（C2）	40	45	48	5	3
农村残疾少年接受中等职业教育的比例（C3）	40	42	45	2	3
农村残疾青年接受特殊教育学院教育的比例（C4）	20	22	30	2	8
农村残疾青年接受普通高等教育的比例（C5）	15	18	20	3	2
农村残疾人就业率（D1）	60	68	75	8	7
农村残疾人参加职业培训比例（D2）	60	65	75	5	10
农村残疾人依靠政府、村集体就业的比例（D3）	25	28	30	3	2
农村残疾人依靠就业服务机构就业的比例（D4）	40	45	55	5	10
农村残疾人接受社区服务的满意率（E1）	80	90	90	10	0
农村残疾人综合服务的满意率（E2）	75	85	90	10	5

续表

项目	2020年建设目标（%）	2035年建设目标（%）	2050年建设目标（%）	2035年较2020年的变化（%）	2050年较2035年的变化（%）
农村残疾人参加普法活动的满意率（E3）	80	90	98	10	8
农村残疾人参与社区文体活动的满意率（E4）	80	85	88	5	3
对无障碍环境的满意率（E5）	70	85	90	15	5
先天性遗传致残（F1）	20	12	10	−8	−2
因病致残（F2）	18	14	6	−4	−8
医疗事故致残（F3）	1.2	0.9	0.5	−0.3	−0.4
因老致残（F4）	11	8	6	−3	−2
其他原因致残（F5）	14	11	11	−3	0

从农村残疾人生活保障维度来看，2035年的农村残疾人参加社会保险的比例（A1）较2020年提高了15%，2050年较2035年提高了8%；2035年的农村最低生活保障实现比例（A2）较2020年提高了15%，2050年较2035年提高了10%；2035年的农村残疾人获得国家和集体救济的比例（A3）较2020年提高了15%，2050年较2035年提高了5%；2035年的农村残疾人托养服务机构比例（A4）较2020年提高了15%，2050年较2035年提高了15%。农村残疾人获得国家和集体救济的比例（A3）2050年较2035年只提高5%的原因是，社会各界其他救助可以在一定程度上弥补国家和集体救济的不足。

从农村残疾人康复保障维度来看，2035年开展康复服务的乡村比例（B1）较2020年提高了15%，2050年较2035年提高了15%；2035年设置康复机构的乡村比例（B2）较2020年提高了15%，2050年较2035年提高了13%；2035年辅助器具供应比例（B3）较2020年提高了15%，2050年较2035年提高了13%；2035年残疾人接受康复服务的比例（B4）较2020年提高了15%，2050年较2035年提高了3%。残疾人接受康复服务的比例2050年较2035年只提高3%

的原因是部分农村残疾人可能并不需要接受康复服务。

从农村残疾人教育保障维度来看，2035 年学龄农村残疾儿童接受义务教育比例（C1）较 2020 年提高了 10%，2050 年较 2035 年提高了 5%；2035 年农村残疾少年接受特殊教育普通高中教育比例（C2）较 2020 年提高了 5%，2050 年较 2035 年提高了 3%；2035 年农村残疾少年接受中等职业教育的比例（C3）较 2020 年提高了 2%，2050 年较 2035 年提高了 3%；2035 年农村残疾青年接受特殊教育学院教育的比例（C4）较 2020 年提高了 2%，2050 年较 2035 年提高了 8%；2035 年农村残疾青年接受普通高等教育的比例（C5）较 2020 年提高了 3%，2050 年较 2035 年提高了 2%。学龄农村残疾儿童接受义务教育比例 2050 年较 2035 年仅提高 5% 的原因是 95% 的比例已经是农村残疾儿童入学的最大比例，农村残疾青年接受特殊教育学院教育的比例 2050 年较 2035 年提高了 8% 而 2035 年较 2020 年只提高了 2% 的原因是乡村振兴进入第二阶段后，适合残疾人高等教育的特殊教育学院数量尽管将有所增加，残疾人入学比例有所上升，但幅度有限，到乡村振兴第三阶段时，特殊教育学院的数量继续且较大数量增加，入学比例也将较大幅度提升。

从农村残疾人就业保障维度来看，2035 年农村残疾人就业率（D1）较 2020 年提高了 8%，2050 年较 2035 年提高了 7%；2035 年农村残疾人参加职业培训比例（D2）较 2020 年提高了 5%，2050 年较 2035 年提高了 10%；2035 年农村残疾人依靠政府、村集体就业的比例（D3）较 2020 年提高了 3%，2050 年较 2035 年提高了 2%；2035 年农村残疾人依靠就业服务机构就业的比例（D4）较 2020 年提高了 5%，2050 年较 2035 年提高了 10%。农村残疾人就业率能达到 75%，应该来说已经相当不错了。农村残疾人依靠政府、村集体就业的比例增加幅度在乡村振兴第二、第三阶段都比较小的原因是其就业终究要依赖市场机制来解决。农村残疾人依靠就业服务机构就业的比例（D4）2050 年较 2035 年提高 10% 的原因是在乡村振兴第三阶段时，残疾人就业的市场化服务已经较为完善，因而应该要有较大幅度的提升。

从农村残疾人无障碍环境保障维度来看，2035 年农村残疾人接受社区服务的满意率（E1）较 2020 年提高了 10%，2050 年较 2035 年没有提高；2035 年农村残疾人综合服务的满意率（E2）较 2020 年提高了 10%，2050 年较 2035 年提高了 5%；2035 年农村残疾人参加普法活动的满意率（E3）较 2020 年提高了 10%，2050 年较 2035 年提高了 8%；2035 年农村残疾人参与社区文体活动的满意率（E4）较 2020 年提高了 5%，2050 年较 2035 年提高了 3%；2035 年对无障碍环境的满意率（E5）较 2020 年提高了 15%，2050 年较 2035 年提高了 5%。农村残疾人接受社区服务的满意率（E1）2050 年较 2035 年没有提高的原因是满意率能达到 90% 已经很不错了，毕竟是主观性的指标。对无障碍环境的满意率（E5）2035 年较 2020 年提高 15% 而 2050 年较 2035 年只提高 5% 的原因是在乡村振兴第二阶段，无障碍环境的建设已经达到一定的水平，在乡村振兴第三阶段时，难以实现大幅度的提升。

从农村避免致残保障维度来看，2035 年先天性遗传致残率（F1）较 2020 年下降了 8%，2050 年较 2035 年下降了 2%；2035 年因病致残率（F2）较 2020 年下降了 4%，2050 年较 2035 年下降了 8%；2035 年医疗事故致残率（F3）较 2020 年下降了 0.3%，2050 年较 2035 年下降了 0.4%；2035 年因老致残率（F4）较 2020 年下降了 3%，2050 年较 2035 年下降了 2%；2035 年因其他原因致残率（F5）较 2020 年下降了 3%，2050 年较 2035 年没有变化。先天性遗传致残率（F1）在乡村振兴第二阶段已经实现较大幅度的下降，因而在乡村振兴第三阶段时能保持小幅下降即很好了。因病致残率（F2）理应随着社会发展，医疗技术水平提高而不断下降。医疗事故致残率（F3）在乡村振兴的第一阶段时，理应得到很好的解决，因而在第二、第三阶段时，其主要任务是巩固。因老致残率（F4）下降一直比较平稳的原因是该类型的致残可以在一定程度上加以控制，但有些情况也是不能避免的。其他原因致残率（F5）2050 年较 2035 年没有变化，其原因与前文的解释是一样的。

第四节　本章小结

　　本章第一部分首先介绍了实施乡村振兴战略是建设现代化国家的必然要求、是新时代解决我国社会主要矛盾的迫切要求、实施乡村振兴战略是落实为人民服务这一根本宗旨的重要体现等时代意义后，从马克思主义中国化的新实践、村镇化与城镇化双轮驱动模式开启、乡村全面现代化对农业产业现代化的替代等角度分析了乡村振兴战略的理论内涵，然后在阐述我国经济社会发展的阶段目标后，剖析了乡村振兴战略的阶段目标。第二部分在介绍了有关残疾人社会保障水平指标体系的研究后，从农村残疾人生活保障维度、农村残疾人康复保障维度、农村残疾人教育保障维度、农村残疾人就业保障维度、农村残疾人无障碍环境保障维度、农村避免致残保障维度六大维度构建了乡村振兴战略下农村残疾人社会保障制度评价体系，接着详细分析了乡村振兴战略下农村残疾人社会保障制度评价体系的使用方法。第三部分则在介绍了乡村振兴战略下中国农村残疾人社会保障制度 2020 年、2035 年、2050 年阶段目标后，对各阶段目标进行了对比分析。

第五章　乡村振兴战略下中国农村残疾人
社会保障制度目标的实现机制

乡村振兴战略的推进，既需要农村残疾人的广泛参与，也为农村残疾人社会保障事业建设提供了新的契机，本章旨在为促进乡村振兴的农村残疾人社会保障制度建设提供建议，基本思路是通过国际经验借鉴，提出指导思想、基本理念、基本原则与实现路径。

第一节　残疾人社会保障制度建设的国际经验

有观点认为，我国现代意义的社会保障是一种国外的舶来品，欧洲国家的社会保障制度建设历史悠久，已经形成较为完善的残疾人社会保障制度，这种制度大大提高了残疾人的生活质量，促进了残疾人平等地位的实现。[1] 因此，本书接下来选择在全球具有代表性的国家，对其残疾人社会保障的有关制度加以分析，以期为我国农村残疾人社会保障制度的完善提供国际经验借鉴。

一　英国的残疾人社会保障制度

总体上来看，英国有关残疾人的补助和优惠政策是比较多的，但在保障形式上，主要是经济方面的帮助。如帮助残疾人寻找工作、促进其就业，政府以补助方式减少残疾对残疾人生活带来的影响以及政府为残疾人支付部分医疗费用以减轻其经济负担。补贴方式有时是金钱补助，有时则以减免税的形式进行。其中，有不少项目用来补贴残

---

① 刘婧娇：《从形式平等到实质平等》，博士学位论文，吉林大学，2014 年。

疾人为改善其生活环境额外所耗的费用，也有部分项目专门用来保证残疾人外出时的方便。①

（一）残疾人日常生活的有关补助

英国残疾人日常生活的有关补助主要有"残疾生活补助""看护补助""独立生活基金补助""直接支付补助"以及"照料提供者补贴"等，这些补助的目的旨在对残疾人的日常生活提供帮助。"残疾生活补助"是专门用来帮助因身体或精神残疾、在个人生活有帮助需求或在行走上有困难、年龄在 65 岁以下的残疾人。该项补助在英国是免税的，且不受申请人是否有稳定的工作以及有多少收入或者是否有储蓄的限制，一般情况下也无须进行健康检查以确定是否有资格。至于申请的残疾人具体能获得多少金额的补助，则要依据残疾对个人的影响程度而确定。补助分照料补助和移动补助两部分，每类补助下面又分为几个等级。当然，有部分残疾人可获得两种类型的补助，但也有部分只能获得其中一种类型的补助。②

"看护补助"也是一种免税型的补助，但只有 65 岁以上老年残疾人才有资格申请。除有年龄方面的限制以外，申请人还需要具备如下特征：身体或精神上有残疾、日常生活无法自理、没有人照看的情况下就会发生生命危险。政府对该补助的力度有明确规定，如果只是白天需要照料的老年残疾人，每周的补助金额为 47.10 英镑；如果是昼夜均需要照料的老年残疾人，每周的补助金额为 70.35 英镑。③

"独立生活基金补助"的目的旨在帮助残疾人进行相对独立的生活。申请该补助的残疾人要利用该补助金雇用他人在家中帮助自己进行独立生活。政府从居住地、年龄、存款数额和其他补助项目享用状况等方面对申请该补助的残疾人做了比较严格的资格要求，并将具有资格的人又以工作状况为标准将其划分为优先资助、次优先资助两种

① 周云：《英国残疾人的社会保障》，《社会保障研究》2010 年第 6 期。

② 邓冉：《英国残疾人保障制度对我国的启示研究》，《劳动保障世界》2017 年第 23 期。

③ 杨立雄：《美国、英国和日本残疾人福利制度比较研究》，《黑龙江社会科学》2014 年第 3 期。

类别。补助金额则根据个人照料花费和已经得到的其他资助项目及等级而确定，但每个成功申请者每周最多只能获得 455 英镑的补助。当然，得到该项补助的残疾人必须将雇用过谁、向谁付了多少钱的记录底单保留好，并留下服务机构所开具的相应发票，且如果身体条件或其他资助状况发生了变化时要及时告知相关部门，没花完的钱也要及时归还给有关部门。①

"直接支付补助"是政府向有照料服务需要的个人所提供的专门补助项目。当某个残疾人被政府认定是属于需要接受社会服务的个体，但该人又希望自己安排相关的照料服务，而不是直接获得当地政府提供的社会化的照料服务时，其就可以要求政府提供"直接支付补助"。

该补助对申请人的基本要求是：16 岁及以上的残疾人或者照料提供者以及老年人（后者并非一定是残疾人）。地方政府根据申请人的实际需求以确定个体能得到多少补助。尽管"直接支付补助"下残疾人个体能较为灵活地选择照料服务，但政府也明确规定了该补助可以或不可以用在哪些方面的服务，且要求补助接受者要有签过字的个人服务时间表等详细的记录，以说明这些补助具体用在哪些方面。②

"照料提供者补贴"是一种专门针对照料提供者的津贴，也就是政府用来补贴照料残疾人个体的，这些个体与照料者不需要非具有血缘关系，也不一定非要在一起居住。政府对接受这种补贴的人的要求是年龄必须在 16 岁及以上、每周至少为残疾人提供 35 小时的照料，同时接受照料的残疾人必须已经成功获得某些指定的补助项目。满足这些条件的人可以每周领取到 53.10 英镑的补贴（应税收入），补助金由政府直接打入个人指定的银行账号。③

---

① 何甜甜：《英国残疾人社会福利体系的人本理念研究》，博士学位论文，华中科技大学，2013 年。

② 马盼盼：《浅析英美残疾人基本收入保障项目》，《劳动保障世界》（理论版）2012 年第 11 期。

③ 任占斌、丛向群、段小蕾：《英法残疾人社会保障和服务工作考察》，《残疾人研究》2011 年第 1 期。

（二）有关生活环境改善的补助

为了鼓励与方便残疾人在自己家里独立生活，英国政府为该群体提供一些资金补助，以帮助其改造、改善家中的居住环境，方便其日常生活、活动。如残疾人大型装置的增设、日常设施的改造、救助警报与远距离照料系统的安装等。为减轻残疾人因改善生活环境开支的压力，英国政府设立了"残疾设施补助金"补贴项目。这是英国政府为帮助残疾人继续在家中独立生活而专门设置的一个补助项目。残疾人、与残疾人同住的人，甚至有残疾人租户的房东均可以申请该项补助。补助金的用途主要限于室内和室外自由活动设施的改善方面，比如将某一张门拓宽、地面坡改平、加装电梯、供热系统改良等。

能不能享受和享受多少补助，则要根据对申请人的经济状况进行调查后再确定，报销比例为改善所需费用的 0—100%（实际上就是部分设施改善政府不予报销，而部分设施改善则可以全额报销），但报销总费用不得超过 3.6 万英镑。补贴金的支付方式既可通过申请人将支票转交给施工方，也可由政府直接支付给施工方。实际上，英国的"减免设备和服务的增值税"也与残疾人专用设备的购买及其安装有关。当残疾人购买那些专门为残疾人设计、专门供残疾人使用的装置以及安装和维护此类设备而支付有关费用时，15% 的增值税可以不支付。当然，申请人必须是"长期患病或残疾"的人。[①] 增值税的减免优惠可在支付相关的设备费用时，直接以不扣相关税的形式获得。

在英国，根据相关法律规定，每一个住所都必须向政府支付家庭税，支付者为该住所的使用者。根据个人的不同经济条件，有些人可在税费方面获得一些政策优惠，残疾人就是能获得这个税费优惠特殊群体之一。而当某一个住所中有残疾人居住，而这位残疾人需要单独的一间洗手间或者一个厨房，或者其中有一个房间主要由这个残疾人单独使用，或者住房内需要有允许轮椅活动的足够空间时，那么，这个住房的房主或者是房客就有资格申请"残疾人减免计划"。一旦申请获得批准，住所的使用者就可以少交家庭税。通常情况下，获得批

---

① 岳晨：《英国残疾人社会福利制度研究》，硕士学位论文，中国人民大学，2008 年。

准者是少交一级家庭税，如原来应交甲级税，申请获得批准后改交乙级税。

而且，住所中如果患有严重精神残障的人居住（即使其主要在医院、养老院或其他类别的机构里居住）或者有其看护者居住，这类住所的家庭税都可以获得一定程度的减免。

（三）有关受教育方面的补助

2001 年，英国颁布《特殊教育需要与障碍法》，首次明确高等教育提供机构须保证不因学生的障碍或相关理由而对其歧视、不当对待或不为其提供合理的调整措施。关于教育补贴，除享受其他正常学生可申请的各类教育津贴以外，英国残疾学生还可享受免税的"残疾学生补助"。之所以设立"残疾学生补助"项目，是因为残疾学生经常因为身体健康状况，在学习时需要支付一些正常学生不需要支出的额外花销。[1]

该补助用于残疾学生的本科和研究生阶段的学习，申请时不受残疾学生家庭收入状况的影响，最后得到的补助也无须偿还。但申请下来的补助具有类似于"专款专用"的要求，用途主要限于学习方面特殊装置的购置、学习助理费用的支付以及额外的交通费用与其他学习有关的开支。至于"残疾学生补助"的额度，则根据申请者个人需求的评估结果来确定。那些具有需要有人帮忙记笔记等特殊助理需求的学生可以专门申请这类费用的补助。

另外，补助的额度也并非"一刀切"，因人而异、因课程负担不同而区别对待，本科生和研究生的补助额度也稍微有所不同，前者比后者略低。补助的支付形式比较灵活，可直接支付给提供服务的机构和个人，也可以向申请者直接支付。

（四）有关就业的补助

英国有关就业的补助内容比较繁多，如"就业与支援补助""无行为能力补助""工作安排""工作补助金""工作课税补助""盲人减税补助""工伤残疾补助""持续看护补助（工伤）""子女税金免

---

[1] 刘昕：《英国最新福利制度改革评析》，《外国经济与管理》1999 年第 9 期。

除补助”"子女补助""残疾人减免计划（家庭税）"等，尽管其中有些项目并非专门针对残疾人而制定，但残疾人确实是这些项目和补助的重要受益群体。

"就业与支援补助"是 2008 年才开始实行的一项补助措施。凡是因病或残疾而影响到个人工作能力者均可申请该项补助，具体的资格条件由英国"工作与养老金部"确定。补助共分为两种形式：第一种根据有资格领取补助的个人以往是否缴足国民保险税而提供的基于缴费的就业与支援补助；第二种基于个体工资水平的就业与支援补助。同时，资助又可分为两个阶段：申请和等待批准期、批准并获资助期。在这两个不同的时期，申请者均能领到一定的金钱补助。资格确认后，可获得补助的情况又分为两种，既有尚有工作能力者和需支援、已经没有工作能力者，后者比前者获得的补助要更多一些。

"无行为能力补助"是因病或因为残疾等原因而不能参加工作的个体可申请的那类补助。若申请该项补助，申请人得病或残疾时的年龄必须小于国家养老金领取的年龄且其病残状况必须发生在 2008 年 10 月 27 日之前，也就是该项补助正式实施之前。此外，申请人还必须需要具有其他方面的条件，如不在业或者是个体业主，缴纳过国民保险税，已得病或已经残疾一段时间，无法连续工作，正在接受特殊医疗等。如果申请人得到了补助，则补助可分为三阶段，每阶段的补助金额是不同的：第一阶段是指前 28 周，每周补助金额为 67.75 英镑；第二阶段是指第 29—52 周，每周补助金额为 80.15 英镑；第三阶段是指从第 53 周开始，每周补助金额为 89.80 英镑。

"工作安排"是指帮助残疾人找到工作、方便其工作而采取的一系列措施。这一系列措施的努力方向旨在帮助个人（包括残疾人）分析自身的优劣条件、找到或更好地参与工作的各类咨询、培训班，如"通向工作"项目、"工作准备"项目、"工作之路"项目以及面向残疾人不同内容的培训项目以及"残疾人新政"项目等。[1] 当然，这主

---

① 蔡明山：《高等教育实践中的公平理念研究》，博士学位论文，湖南师范大学，2016 年。

要是一些政策解读或者咨询类型的项目，不涉及资金补助方面的问题。

"工作补助金"是残疾人及其配偶能够申领的一种一次性且免税的资金补助。"工作补助金"旨在鼓励人们脱离完全依赖于政府补助而生活的状况，促进残疾人独立自主、自食其力，通过工作来实现自身的价值。符合申领这种补助金的条件比较多，能领到的补助分100英镑（单身以及已婚无子女申请者）和250英镑（单亲以及已婚有子女申请者）两种。

"工作课税补助"是有工作但工资非常低时所申请的一种补助。家中有残疾人的贫困家庭也可以额外得到一些补助。这类补助主要是通过减免税或者退税的方式以发挥补助作用。残疾人、非残疾人均可申请该补助，其最重要的前提条件就是工资非常低。而且，工资越低的申请者，获得的补助力度也会越大。[①]

"收入支持"是低收入人群（含残疾人）均可以申请的另外一项工资补助。申请这一补助的申请人必须是16—59岁年龄段的人。此外，"收入支持"还有个人每周工作时长、家庭成员工作时间长短、家人健康状况、个人存款等方面的参考标准。能得到多少补助与个人的年龄、居住状况、收入状况和存款状况、家庭其他成员的收入状况、残疾状况、是否有家人需要照料等系列的因素有关，但没有一个统一的数额标准。如果有资格得到"收入支持"补助时，个人即可免费看牙、免费拿药、免费享受学生餐，并得到"房屋补助"和"政府课税补助"。尽管"收入支持"补助项目面向的是包括残疾人的所有低收入人群，但若符合这一补助条件同时又是年龄在60岁以内的残疾人，申请者还可以得到"额外残疾补贴""重度残疾额外补贴"或者"额外残疾强化补贴"。如果申请者是盲人，还可得到1890英镑的减税补助。如果这位盲人的收入非常低，还可以免税，而且个体可把享受减免的这部分税钱转给配偶，其配偶在交税时可以把这部分钱

---

① 倪才龙、焦音凯：《建立我国社会保障税的法律思考》，《上海大学学报》（社会科学版）2009年第2期。

扣除。视力残疾者也可享受"优惠电视收视费"。

如果因为工作致伤致残，个体可以申请"工伤残疾补助"，这类似于中国的工伤保险。"工伤残疾补助"分为两种，即工伤事故补助和工伤致病致聋补助。两种类别的补助都与工作致伤致残相关。工伤致病致聋补助在英国目前已经涵盖了70种职业病。在"工伤残疾补助"大项下，这两种补助都是根据受伤者的年龄及受伤程度而分成不同的等级（20%—100%）；不同等级下的补助金也是不同的，从每周18—144英镑不等。当个体享受"工伤残疾补助"、受伤程度的级别被定为100%且需要日常护理时，申请者还可申请"（工伤）持续看护补"，获批者能得到多少补助则需要根据残疾的程度以及所需照料费用的多少而确定。①

"子女税金免除"是有子女的父母可以申请的一类补助。如果子女中有残疾儿，父母就能够获得到更多优惠。享受这项优惠的家庭有基本家庭年收入的限制，也就是年收入不超过5.8万英镑。除此之外，还有"子女补助"可以用来补贴有子女（包括残疾子女）的家庭。满足以下条件的家庭可以申请该补助：子女的年龄不足16岁、有在上学或接受培训的16—19岁年龄的子女、有已离开学校但开始工作的16岁或17岁年龄的子女。这部分补助不用缴税，且没有家庭收入与存款多少等方面的限制。有孕妇且收入不高的家庭可以申请"确保生育补助金"，该补助为一次性的补助，专门帮助低收入家庭支付生育的费用，申请资格不受个人存款的影响。一旦申请被批准，每个新生儿的家庭将获得500英镑的补助。尽管该补助项目没有特别提到残疾人，但一些残疾人可以享受的补助与此项补助直接相关。

（五）有关交通出行的补助

有关交通出行的补助主要体现在公共交通设施使用的优惠甚至免费、在马路上就近停车特权以及购买自用特殊交通工具的优惠等方面。整体上看，在英国，残疾人外出能获得交通方面的一些优惠政策，"蓝徽停车计划"就是这些优惠政策中的一种。在该计划下，行

---

① 小瑜：《英对工伤事故造成残疾的赔偿办法》，《现代职业安全》2003年第3期。

动不便的残疾人经过申请并获得相关证明以后，如果确实需要就可在马路上临时停车。

英国残疾人在租赁和购买汽车、动力轮椅或小型摩托车时可以得到"交通工具计划"的补助。残疾人如果自己拥有汽车，就可以免费拥有纳税证，但该车必须注册在残疾人的名下或者是为残疾人开车的人的名下。同时，该车不能以他用为目的，只能以自用为目的。相关申请手续的办理地点是政府指定的邮局。在公共交通发达的地区，英国残疾人完全可以在非高峰时段免费乘坐公共汽车。可以享受这种待遇的残疾人在英国被定义为盲人、聋哑人以及行动不便、无上肢或者上肢无活动功能与无学习能力者。这种优惠在英国不同地区也有不同的具体规定：在英格兰，残疾者可以在非高峰时段、任何地区免费乘坐公共汽车；在威尔士，只要是白天运营的地方性公共汽车，残疾人都可以免费乘坐，没有任何时间段的限制；在苏格兰，残疾人的免费乘坐公共汽车的优惠力度更大，可在白天不受时间限制地免费乘坐公共汽车，甚至可免费乘坐部分班次的长途汽车。①

此外，英国的残疾人购买火车票时也可以享受一定的优惠，一旦申请到"残疾人火车乘坐卡"，残疾人就可以得到高达减免三分之一票价的优惠，而且，陪同残疾人旅行的成人也可以享受到同样的优惠。在英国一些地区，人们（当然包括残疾人在内）还可以利用"社区交通服务"，这是地方政府提供的一项交通服务，帮助那些无法乘坐公共交通外出的残疾人去商店购物或办理其他一些事情。

二 韩国的残疾人社会保障制度

韩国社会保障制度中的大部分内容都是为顺应时代的需求而引入的，具有一定的被动性。这也就决定了韩国社会保障制度不足以适当保障生活在风险中的所有国民，不能充分向生活困难、被排斥的群体提供适当的补助。②

（一）有关残疾人收入的保障

韩国的残疾人收入保障是指将公民因残疾所导致的经济方面的负

---

① 王兵兵：《赴英国德国考察报告》，《道路交通与安全》2005 年第 3 期。

② 金炳彻：《韩国残疾人社会保障制度考察》，《残疾人研究》2012 年第 3 期。

面影响降到最小、保障其能有尊严地生活的一种社会政策。收入保障的目标主要是保障所有人不会因残疾的发生而被剥夺有尊严生活的权利。显然，收入保障不是慈善或施舍，而是力图在制度面将残疾人经济方面的消极影响降到最低程度。韩国有关残疾人收入的保障制度可分为直接收入保障制度和间接收入保障制度。其中，直接收入保障制度有《国民年金法》中的残疾年金、残疾津贴、工伤保险等，间接收入保障制度有医疗费援助、残疾人子女教育费援助等。

第一，直接收入保障。韩国残疾人的直接收入保障主要有残疾年金、残疾津贴以及工伤保险。① 残疾年金是向参加国民年金后发生疾病或者负伤、治疗完毕后但身体或精神上留下残疾的人所提供的一种年金，这种年金根据残疾人的残疾程度来确定给付标准。根据《残疾年金法》的相关规定，残疾年金的给付对象是："本人和配偶"的收入认定额在认定额标准以下的残疾人。残疾人年金的给付标准是9万—15万韩元/月，给付依据主要是残疾人的年龄与收入这两项指标。残疾津贴的给付对象是：没有其他人的帮助就不能维系日常生活的重度残疾人。根据相关规定，政府向符合条件的轻度残疾人支付3万韩元/月的残疾津贴，根据残疾程度向残疾儿童支付10万—20万韩元/月的残疾津贴。工伤保险是指在工伤保险适用单位工作的劳动者，因工作原因出现负伤、生病、残疾等情况时，劳动者本人及其家属无论其单位是否参加工伤保险，都可以要求保险给付的一种保险。工伤保险的补偿范围包括疗养补助、误工补助、残疾补助、遗属补助、伤病补偿补助、丧葬特别补助等方面的内容，范围比较广。韩国工伤保险的给付特征意味着不论任何灾害都可以根据一定的比例给予补偿。而且，韩国工伤保险中还设立了特别津贴，但特别津贴存在这样一个问题，那就是必须由雇主承认自身的过失，方可由劳动部在事后向雇主征收给付额。

第二，间接收入保障。间接收入保障主要包括医疗费援助、残疾人子女教育费援助、残疾人创业资金贷款、提供残疾人康复辅助器

---

① 李相文：《韩国的社会保障制度》，《当代韩国》2000 年第 2 期。

械、医疗进口物品、减免医疗用具关税、减免残疾人车辆高速通行费用、通信费折扣等。① 医疗费援助是向生活困难的低收入残疾人所进行的一种援助，以保障残疾人的正常生活和正常医疗需求，但医疗费援助只向残疾人本人提供，非残疾的家庭成员被排除在援助范围之外。残疾人子女教育费援助是向低收入的残疾人家庭所提供的教育援助。通常情况下，对残疾人家庭特别是低收入残疾人家庭而言，医疗费、教育费等费用会高于正常人家庭，因而政府试图通过残疾人子女教育费援助以降低这类家庭的经济负担，以最低程度地保障家庭成员的受教育机会和家庭的稳定生活，并避免教育贫困的代际传递。残疾人创业资金贷款是向自身有创业意愿的自力更生的低收入残疾人所发放的创业资金贷款，其目的是帮助残疾人通过创业从而实现自力更生、实现人生价值。这种贷款可通过金融机构发放，但这种贷款同时也以家庭为单位设定了上限，也就是不得超过特定的金额。残疾人康复辅助器械提供是指向生活困难的残疾人所提供的便于其日常生活的康复辅助器械，其目的是提高残疾人生活能力并增进残疾人福利。而残疾人用品进口、残疾用具关税减免则是指进口以残疾人使用为目的的特殊物品和用于残疾人诊断及治疗的医疗器械时所实行的关税减免，其目的是通过减少这些设备或用品的销售价格，减轻残疾人经济负担，保障其能在一定的水平下维持基本生活。韩国对残疾人使用车辆进入高速公路通行费用的减免，实际上就是对那些不方便使用公共交通工具的残疾人在使用私家车通过高速公路时所应交的通行费所进行的减免，减免幅度通常只是通行费的50%，而不是全部减免。

（二）有关残疾人医疗的保障

与一般患者相比，残疾人无疑需要较长的治疗期与康复期，这期间的医疗费用负担也是相当大的。韩国2005年的残疾人实况调查结果显示，高达62.8%的残疾人的健康水平极其低下，这种糟糕的情况促进了以后政府有关残疾人医疗保障的改革。2007年，根据《医疗

---

① 金炳彻、张金峰：《韩国残疾人福利的历史、现状与未来展望》，《人口与发展》2013年第2期。

给付法》，韩国政府对残疾人的医疗费援助作了如下调整：有权受助人在一级医疗给付机构就诊时，本人每负担 1000 韩元中将得到 750 韩元的援助；不交付处方或就诊时将根据《药师法》第 21 条第 5 项规定直接调剂医药品则每 1500 韩元援助 750 韩元；在第二、第三级医疗给付机构或国立、公立结核医院就诊时，本人负担诊费的 15%，如果是癌症、心脑血管疾病则本人负担诊疗费的 10%；本人负担中餐费的 20% 将不予援助。①

残疾人辅助器械中医疗给付适用对象在购买辅助器械时，将由健康保险管理机构援助适用品目标准额范围内的全部（1 类）或 85%（2 类）。健康保险对象将在适用品目标准额范围内援助购买费用的 80%，适用对象辅助器械及标准额也制定了相应的标准。如肢体残疾人用的拐杖的标准是 2 万韩元，视觉残疾用辅助器（眼镜）的标准是 10 万韩元，体外用人工喉头的标准是 50 万韩元等。

鉴于残疾人医疗费负担过重的现状，韩国的医疗给付及健康保险给付期目前已经扩大到了 365 天，实际上就是全年。2005 年，韩国政府在全国范围内设立了 16 个康复医院，其目的是便于为残疾人提供残疾分级、康复治疗、医疗咨询等方面的服务。② 然而，这些康复医院主要是由社会福利法人运营的医院，且大部分分布在大城市，对一般残疾人特别是农村残疾人来说，其所发挥的作用是非常小的，这种情况与当前的中国差不多。

目前，韩国政府为构筑康复医疗服务体系，正在不断推进康复医疗医院体系的导入。也就是通过《医疗法》构筑以重度残疾人中长期康复治疗为中心的康复疗养医院体系，引导难以经营的中小医院将部分病床转换为康复病床。

（三）有关残疾人雇用的保障

许多残疾人实际上都有一定的工作能力，但如果只靠残疾人自己

---

① 林宗浩：《韩国老年人长期疗养保险立法的经验与启示》，《法学论坛》2013 年第 3 期。

② 陈可冀、张亚群、洪国栋等：《积极应对我国老龄问题的建议》，《中国老年学杂志》2012 年第 9 期。

努力，却很难找到合适的工作。残疾人雇用保障制度旨在为残疾人提供可维持生计的就业岗位和可获得收入的职业，向残疾人提供与一般社会成员一样参与社会生活的机会，并向缺乏劳动能力的残疾人提供职业培训，使其可以重新参与社会。由此可见，韩国有关残疾人雇用的保障，就是国内通常所说的残疾人就业保障。残疾人的雇用政策可以分为两种情形：一般雇用与保护雇用。前者是指政府提供残疾人职业所需的各种援助（如残疾人技术培训），以顺应用人单位的需要，保障残疾人与一般人一样拥有就业的机会，通过市场参与实现就业；后者是指向重度残疾人提供的援助。为促进一般雇用，韩国在 1990年制定了促进残疾人就业的法律，为促进残疾人就业奠定了法律基础。2000 年 7 月，韩国政府将当时实施的《残疾人就业促进法》修订为《促进残疾人就业及职业康复法》。《促进残疾人就业及职业康复法》一方面扩大了重度残疾人与女性残疾人就业机会，另一方面将国家及地方自治团体的残疾人雇用由劝告事项修改为义务事项，这无疑进一步强调了国家及地方自治团体在残疾人就业方面的责任。[①]

（四）有关残疾人教育的保障

韩国残疾人教育制度的依据是其《宪法》第 32 条中"所有国民根据能力均等地享有受教育权利"的规定，其含义是有能力的残疾人与正常人一样享有受教育的权利。韩国《特殊教育振兴法》第 2 章，对特殊教育作了如下解释：通过适用于特殊教育对象特点的教育过程、教育方法及教育媒介等实施的教学、治疗、康复以及职业教育等。可见，韩国对残疾人的特殊教育的界定口径是比较宽泛的。特殊教育的作用是使残疾人能平等地享受接受教育的权利，进而提高其作为社会成员有效履行社会义务的能力。韩国特殊教育机构有两种表现形式，一是以残疾学生为对象而设立的特殊学校，二是为统合教育而在高中以下设立的特殊班级。该情况也与中国目前的情况是大体差不多的。韩国《特殊教育振兴法》还规定，负责实施特殊教育的教师可以也应该在家庭、医疗机构、学校和其他机构等对特殊教育对象进行

---

① 吴美平：《我国残疾人就业政策研究》，硕士学位论文，汕头大学，2009 年。

直接访问式的巡回教育。应该说，韩国这种以残疾人为对象的特殊巡回教育在全球都是颇有特色的。

近些年来，特殊教育的发展趋势是使残疾人摆脱隔离式教育环境，逐步实现与正常人一起学习的融合教育。然而，韩国一般学校的教师以及学生对此缺乏认识，加上残疾人无障碍设施供给在一般学校严重不足，以及特殊教育人力匮乏等原因，融合教育在韩国发展并不顺利。当然，融合教育在中国也已经有了多年的实践，尽管还有很多有待完善的地方。

（五）有关残疾人出行权及信息获取权的保障

韩国的《便利保障法》明确提出，该法的目标主要是保障残疾人正常生活的维系、便利设施或设备的利用，以获取信息，为残疾人参与社会活动和增进残疾人社会福利。保障残疾人出行权的便利设施（无障碍设施），是为残疾人一般生活和社会生活所提供的方便，能将残疾人的不便因素降低到最小的重要部分。残疾人便利增进法实施以后，韩国各地逐步设立了便于残疾人出行的有关设施。然而，这些设施大都以法律所规定的公共设施为主，残疾人正常出行的社区和个人生活空间中的便利设施供给依然严重不足。当然，这也是韩国各级政府未来的工作目标所在。

2001 年，韩国残疾人为保障自己的出行权而进行了激烈的斗争，斗争的结果是 2005 年韩国制定了《交通弱势群体的移动便利增进法》，残疾人"出行权"自此以法规的形式得到了保障。然而，此法实施一年后，人们却发现，韩国不同地区之间出行权的保障存在严重的差距，人们需要详细了解交通工具、费用体系中存在的各种问题。[①]因此，韩国政府为通过无障碍社会建设以实现残疾人的社会参与权和增进残疾人福利，开始致力于以下 5 个方面的推进工作，旨在从制度层面保障和提高残疾人的出行权。即提高公共设施的残疾人利用度、改变对残疾人便利设施的社会认识、扩充生活空间的居住及出行便利设施、进行

---

① 欧阳鹏：《城市机动性与反社会排斥——国外城市无障碍交通规划对策的启示》，《现代城市研究》2008 年第 8 期。

持续性的现状调查与评价以及通过便利增进审议会进行制度改善。

在韩国，残疾人信息化指通过有效使用信息通信技术与服务，实现残疾人与健全人社会融合的一切努力的统称。残疾人信息化建设不但可以使残疾人适应日常生活和日常工作，还可以提供职业、教育、社会、文化参与的机会。根据 2005 年韩国残疾人的实际调查结果，残疾人的计算机持有率和利用率比一般国民明显要低。以残疾人网络利用率为例，即使从 2003 年的 27.6% 逐步提高到了 2006 年的 46.6%，但网络利用率仍与国民平均水平有极大的差距。

三　借鉴与思考

了解国外的做法，总结其教训、借鉴其经验，反思国内实践，以逐步建立适合我国的农村残疾人社会保障制度，对提高残疾人的生活质量，促进其参与乡村振兴，这对社会和谐发展无疑具有极其重要的现实意义。

（一）不断完善法律，注重法律实施

法律是各类制度中最为规范化的表现载体，残疾人社会保障的制度化与规范化要有法制化的制度加以保证。从英、韩两国的经验来看，两国都有一套适合该国国情的残疾人社会保障法律法规体系，对残疾人的有关权利进行了较好的保护。并且法律的内容也并非一成不变的，而是随着社会的发展和环境的变化，并根据残疾人的需要而不断完善。此外，英、韩两国也非常重视法律的有效实施。为此，两国都设立了相关政府部门、非政府部门以监督、检查法律的实施，或者设立残疾人事务专员负责与社会各界沟通，对法律的实施进行体制内外监督。无疑，在推进乡村振兴的过程中，我国应该从现实国情出发，加快农村残疾人社会保障的立法、执法和司法，完善我国农村残疾人群体的社会保障法律制度，并设立监督机构，努力创造农村残疾人社会保障权实现的条件，维护农村残疾人的各项合法权利。

（二）强调权利与义务的对应

权利与义务紧密联系、不可分割，它们的存在和发展都必须以另一方的存在和发展为条件。没有义务，权利便不再存在；没有权利，便没有义务存在的必要。马克思曾说过，"真实的集体"是"一个以个人自由发展为一切人自由发展的条件的联合体"。作为一个文明、人道、民主的社会，有责任保护每一个成员免予物质匮乏而陷入生活困境。对那些难以维持基本生活、处在社会底层的不幸个体给予特殊物质帮助，使其有做人的尊严，跟上社会发展的步伐，既是社会作为个人"联合体"的神圣职责，也是一切人自由发展的先决条件。因此，对于社会保障权利来说，国家对其社会成员这种权利的实现具有义不容辞的责任。当然，与权利相伴随的是义务，社会成员不仅是社会保障的权利主体，也是义务主体。

就英、韩两国来说，英国参考过去缴纳保险金而确定残疾人补贴给付标准，韩国要求本人负担诊费的 10%—15% 的做法，这实际上都是义务的具体体现。这启示我们，在设计农村残疾人社会保障制度时，应立足本国、本地区的经济发展水平，强调权利与义务的统一，公平并有效率地提升农村残疾人社会保障水平。

（三）强调无障碍环境建设与服务提供

总体上来说，无障碍服务在英、韩都开展得比较早，特别是英国，为残疾人提供的便利服务设施种类繁多，对残疾人日常生活起居的照顾比较到位。英国相关法律规定：所有公共交通工具都必须为残疾人提供服务，携带助残犬上车的残疾人不得被任何人拒绝；出租车司机要为残疾人提供正当服务，不得有任何歧视；残疾人可以对歧视残疾人的违法行为提起民事诉讼。不少地区的残疾人均可享受非高峰期间免费乘坐公共汽车的优惠，甚至在当地旅行也可享受全天免费的公共交通服务。韩国的《便利保障法》明确提出，该法的目标主要是保障残疾人正常生活的维系、便利设施或设备的利用，以获取信息，为残疾人参与社会活动和增进残疾人社会福利。保障残疾人出行权的便利设施（无障碍设施），是为残疾人一般生活和社会生活所提供的方便，能将残疾人的不便因素的影响降到最低程度。可见，强调无障碍环境建设与服务提供，同样是我国农村残疾人社会保障事业建设的重点方向之一。

（四）高度重视残疾人教育

残疾人的普通教育和特殊教育是提高残疾人人力资本，促进其就业、创业最有效的途径。英、韩两国政府都非常重视残疾人教育。在英国，残疾学生除获得一般学生可得的资助外，还可申请一些特殊资助项目，如"残疾学生补助"，以帮助其更好地完成普通而非特殊教育的学业。韩国则有以残疾学生为对象而设立的特殊学校，以及为统合教育而在高中以下设立的特殊班级两种特殊教育方式，而且韩国以残疾人为对象的特殊巡回教育在全球都是颇有特色的。高度重视和大力支持残疾人教育可谓是一举两得：既帮助和保证了残疾学生完成其能够完成的学业，激发残疾学生"自强不息"地充分挖掘自身潜力，做一个独立并且对社会有用的人；有了知识和技能的残疾人不仅自己能独立自主，在社会上有立身之本，也可以减轻残疾给个人、家人和社会可能带来的负担，传递正能量。

（五）比较多的福利补贴及保险

残疾人由于身体的各种缺陷，与正常人有不同程度上的不方便之处，这会导致其收入的降低，影响生活质量的提高，也不利于整个社会的发展。基于此，英、韩纷纷采取不同方法，为残疾人提供福利补贴或保险，以满足其基本的生活需要。英国社会保障体系为残疾人和疾病患者提供了大量的补贴项目，构成了社会保障预算的第二大部分，仅次于养老金方面的支出。英国残疾人的财政补贴范围非常广泛，按照其涉及的领域，可分为主要生活津贴、健康和独立生活方面的津贴、雇用与就业方面的帮助、与工作收入相关的津贴、特殊群体支持等几大类，几乎对残疾人的需求实现了全覆盖。韩国也有残疾人通信费折扣、医疗费援助、残疾人创业资金贷款、残疾人子女教育费援助、残疾人康复辅助器械优惠等众多的福利补贴。

第二节 中国农村残疾人社会保障制度完善的指导思想与基本理念

指导思想又称为行动指南，是指导人们全部活动的理论体系，是思想建设、政治建设、组织建设、作风建设的理论基础。基本理念则是人们行动中应该遵循的基本规则。因此，作为解决问题的最后一章，本研究有必要在此阐明中国农村残疾人社会保障制度完善的指导思想与基本理念。

一　指导思想

结合中国当前的经济发展水平及所处阶段、社会主要矛盾转变的现实背景以及乡村振兴战略推进的重大战略环境，本书提出中国农村残疾人社会保障制度完善的指导思想为：树立和落实"以人为本"的科学发展观，统筹城乡协调发展，以经济发展为先导，以建设社会主义新农村和乡村振兴为契机，以城乡社会保障一体化为建设方向，以建立"广泛覆盖、中等水平、多个支柱、多种层次"的社会保障体系为目标[①]，建设富有中国特色的社会主义新农村残疾人社会保障体系。也就是逐步建立起以最低生活保障制度、基本医疗救助制度和城乡居民养老保险制度为基础，教育、就业促进制度为重点，住房、司法等专项救助制度、社会互助制度、无障碍环境建设制度、社区服务保障机制为配套，以危房改造、精准脱贫为强有力手段的农村残疾人社会保障体系建设的指导思想。

二　基本理念

本书认为，中国农村残疾人社会保障制度完善过程中应该遵循的基本理念主要有有限救济理念、适度保障理念、尊重人权理念、多支柱保障理念。

（一）有限救济理念

穆勒曾指出，对穷人提供的帮助如果不注意好方式和把握好程度，没有底线，那就只能取得适得其反的结果[②]。解决该问题的主要途径是实施有限救济，使各种救济以不损害个人自助精神和自立意识为界限。从农村残疾人社会保障来看，有限救济，意味着对农村残疾人的救济不是无休止的，也不是没有边界范围的。社会保障的有限，

---

① 李珍：《建立多层次多支柱老年收入保障体制的若干思考》，《行政管理改革》2014年第1期。

② 关盛梅：《社会保障学》，吉林大学出版社2014年版，第252页。

强调的是条件限制、时间限制、范围限制等。有限救济理念，除了彰显公平，对社会资源及财富进行再次分配之外，更重要的是传达给农村残疾人这样一种积极的信号：救济是有限的（特别是对那些轻度残疾的人而言），但人的主观能动性却可以是无限的，关键在于把握好机会和条件，尽快实现独立自主。因为救济只是外在的客观条件，真正能够救济农村残疾人（特别是轻度残疾人）的力量，还是来自自身努力迸发的力量。按照哲学上的内因与外因辩证统一的关系，决定事物发展的关键因素是内因而不是外因。对农村残疾人的有限救济应该包括救济时间的有限性、救济范围的有限性、救济责任的有限性。救济时间有限就是对于符合失业救济标准的农村残疾人，无论是对其采取失业援助，还是最低生活补助，都应该有一个相对固定的期限，哪怕是期限到了，重新认定也没关系，唯有如此才能使社会资源物有所用，物尽所用，用有所值。救济范围有限是指对那些消极怠业、道德诚信缺失甚至破坏社会秩序的农村残疾人，无须进行救济。救济责任有限是政府和社会的责任，虽然现阶段对农村残疾人救济的责任还远没有承担到位，但需要引起注意的是，政府、社会的救济责任也是有限的，政府是所有公民的政府，而非专属于某一个特殊群体的政府。

（二）适度保障理念

通常情况下，社会保障水平如果在合理、适度的范围内运行，会对国民经济的发展起到积极的促进作用，如果出现社会保障水平过高的情况，就会给国家经济的发展带来消极的影响。因为，社会保障支出过大，在"搭便车"心理作用下，容易导致失业率提高、社会保障费用膨胀以及财政负担过重等一系列影响经济发展的问题。所谓"适度保障"，就是要寻找经济效率与社会公平的最佳结合点。尽管社会保障只能在一定程度上提供基本的经济保障，但人们对于"基本"一词的理解是有差异的，不同的国家/地区、不同的时期/阶段、不同的决策者/受益人会有不同的理解。因此，社会保障水平的适度性研究，已经成为社会保障领域一个重要的课题。判断社会保障水平适度性的标准，目前被广泛认为是对基本生活保障的足够性以及对全社会效率的影响程度，这实际上就是公平与效率的兼顾性。

由此可见，社会保障的适度水平既不可能是高标准、高福利，也不应该是低标准、低福利，而是一种动态的、适应社会需要的并与一定经济发展水平相适应的，能够保证社会成员基本生活需要的水平。社会保障水平的确定，应该综合考虑影响社会保障水平的经济、社会、阶段目标等各种因素，遵循保障与激励相统一的原则。社会保障资金由国家提供为主逐渐向以个人和用人单位提供保险基金为主，只有与个人的切身利益直接挂钩的社会保障制度，才具有长期和持续的激励作用。社会保障适度水平的长期、持续发展，当然还需要有一个符合实际的发展战略，并要有明确的中长期目标。这也是本研究为什么要在第四章制定乡村振兴战略下中国农村残疾人社会保障制度阶段目标的主要原因。①

因此，在我国的农村残疾人社会保障制度的完善过程中，应当坚持以收定支、收支平衡，科学合理地确定农村残疾人医疗、养老、康复等保障水平，这种保障水平既不能对我国社会经济发展产生负面影响，影响乡村振兴进程的推进，但也能确保农村残疾人的社会保障权利能得以实现，让其共享社会发展成果。

（三）尊重人权理念

"人权"一词尽管被广泛使用，但其含义到目前尚未在世界范围内达成共识，整体上看依然比较笼统和含糊。早在古希腊和古罗马时代，就有人提出了保护自由和私有财产的口号。奴隶起义和农民起义，从某种程度上讲，也是人类早期有关人权斗争的一个表现形式。而将"人权"作为一个普遍的政治性概念，是受到欧洲启蒙思想的影响。② 在十七八世纪的欧洲，洛克、孟德斯鸠和卢梭等启蒙思想家纷纷展开了争取人权的呐喊，呼吁要将自由看作是不可缺少的人的自然本质，并从法律层面上予以确认和保护。1776 年，对天赋人权思想和民权思想进行了集中表述的《人权宣言》，实际上是对这种运动的一种回应。

---

① 余向东：《残疾人社会保障法律制度研究》，中国法制出版社 2012 年版，第 170 页。
② 李蕾：《幸福的法哲学研究》，华中科技大学出版社 2010 年版，第 83 页。

随着人类文明的不断进步，"人权"内涵的边界也在不断延展，早已突破原来的个人自由权利，开始向包含了政治权利、经济权利和社会权利的泛化方向发展，并以此为基础而形成了人权理论。按照人权理论的逻辑，残疾人与健全人在权利方面是完全一致的，社会要为残疾人平等享有这些权利尽可能地创造条件，这也构成了残疾人社会保障理论基础。残疾人社会保障理论强调残疾人作为人类社会的一部分，应该享有与其他群体一致的平等自由权利，能够共同分享社会经济发展的成果。从 20 世纪 40 年代起，残疾人问题逐渐受到了全球性的关注，《残疾人权利公约》《关于残疾人的世界行动纲领》以及《残疾人机会均等标准规则》等一系列世界性纲领性文件相继问世，这无疑有力地促进了残疾人合法权利的有效保护。

强调残疾人与健全人的平等是现代残疾人社会保障理论最突出的地方，但这也从另一个侧面反映了残疾人的平等权利在当今社会并未完全实现，需要强调和呼吁社会各界关注和改善这种局面。[①] 生存权和发展权是每一个人应该享有的普遍权利，这一理念已被世界各国广泛接受和认可。持续增长的国民经济为农村残疾人的权利保障提供了坚实的物质基础，全心全意为人民服务的党和政府的高度重视为农村残疾人权利保障提供了强大支持，日益形成的现代文明社会观也为农村残疾人权利保障创造了良好的社会环境，这些因素共同有力地推动了农村残疾人权利享受状况的改善。

（四）多支柱保障理念

20 世纪 70 年代以来，因为社会保障制度运行中出现了诸多意想不到的困境，各个发达国家都不同程度地对其社会保障制度进行了调整和改革。这其中很重要的一方面就是改变过去单一的社会保障制度构成，开始尝试建立国家基本保障、企业补充保障和个人储蓄性保障的综合保障体系。在此背景下，建立多支柱的社会保障制度正逐渐成为各国社会保障制度改革和发展的主要努力方向。多支柱的核心是构

---

① 许琳：《我国经济不发达地区社会保障问题与对策研究》，陕西人民出版社 1998 年版，第 230 页。

建多主体承担责任的社会保障制度，也就是构建国家、用人单位与个人三者合理分担责任的社会保障制度。在这种社会保障制度的结构体系之中，第一支柱是国家保障，第二支柱是用人单位保障，第三支柱是个人自愿储蓄保障。

国家保障是指法定的、基本的社会保障，通常包括社会保险、社会救助、社会福利、医疗保障、军人保障等方面的内容。社会保障已成为政府解决劳动者和社会成员风险的一种有效机制，起着"安全网""稳定器"的作用。国家保障强调的是政府承担起财政支持、监管、实施的责任；政府也应当通过税收优惠间接地向单位保障提供财政支持；政府还倡导社会保障制度与家庭保障机制相配合。[①]

用人单位保障是指用人单位根据其经济效益，在参加社会保险的基础上，为进一步增强员工养老或防御疾病等社会风险能力，自行采取的一些具有保障作用的措施。用人单位补充社会保障是社会保障体系的重要组成部分，也是社会保障的第二道防线，对提高社会保障水平具有特别重要的意义。个人自愿储蓄性保障是以保障被保险人在发生各种风险后的生活为目的，以自愿参与为原则，以投保人与保险人的约定责任为基础，以保险合同为依据，由政府规范、保险人提供的特定保险。[②]

第三节　中国农村残疾人社会保障制度完善的基本原则

作为社会保障的一个重要分支，农村残疾人社会保障既具有一般社会保障的共同性，又具有自身的特殊性。因此，在中国农村残疾人社会保障制度完善的过程中，必须坚持一般社会保障的建设原则，也应坚持农村残疾人社会保障制度的建设原则。

---

① 祁峰：《中国养老方式研究》，大连海事大学出版社2014年版，第148页。
② 邓大松：《中国社会保障若干重大问题研究》，海天出版社2000年版，第57页。

一 保障水平与社会经济发展相适应原则

任何制度的建立和完善都不能跨越特定的经济发展水平和特定的社会发展阶段，只有与经济、社会发展水平相一致，才能有力地保证制度的有序建立与渐进完善，才有利于制度、经济两者的互动互进。[①]中国农村残疾人社会保障制度的完善，既不能盲目仿效西方，特别是欧洲所谓高福利国家的举措，盲目追求高税收、高福利、高保障，导致社会福利病，但也不能脱离我国经济、社会发展的实际情况，片面地追求经济增长，而不分配好经济发展所带来的成果，导致农村残疾人社会保障制度及农村残疾人社会保障事业的发展严重滞后。改革开放以来，我国经济高速发展，社会财富大幅增长，但社会保障水平依然不高，尤其是农村残疾人社会保障水平过分偏低，这既不是养老保险制度的发展与经济、社会发展水平相适应的表现，也不能使农村残疾人分享经济、社会发展创造的红利，进而打击其工作、生产积极性，对经济、社会的可持续发展产生一定程度的负面影响。

社会保障是国家用经济手段来解决特定社会问题、实施特定社会政策、达到特定社会目标的一项宏观调控措施。[②] 在我国当前的国情、国力下，乡村振兴的推进过程中，农村残疾人社会保障必然要求是"中/低水平、广覆盖"的。保障水平如果过高，各级政府的财力跟不上，背上沉重的财政包袱，各项保障农村残疾人的法规和政策措施得不到落实，必然阻碍经济发展进而动摇社会保障制度的根基，无所不包的所谓"大福利"是不可能在现阶段实现的；而低于经济发展水平的社会保障，也不能满足农村残疾人的基本生活需求，不但不能真正发挥其预期的效果，还会引发不公平等社会矛盾。

可见，中国农村残疾人社会保障制度完善的第一个原则就是保障水平与社会经济发展相适应原则。

---

① 柳清瑞：《中国残疾人社会保障的问题与对策研究——基于沈阳市的调查》，《辽宁大学学报》（哲学社会科学版）2011 年第 6 期。

② 刘波：《政府介入社会保障职责的多重视角分析》，《太原理工大学学报》（社会科学版）2012 年第 6 期。

二　权利与义务相统一原则

权利与义务相对等，不止于日常生活之中，也是各行各业所应严格遵循的处事标准，在具有福利性质的农村残疾人社会保障体系之内，特别应该这样。从法律角度看，每一个农村残疾人都能平等地享有社会保障的权利，国家和社会当然也具有平等地向每一个农村残疾人提供基本生活保障的义务。[①] 与此同时，作为权利主体的农村残疾人也应承担相应的责任，即应尽力参加力所能及的劳动、创造社会财富，遵守社会规范、维护社会秩序，这是享有社会保障权利的每一个农村残疾人在法律上不能推卸的责任。因此，坚持权利与义务相统一原则可以更有成效地激发农村残疾人的积极性与创造性，为社会创造更多的财富。

法律同时规定，公民在取得主体资格的同时，必须依照社会保障法的有关规定缴纳一定数量的社会保障费用，履行相应的保障义务。此时，公民是义务主体。每一位农村残疾人，不论其本人是否愿意，均必须参加社会保障，农村残疾人既是社会保障事业的受益者，也理应是社会保障费用的承担者。目前，我国的社会保障费用国家包揽过多，个人支付较少，国家已不堪重负，劳动者缺乏自我保障意识和责任，个人的权利与义务不对等。[②] 农村残疾人社会保障制度的完善，应逐步增加个人的责任。社会保障也将因此有了更坚实的物质基础，社会保障正常运转的良性机制才可以形成。农村残疾人社会保障遵循权利与义务对等的原则，强调的是农村残疾公民在享受社会保障权利的同时，也必须履行社会保障的法定义务。

三　公平和效率相促进原则

公平与效率不仅是经济家和社会学家们长期以来争论不休的话题，也是各国决策者始终要面对的难题。任何社会、任何国度都面临着效率与公平的价值取向选择问题，合理、有效地处理好两者的关

---

① 王一：《中国社会保障制度"去商品化"程度的分析与反思》，《学习与探索》2015年第12期。

② 李建华、张效锋：《从慈善事业到正义制度——我国社会保障伦理研究评述及展望》，《井冈山大学学报》（社会科学版）2010年第5期。

系，不仅可以促进社会机制的高效运转，也有助于人民安居乐业、生产发展、财富积累。公平，是人类所追求和要求的一种社会状态，之所以人们希望社会公平，是因为公平的社会有利于人展其才、才尽其用，物有所值、值有所获，有利于充分保证效率机制的有效运转、效率功能的最大发挥。[1] 换一个角度看，人们也应注重对效率的维护和追求，毕竟社会的不断繁华、文明的日益进步、经济的稳健发展，其重要的推力便是效率，讲效率才能出成果，讲效率才能有成绩，效率是公平实现和公平维护的重要基础。

作为社会再分配的重要形式之一，农村残疾人社会保障制度的完善当然要力争充分体现公平的作用与价值，正所谓初次分配效率为主，再次分配公平优先。作为国民财富再分配的一种有效形式，农村残疾人社会保障制度的效率兼顾，也就是在避免养懒人、激发农村残疾人工作积极性、鼓励其多贡献的同时，更应彰显社会公平，应充分维护残疾人作为弱者的权利，给予残疾人弱者充分的生活、工作的保障。[2] 正因为我国当前的社会、经济发展水平仍然比较低，更加凸显了坚持公平原则的重要性，因为要在这样的基础上坚持改革、发展，谋求经济、社会的稳健、较快发展，更应坚持效率与公平相结合的原则。

四 普惠与特惠协调发展的原则

农村残疾人社会保障应考虑全体农村残疾人的利益与需求，并能够适用于全体农村残疾人，使一切农村残疾人均能够享受到相应的社会保障权益，这强调的是普惠原则。同时，又必须承认农村残疾人之间不仅存在阶层差异，而且存在个体差异，其对社会保障的需求并非是一致的，从而需要区别对待，这强调的是特惠原则。

为农村残疾人提供普惠型社会保障，使社会和经济不平等的安排符合地位最不利的农村残疾人的最大利益，这在社会各界已经是共

---

[1] 信长星：《关于就业、收入分配、社会保障制度改革中公平与效率问题的思考》，《中国人口科学》2008 年第 1 期。

[2] 杜飞进、张怡恬：《中国社会保障制度的公平与效率问题研究》，《学习与探索》2008 年第 1 期。

识。事实是，现阶段我国农村残疾人的社会保障就是由普惠型的残疾人福利、扶持型的社会保险、选择型的社会救助以及公益型的社会互助所组成的"四位一体"社会保障体系。[1]

通过优先原则在制度层面给予社会中处境不利的人们最大利益，是罗尔斯关于"社会公平公正"的一个重要观点。[2] 罗尔斯把缩小社会差距和实现社会机会均等落实到经济利益调节和补偿这样一个更具体的可操作层面，从而为解决社会贫困阶层的经济困难提供了理论基础。农村贫困残疾人家庭或农村残疾人本身极有可能无法维持基本生产与生活，单纯依靠自身力量也永远无法摆脱所面临的困境，只有建立专门针对残疾人的社会保障制度，满足其特殊需要，才能实现残疾人"平等、参与、共享"的理想目标。因残疾类别、程度不同，残疾人的需求也会各不相同，如果仅仅安排一般性的经济救助、生活保障是远远无法满足其多样性需求的。只有在保证一般性保障制度的基础上，针对各种特殊需要，制定行之有效的专项服务保障措施，才能保障农村残疾人平等享有各项权利。因此，要以农村残疾人需求为导向，变被动型的物质救助模式为主动型的按需保障模式，充分发挥政府和社会的作用，灵活发挥家庭保障功能，加大资金投入力度，形成保障合力，尽可能地减轻残疾人家庭生活压力，发展科学、合理、可持续的以政府为主导、社会为辅助、家庭为补充的普惠与特惠协调发展的保障模式。[3]

五　生存权保障和发展权保障相统一原则

按照 Sen 可行能力理论的逻辑，生活可以被看作一组具有相互关联的功能向量。功能是人类固有的内在特征，既包括身体健康、营养良好等最基本的生存功能，也包括受人尊重、社会交往以及自我价值

---

① 李迎生：《中国普惠型社会福利制度的模式选择》，《中国人民大学学报》2014 年第 5 期。

② 宇环：《中国共产党对社会公正关注情况的变化——基于第十六至十八届党代会报告的分析》，《党政研究》2017 年第 4 期。

③ 张蕾：《以需为本的残疾人社会保障：国际经验与中国实践》，《残疾人研究》2016 年第 1 期。

实现等复杂的、发展性的功能。① 从矛盾论来看，生存与发展既互为动力又互为目的，既相互促进又相互制约；生存是发展的基本前提，没有生存，发展就无从谈起；发展是生存的重要保障，没有发展，生存的基础终究会崩裂。②

对农村残疾人来说，生存权是为维护人的生存所必不可少的权利，包括生命权、健康权、物质享受权等方面的内容。现代社会中，一定的、必需的物质基础是人们生存的基础，也是个人享有人格的基础。农村残疾人社会保障的宗旨即在当农村残疾人出现生活困难时，国家和社会有义务对其进行物质帮助。因此，生存权的保障是社会保障的最基本原则。发展权是指个人的生理、心理和社会功能获得增加和完善的权利，包括学习权、就业权、社会交往权等方面的内容。随着社会经济的发展和人的价值的提升，农村残疾人社会保障也应越来越关注其发展权的保障。

第四节　完善中国农村残疾人社会保障制度的建议

中国自古就有"见微知著"（也就是见到事情的苗头，就能知道其实质和发展趋势）的说法，从课题组调研的有关农村残疾人社会保障的具体情况可以折射出我国农村残疾人社会保障的整体概况。以此为基础，并借鉴他人研究成果，在构建了中国农村残疾人社会保障制度完善的基本理念和基本原则之后，本章接下来以乡村振兴的促进为目标，提出相应的完善中国农村残疾人社会保障制度的对策。

一　完善我国农村残疾人社会保障立法

毋庸置疑，我国农村残疾人的生活、就业、教育、康复以及无障

① 高景柱：《超越平等的资源主义与福利主义分析路径——基于阿玛蒂亚·森的可行能力平等的分析》，《人文杂志》2013年第1期。
② 刘灿、郑直：《基于社会生产和分配视角的人的生存和发展保障制度构建》，《理论探讨》2016年第5期。

碍环境等社会保障状况已经在近十几年来有了明显的改善，并且在组织建设与人员配备、工作机构与服务设施、政府投入与社会支持、监督检查与法律援助等实施层面通过一系列具体措施的实施，也已经初步形成了以宪法为指导、以残疾人保障法为核心、以相关法律法规为基础、以地方规范性文件为补充的残疾人社会保障法律体系。[①] 然而，残疾人，特别是农村残疾人贫困状况改善的速度和缓解的程度依然非常有限，社会保险、社会救助、福利津贴等指标均与社会平均水平存在非常大的差距，甚至还有继续拉大的趋势，其中一个重要的原因就是立法不足。

第一，完善现有社会保障法律制度。社会保障法律制度是指国家立法机关和国家行政机关用法律、法规、命令、条例等形式来确定、明确、规范社会保障行为的总称。社会保障法律制度不仅是国家社会保障意志的集中体现，也是整个社会保障制度运行及其目标达成的必要条件。社会保障法律制度不应是由一部法律或者同一层级的法律构成，而应该是多层次的。目前，我国的社会保障法律制度可以分为四个层次。第一层次是国家的根本大法，也就是宪法。第二层次是全国性的立法机关通过的社会保障专门法律，以及其他可以适用于社会保障领域的法律，主要有《残疾人保障法》《社会保险法》等。第三层次是国家最高行政机关制定的行政法规和其他社会保障法律的实施细则，如《农村居民最低生活保障实施办法》《残疾人就业条例》等。第四层次是地方立法机关或权力机关制定的地方性社会保障法规、规章，如《广东省实施〈中华人民共和国残疾人保障法〉办法》等。

尽管我国已经出台了《残疾人保障法》《社会保险法》等法律法规，但是仍然没有出台社会救助法、社会福利法等基本法律。因此，有必要尽快制定和完善社会保障基本法律规范，将其作为宪法之下的几个平行的系统，各个系统又可以统率若干条例，成为子系统的具体法律依据。[②] 这应该是我国现有社会保障法律制度完善的一个重要

[①] 余向东：《残疾人社会保障法律制度研究》，博士学位论文，安徽大学，2011 年。
[②] 陈光：《我国区域立法协调机制研究》，博士学位论文，山东大学，2011 年。

方向。

第二，加快反歧视立法。尽管 2008 年修订的《中华人民共和国残疾人保障法》第 32 条规定：国家保障残疾人劳动的权利；第 38 条规定：在职工的招用、转正、晋级、职称评定、劳动保障、生活福利、休息休假、社会保险等方面不得歧视残疾人。但因为残疾人自身的缺陷，使其在就业的时候，很难获得平等的机会。虽然法律规定不得歧视残疾人，但这些规定多是指导性的，既没有关于残疾人歧视的具体界定，也没有规定相关部门如何去受理与追究，可操作性明显缺乏。综观国外反歧视法可以发现，在欧美许多国家，其反歧视法是与民法、刑法相并列的、独立的法律，且通常包含了三个层次的立法：一是反歧视基本法，如美国《民权法》；二是针对社会领域歧视问题而制定的特别法律，如《美国残疾人法》；三是存在于普通法律中，如美国民法、劳动法等中的相关条款。

目前在我国的教育、就业、公共服务甚至是消费等领域，歧视问题是普遍存在的。我国现有的立法尽管明确规定，禁止对不同民族、不同性别、不同宗教信仰等方面歧视行为，但对于个体有关身份、年龄、体貌特征等方面的歧视却缺少明确的规定，而当前最需要关注的就是反残疾人歧视和反性别歧视，在农村领域更是如此。因此，我国有必要尽快出台反歧视法，从法律高度维护包括农村残疾人在内的群体的合法权益。反歧视法的内容应该包括对歧视的界定、直接歧视和间接歧视、歧视禁止的种类、反歧视法的实施机构及其职权、申诉与诉讼的举证、实施歧视行为的法律责任等内容。①

二 特殊性社会保障法律的完善

第一，完善残疾人就业保障法律。残疾人的就业保障历来是我国残疾人事业的主要工作之一，也是各级政府努力的目标之一。我国《宪法》第 45 条明确规定，国家和社会应帮助安排盲、聋、哑和其他有残疾的公民的劳动、生活和教育。2007 年的《残疾人就业条例》也指出，机关、团体、企业事业组织、城乡集体经济组织应按照一定

---

① 周伟：《不受歧视权及其实施》，《理论与改革》2014 年第 3 期。

比例安排残疾人就业，对集中使用残疾人的单位给予税收优惠。2008
年修订的《中华人民共和国残疾人保障法》更是将残疾人就业提升到
了法律高度，规定了对用人单位超比例安排残疾人就业的给予税收优
惠、从事个体经营的免除行政事业性收费的优惠政策等具体内容。

　　尽管残疾人就业法律制度对促进残疾人就业取得了较好的成效，
但残疾人，特别是农村残疾人的就业状况并不乐观。尽管乡镇企业、
村办企业实行残疾人按比例就业，但因为此类企业的数量少、规模
小，竞争力非常有限，吸纳残疾人就业的能力十分有限。① 相对城镇
残疾人来说，农村残疾人的就业形式非常单一，唯有从事农业生产劳
动。在这种背景下，仅靠农业发展来解决残疾人就业问题是不现实
的，可行的方法在经过职业技能培训后，将农村残疾人劳动力向非农
领域转移。因此，可以从按比例安排残疾人就业和对企业的税收优惠
方面考虑，促进城镇各种单位接纳农村残疾人就业。我国《残疾人保
障法》第 33 条虽然规定了"国家实行按比例安排残疾人就业制度"，
但是对没有达到规定比例的，"按照国家有关规定履行保障残疾人就
业的义务"，换言之，此类单位需要缴纳残疾人就业保障金。②

　　本书认为，要求"安排残疾人就业没有达到规定比例"的企业缴
纳残疾人就业保障金，并不是残疾人保障法制定该条款的出发点和根
本目的，它只是一种手段，旨在以此扩大残疾人就业。因此，在今后
的制度设计上，应更加突出以促进就业为主、收取残疾人就业保障金
为辅的逻辑。遵照该逻辑，就有必要对相关法律进行修改，凸显法律
促进残疾人就业的强制性，并提高有条件安置残疾人但在实际用人过
程中却拒绝安置残疾人就业的那些单位的残疾人就业保障金的缴纳标
准，同时与安置残疾人达到比例即可享受税收优惠相结合，运用法律
和经济双重手段促使企业愿意多安置残疾人就业。

　　当然，促进残疾人就业也可考虑设置某些行业的准入限制。如为

---

　　① 张艳妮：《社会政策视角下的我国残疾人就业保障问题研究》，硕士学位论文，西
北大学，2008 年。

　　② 廖娟：《残疾人就业政策效果评估——来自 CHIP 数据的经验证据》，《人口与经济》
2015 年第 2 期。

了促进农村残疾人就业，可以尝试通过立法限制其他群体进入某一行业，如按摩业，这样就可以规定除了医生为病人按摩进行治疗外，只能由视觉残疾人来从事按摩，增加视觉残疾人就业岗位。

第二，健全特殊教育法。我国在1982年版的宪法中，就对残疾人平等受教育的权利做出了相关的规定。此后，残疾人平等受教育权在《中华人民共和国残疾人保障法》《中华人民共和国教育法》《中华人民共和国高等教育法》以及《残疾人教育条例》等法律法规中被不断强调、多次重申。正是因为有了上述法律做保障，我国的残疾人教育事业才取得了今天的伟大成就。

然而，尽管我国残疾人教育事业已经取得了较大的发展，但现有的特殊教育法律依然有诸多不适应的地方，亟待完善。就农村残疾儿童的义务教育而言，无论是本研究的实证调查还是其他学者们的研究结果均表明：其入学率比正常儿童要低很多，但辍学率却又要高出很多。[①] 尽管造成这种局面的原因是多方面的，有的是因为农村地区教育资源稀缺，特殊教育机构稀少，农村残疾儿童想入学却无法入学；有的是农村残疾儿童尽管入读了普通小学，但由于学校没有适合残疾儿童的必要设施或是没有接受过特殊教育培训的老师而被迫离开了学校；有的则是因为家庭贫困等因素而不愿意送农村残疾儿童入学。[②] 对于上述情况，由于当前的法律条款过于笼统，始终难以有效解决。因此，我国有必要加强特殊教育法的建设，以解决上述问题。

对此，笔者的建议是尽快制定《中华人民共和国特殊教育法》，并将其作为特殊教育的基本法，然后鼓励地方以此为基础制定地方性法规，从而逐渐形成有梯次、比较健全的特殊教育法律法规体系。特殊教育法律法规体系要重点解决以下问题：一是要明确地方教育机构对农村残疾儿童受教育权的法定义务，并确保其能有效落实；二是要鉴于农村地区特殊教育机构比较罕见、无障碍设施不完备以及特殊教

---

① 刘维杰：《关于民族地区弱势群体儿童教育的思考——基于"全纳式教育"在临夏地区两所学校实践的启示》，《现代中小学教育》2011年第4期。

② 官群：《关注中国农村特殊教育：重点、热点、难点、盲点》，《中国特殊教育》2009年第2期。

育教师稀缺等实情，以法律的形式加大国家对农村特殊教育的财政投入；三是要明确中央和地方关于特殊教育的责任划分，以保证特殊教育资金的持续投入；四是要从法律高度规定特教岗位的津贴并制定职称评聘的倾斜条款，吸引更多优秀人才投身农村残疾人教育事业，以提升农村特殊教育的师资水平；五是要动员社会力量参与特殊教育学校的建设，开展扶残助学活动，对接受教育的贫困农村残疾人予以适当的补助。①

第三，加快残疾人康复保障法制建设。应该说，康复是广大残疾人最为关心的社会保障项目之一。因为有效的康复能够减少残疾人面临的痛苦，改善其生存状况，增强其参与社会的能力。"十一五""十二五"期间，通过白内障复明手术，已经有百万以上的盲人重见光明，千万以上的残疾人通过肢体残疾矫治手术、聋儿语训、精神病综合康复等重点工程得到不同程度的康复，我国的残疾人康复工作成效非常不错。当然，成绩是值得骄傲的，但面对这些成绩时，我们也要冷静地面对目前依然存在的康复机构少、专业人才短缺、服务质量不高等现实困难，许多残疾人特别是农村残疾人至今还因贫困等原因从未参加过康复服务，甚至不知道康复服务是怎么一回事。

在康复领域，残疾人保障法已经做了相应的规定，但其中很多都是指导性的规定，缺乏可操作性。近年来，我国残疾人康复事业可谓是蓬勃发展，在这个发展过程中，在发现不少问题的同时，也积累了可贵的经验。如果只靠残疾人保障法，显然已经不能适应残疾人康复工作的实际需要。因此，非常有必要适时强化残疾人康复保障方面的立法，为残疾人康复事业提供法律保障，如制定《残疾人康复条例》。各地方政府还可以以此为基础，因地制宜地制定地方性法规。总之，目前我国非常有必要通过法律的形式，对残疾人康复机构的性质、组织、职责、康复措施、法律责任等予以明确，以促进残疾人康复工作

---

① 陈颖：《从应然到实然：残疾人受教育权保护之法律形塑》，《湖南师范大学教育科学学报》2016 年第 5 期。

的法制化。①

第四，加快残疾人福利法制建设。对残疾人来说，福利是相对较高层次的社会保障。作为世界上最大的发展中国家，当前我国正处在社会主义初级阶段，残疾人口规模庞大，而农村残疾人又占了 3/4 以上。就实际情况来看，目前我国不少农村残疾人的生活依然比较贫困。然而，受经济发展水平和客观条件的制约，我国对残疾人的社会救助和社会保险虽然比较重视，但对残疾人社会福利的关注明显不够。随着社会经济的不断发展以及综合国力的不断增强，发展残疾人福利事业已经具备了一定的客观条件。因此，有必要加快残疾人福利的立法步伐，为残疾人社会福利事业的发展提供法律保障。

笔者建议尽快制定《残疾人福利法》。该法应体现残疾人福利法制的整体理念、基本原则、基本制度以及各主体责任等基本事项，以指导和制约残疾人福利法制发展的基本方向。在此基础上，有必要进一步制定肢体残疾人福利、智力残疾人福利、精神残疾人福利等专门的法律，对提供福利服务的内容、种类、程序以及标准等进行细化规定，并对开展福利的政府机构以及其他机构、福利费用负担、对违法行为的制裁等实质性问题进行明确界定。② 应特别注意的是：从我国《残疾人保障法》关于福利一章的相关规定来看，其体现的是对残疾人个体生活进行救助的思想，缺乏帮助残疾人自立和参与社会活动的理念，如果出台《残疾人福利法》，在进行残疾人福利法制建设时，应明确保障残疾人福利权的理念，并在具体的立法内容中加以贯彻。

总之，残疾人社会保障事业的发展必须建立在法律规范基础之上，依法保障才是社会主义法治社会对农村残疾人社会保障权最有效的保护途径。因此，有必要立足我国基本国情，一切从实际出发，在社会主义市场经济体制的前提下，建立和完善适合农村残疾人的社会保障法律体制。依法推进农村残疾人社会保障是保障农村残疾人生存

---

① 李静、黎建飞：《我国残疾人权益保障的现状与发展》，《河南财经政法大学学报》2017 年第 1 期。
② 韩君玲：《日本残疾人福利法制的特征及启示》，《学术交流》2010 年第 11 期。

和发展的根本出路。

三 加强农村残疾人社会保障意识

在我国许多偏远的农村山区，大部分农村残疾人的文化程度都不高甚至是文盲，均保留着落后、顽固的思想和观念，缺乏对生命的珍爱和对美好生活的向往，没有通过参加社会保障以化解生活中可能面临风险的强烈意识。① 也有一部分残疾人群因家庭收入过低，生活压力过大，确实没有能力支付社会保障基金。一旦意外情况发生，这些家庭根本无力承担相关费用，加之没有参加社会保障，进一步加剧了家庭的负担，甚至一蹶不振，导致整个家庭始终在贫困陷阱中折腾。农村残疾人参保意识不强还有另外一个负面影响，那就是造成政府的社会保障项目供给与实际需要脱节，因为政府决策者无法从参保信息中了解到真实的需要，这必然会阻碍农村残疾人社会保障事业的建设与发展。本研究认为，要加强农村残疾人社会保障意识，需要从以下几方面入手，即加大对社会保障制度优越性宣传、加强农村残疾人的心理指导以及加强说服劝导。

第一，加大对社会保障制度优越性宣传。许多农村残疾人一辈子都没有走出过村子，远离外界消息，从未接触过社会保障等类似事物，即使有部分农村残疾人接触了社会保障，也因为不了解社会保障的意义和作用，而不敢参加。因此，地方政府要加大对社会保障制度优越性宣传，让其了解社会保障的真正价值以及对残疾人的特殊作用，真正提高农村残疾人的忧患意识并培养其长远的眼光，让其看重长远利益。农村基层政府要组织专门的宣传小组，挨家挨户做宣传，要在村委宣传栏开辟专栏，介绍社会保障的有关知识，向农村残疾人宣传社会保障给其带来的实际优惠，向其灌输社会保障精神，提升其主动参保意识。

第二，加强农村残疾人的心理指导。因为农村残疾人在生理、身体上存在这样或那样的缺陷，总觉得自己与众不同，低人一等，被排

---

① 刘艳红：《基于典型扶贫项目考察的贫困救助对策研究》，硕士学位论文，东北财经大学，2016 年。

斥在整个社会网络体系之外，长此以往就不可避免地出现自闭、自卑、抑郁等各种病态心理，进而不愿与人沟通，不愿与外界往来，严重者可能失去生活的信心，开始消沉和堕落①，这情况显然不利于我国社会保障制度在农村残疾人群体中推行。所以，这就要求我国农村基层组织选聘心理咨询师，成立专门的心理咨询服务小组，跟踪本辖区内残疾人的心理状况，及时调整农村残疾人的心理健康问题。

第三，加强说服劝导。人们通常都是以利益为导向的，要想真正激发农村残疾人参加社会保险的积极性，不应试图运用理性逻辑与宏伟道理去说服他们，得让其看到参保的利益所在。首先，相关工作人员千万不要以居高临下的姿态强迫农村残疾人接受自己的观点，而是要放下架子，深入调查了解实际情况，设身处地从农村残疾人角度去思考问题，学会与其拉家常、谈年景，才能获得其信任。其次，面对农村残疾人对现行社会保障制度缺乏了解的情况，地方社会保障部门要发扬"走万户千家、道万语千言"的工作精神，与农村残疾人及其子女面对面地谈政策、讲利益、算细账，让其透彻理解参加各类保险后能够具体解决什么问题、带来哪些方面的利益，避免因对社会保障政策不了解，担心权益得不到保障而选择不参保行为的发生。②

四 加大农村残疾人社会保障资金投放

残疾人事业的持续发展，需要资金的有力支持，如果投入资金不足，必将严重影响农村残疾人社会保障的可得性，进而影响农村残疾人的基本生活状况以及和谐社会的建成。为提高农村残疾人社会保障水平，一方面，国家应对农村残疾人相关制度做出有效的调整和安排，逐步加大中央财政、地方财政对农村残疾人社会保障事业建设的资金投入为度；另一方面也要广泛动员社会力量，改变"强政府—弱社会"模式下公民社会组织的发展缺乏独立性和自主性的局面，形成多元管理主体以及主体之间的伙伴关系、民主协作精神，激励其他社

---

① 东方蔚龙：《残疾人心理健康服务需求研究》，硕士学位论文，重庆师范大学，2013年。

② 江维国：《新型城镇化中失地农民社会保障问题研究》，博士学位论文，湖南农业大学，2017年。

会主体的社会公德，让其积极参与到农村残疾人社会保障事业的建设中来，进而保证资金来源的多元化，为农村残疾人的生存、生活与发展提供资金支持和资金保障。

　　在资金来源方面，首先，各级政府应加大财政投入，实现政府财政"兜底"。政府是农村残疾人社会保障项目的主要供给主体，政府有责任和义务保证残疾人的基本生存权利。根据"残障与发展论坛（2016）：共享发展与残疾人小康"的相关内容可知，2016 年我国尚有 1200 多万农村残疾人没有脱离贫困[①]，因而需要政府投入大量财政资金为农村残疾人守住基本生活保障的底线，为农村残疾人提供基本安全网，并保证其在 2020 年与所有人一起步入小康生活。同时，地方政府也要从供给侧改革、乡村振兴等方面入手，大力发展地方经济，为农村残疾人社会保障提供强有力的资金支持。其次，要积极拓宽农村残疾人社会保障资金来源渠道。对农村残疾人提供社会保障不仅是国家的责任，也需要社会各界的参与和援助，因此要通过加大宣传力度以及行政类收费与税收优惠等方式，支持、鼓励福利企业的生产建设，并号召更多企业参与到农村残疾人社会保障事业建设中来，从而扩大农村残疾人社会保障资金的来源渠道。

　　在资金使用方面，一方面要加大资金使用的监管为度，保证农村残疾人社会保障资金专款专用，坚决打击挪用、挤占农村残疾人社会保障资金的一切行为，确保农村残疾人社会保障资金全部合理地用到农村残疾人社会保障事业上[②]；另一方面要分类使用农村残疾人社会保障资金，考虑到残疾人的特殊性，可以尝试将农村残疾人低保认定条件与农村非残疾人低保认定条件区别对待，适当降低农村残疾人低保认定条件、适当提高农村残疾人低保给付标准；同时，要密切关注农村残疾人社会保障的资金使用动向，确保资金为农村残疾人的生活、学习、就业等提供保障，并及时根据农村残疾人的家庭经济收入

---

①　孙明慧：《共享发展视域下中国收入分配制度改革与反思》，博士学位论文，吉林大学，2017 年。

②　严妮、李静萍：《我国农村残疾人医疗救助制度建设分析》，《社会保障研究》2014 年第 1 期。

状况予以调整。

五　加大社会公共精神培育

"公共精神"是一个新名词，中国原来没有这种东西。[1] 目前看来，公共精神泛指社会成员对社会公共生活的积极关注与投入，对公共事务管理的积极参与的意愿以及思想境界。可见，公共精神在一定程度上是对个人利益和个人直接功利目的的超越与升华。从另外的角度看，公共精神既是一种对共同体生活行为准则和规范的认可与遵守的秩序精神，也是一种对公共生活的关注与热情投入的公共关怀精神。由此可见，公共精神可以视为一种责任意识、一种德行要求，缺少这种精神，便会出现两种消极的局面：对政府而言，在公民政治自由丧失的同时，便为"温和的专制主义"开启了方便之门，此时公民便是服从于政府政策与安排的"顺民"，公民对社会公共事务的参与度降到冰点，社会信任关系极其脆弱；对于社会公众来说，个体只会沉浸于对自身利益最大化的追求，过分关注自身权利而没有任何公共关怀，公众的需求也多表现为直接的、工具性的，无法建立起与政府良性互动的关系。[2] 因此，风险社会语境下，培育公民公共精神对于政府公信力建设的重要性是不言而喻的。

然而，从现实情况来看，中国公民的公共精神普遍较为薄弱，尤其是最基层的民众，如农村居民。也许基层民众迫切地想改变自身的落后现状，但往往却又安于现状，在社会治理中，通常把自身置于被动的地位，往往是"被治理"，而不是积极地参与治理。这无疑是社会治理的一大阻碍，但这又不是一朝一夕能改变的。中国公民公共精神的弱化，一方面表现为部分公民对公共事务的"软反抗"或"非制度化参与"，"搭便车"情况四处可见；另一方面，因为社会总体信任度不高，进而将滋生出公民对政府不信任、对部分社会组织不信任的情绪，引发社会信任危机，在彼此不信任的环境下有效合作是很

① 林语堂：《吾国与吾民》，黄嘉德译，湖南文艺出版社 2016 年版，第 150 页。
② 草珺：《社会主义教育公平观及其实践对策研究》，博士学位论文，兰州大学，2017 年。

难达成的。① 然而，现代社会多中心治理的实现却需要公民的社会公共精神，来推动社会多中心治理单元的建立。

培养公众公共精神仅靠个人的自觉显然是不行的，"个人利益自身永远不会促使任何人支持公共利益"②。因此，只有通过教育，正确引导公众的观念、伦理道德、价值取向，才能使公众深入了解公共精神的精髓，参与到农村残疾人社会保障事业建设进程中来。第一，要加强农村残疾人的权利意识教育，包括其享有的权利内容、范围、实现途径，以及当自身权利受到侵害时通过何种正当途径进行有效维护。第二，要提高农村残疾人的法律意识，也就是要通过普法教育、普法宣传，让广大农村残疾人学习法律、理解法律、懂得法律，在生活和工作中自觉遵守法律，在合法利益受到侵害时能利用法律武器保障自身的合法权益。同时，要形成系统的法律知识和法律信仰，自觉维护法律的绝对尊严。③ 第三，要加强社会公德教育。社会公德是一种公共伦理、公共道德，是所有公民（也包括农村残疾人）参与公共事务的行为标准。重视公民的社会公德教育，提高公民美德是重建公民精神的基本途径，也是对市场经济下拜金主义、享乐主义的及时矫正。使公民从关注个体利益逐渐转向关注公共利益，关心农村残疾人等弱势群体以及整个社会福祉。具体来说，地方政府要通过网络、媒体等形式宣传社会道德，普及社会主义核心价值观；也要在各级教育实践中，注重传统文化教化作用，通过传统优秀文化的传承来培养公民道德感和责任感。

六　强化农村残疾人社会保障的管理与监督

健全的社会保障管理机制和监督机制有利于推动农村残疾人社会保障制度的建立和完善，因此地方政府有必要强化对农村社会保障制度的管理和监督。

---

① 郭海霞：《社会资本重建与法治秩序生成》，博士学位论文，华东政法大学，2016年。

② 刘训练：《共和主义：从古典到当代》，人民出版社 2013 年版，第 229 页。

③ 孙静：《国家治理现代化进程中的政治文化建设研究》，博士学位论文，中共中央党校，2017 年。

第一，进一步完善农村残疾人社会保障管理机制。要完善农村残疾人社会保障管理机制，首先，要建立统一的管理机构。农村残疾人社会保障的各项制度，如养老保险制度、医疗保险制度、最低生活保障制度等相互之间本来就具有高度的关联性，所以引入一个统一的机构进行管理既是可行的也是必要的。因此，有必要建立农村残疾人社会保障的专项行政组织，负责农村残疾人社会保障管理事务，形成多维一体的运作模式，从而使农村残疾人社会保障的政权、财权等各项事务在保持相对独立的前提下，又能在最终的管理上实现内在统一。其次，要进一步明确相关管理部门的职能。农村残疾人社会保障牵涉到民政、财政等众多的管理部门，为了使农村残疾人社会保障的各项工作得以顺利进行，就要明确各部门的相关职能，并保持各方在工作中的协调有序。在明确了各部门的管理职能后，还要有重点、有计划地在统一管理机构的领导下进行有序运转，使农村残疾人社会保障事业得到全面的发展。最后，要将社会保障机构建到乡镇一级，形成从中央到地方的统一的农村社会保障机构。在乡镇一级，应整合农村残疾人社会保障各职能部门的管理职能，建立起由镇政府、财政、人事、民政、劳动部门等多维一体的农村残疾人社保机构，可以使其接受乡镇政府的指导，并按照各地区的具体情况，做好农村残疾人社会保障制度的建设、缴费标准制定、资金筹集、社会保障金的发放和管理等各项工作，同时还要负责检查各个项目的具体落实。

第二，进一步健全农村社会保障的监管体系。农村残疾人社会保障的监管是指上级部门对农村残疾人社会保障管理部门，就其管理过程和管理结果所进行的审核，其目的就是督促相关部门做好此项工作，提高农村残疾人社会保障管理效益。众所周知，良好的监督体系是农村残疾人社会保障机制健康运行的重要前提。一个完整的监管体系至少应包括以下几方面的内容：一是监督当地的农村残疾人社会保障部门是否按国家相关规定和要求，执行了有关法规、政策，同时对农村残疾人社会保障资金的管理工作进行全过程、全方位的监督；二是依法对农村残疾人社会保障基金的财务情况进行审查，并定期把审查结果向相关利益主体公开公布，以保证财务管理的透明化；三是民间农村残疾人社会保障监督组织必须是由残疾人参保人员中的代表构成，因为只有他们才真正了解实际情况；四是要确保监管落实到农村残疾人社会保障的每个环节，特别是资金管理环节。

七 农村残疾人社会保障相关制度的完善

农村残疾人作为一个特殊困难群体，其生存与发展无疑需要特别的制度安排予以特别的关照，这当然既是人类文明进步的必然要求，也是我国构建和谐社会、促进乡村振兴等战略实施的迫切需要。接下来，本研究具体对农村残疾人医疗保险制度、教育保障制度、就业保障制度、养老保险制度、社会救助制度等提出相应的完善建议。

（一）农村残疾人医疗保险制度完善

目前，医疗保障在农村残疾人中依然存在较多的困境。如医疗费用报销就是农村残疾人相对比较担忧的问题之一，他们中不少人需要长期地服用药物，大量的医药费、康复保健费已经成为其生活的沉重负担，导致其生活十分艰难。本研究关于农村残疾人医疗保险制度的完善建议主要如下：

第一，从医疗保险基金筹集来看，地方政府应加大对农村残疾人医疗救助基金的支持力度，并加大农村残疾人参保费用的补贴力度，特别是要落实对农村贫困残疾人员的补贴救助，以减轻其缴纳医疗保险费用的负担。同时，要鼓励社会力量发挥公共精神，积极参与农村残疾人医疗保障基金筹集，以促进其基金来源多样化。就待遇给付而言，要有计划、分步骤地将农村残疾人的特殊医疗需求纳入医疗保险的报销范围，要根据残疾程度分级提高医疗报销比例以及医疗救助标准，从而使农村残疾人不至于因身体残疾而承受比普通家庭高出很多的医疗负担，导致生活难以为继，成为现代社会中的"落后队伍"。

第二，针对基本医疗保险尚未覆盖的农村残疾人，要通过适度的医疗救助满足其医疗保险的现实需求，也可通过全额补贴方式补助其参保费用，从而使基本医疗保险覆盖到所有贫困地区、所有农村残疾人。针对已纳入基本医疗保险但却因起付线、自付费用等原因并未从实质上享受到基本医疗保险的农村残疾人，要适度降低甚至取消起付线，要尝试对自付费用按残疾程度及家庭经济状况进行不同的补贴，以体现对存在特殊困难的农村残疾人的倾斜与帮助，从而促进农村残疾人医疗保险的实质性公平，使基本医疗保险真正全面覆盖农村残疾人。针对农村残疾人的特殊困难，要在有条件的地方探索农村残疾人基本医疗保险从补缺型向制度型转变，为所有农村残疾人提供参加基本医疗保险的补贴或者由政府购买残疾人基本医疗保险服务，从多方面努力促进基本医疗保险在农村残疾人群体中的全覆盖。

第三，要根据经济社会发展情况，有计划地将农村残疾人的特殊医疗需求尽可能地纳入基本医疗保险的报销范围。如将农村精神疾病残疾人纳入基本医疗保险报销范围，为农村精神疾病患者提供医疗保障。在康复医疗项目方面，各地要尽快落实将9类康复医疗项目纳入基本医疗保险的精神，要积极扩大康复医疗项目纳入基本医疗保险的范围，以满足农村残疾人差异化保障的需求，从而使农村残疾人通过康复能够尽可能回归社会，开始正常工作与生活，参与乡村振兴。

第四，要推进居民基本医疗保险制度的城乡一体化，逐步缩小城乡居民基本医疗保险与职工医保之间的待遇差距，从而为推进农村残疾人医疗保险的城乡统筹，促进城乡公平迈出坚实的一步。要进一步调整医疗服务格局，促进医疗服务资源的城乡合理配置，以提高农村医疗服务的可及性，逐步使农村残疾人随着社会的发展也能享受到与城镇残疾人均等的医疗康复服务。①

（二）农村残疾人教育保障制度完善

教育是一个国家和民族向前发展的持续推动力量。《中华人民共和国残疾人保障法》中明确提出了要保障残疾人受教育的权利。国家为了帮助贫困残疾人实现上学梦、大学梦，专门为此设立了助学资金。国家还倡导和鼓励广大社会群众兴办学校、捐款资助，为残疾人创办各类教育组织和教育服务机构，提高残疾人受教育水平。参考他人研究成果，本书就农村残疾人教育保障制度的完善提出如下建议。

第一，提高认识，做好农村残疾人教育服务。要促进中国农村残

---

① 黄波：《社会公平视角下我国残疾人医疗保障制度的发展研究》，《青海社会科学》2015年第5期。

疾人事业的发展，各级政府、广大社会团体、各类高校（职业院校）、各类教育组织机构必须从全局利益出发，进一步增强社会责任感和历史使命感，树立以服务农村残疾人为宗旨的教育服务理念。相关单位首先要正确认识在偏远山区建立教育组织机构、向残疾人提供成人教育、职业教育和社区教育等教育服务的重要性和必要性。① 各级教育机构的改革，要尽可能与农村残疾人的教育贫乏现状紧密联系，鼓励广大优秀教师、优秀毕业学生投身于农村残疾人教育事业，通过社会各界的合力，促进农村残疾人用知识的头脑武装自己和弥补身体的残缺，促进农村残疾人树立"想学习、争学习、抢培训"的积极性和主动性，激发其学习欲望和学习潜能。

第二，加强政府投入，完善教育公共设施。中国地域辽阔，人口分布极不均衡，在偏远山区人口较为分散，农村残疾人的教育基础设施也很不完善。家庭的其他成员要为家庭的生计而终日劳作，通常不会为了残疾人的学习而放下地头田间的希望。那么，这就需要社会努力在每一个村落建设至少一所小学，在乡镇建立至少一所中学，"小学到村"主要解决残疾孩子就近入学问题，残疾孩子不能自理、无法在学校住宿，必须在成年人的照顾下才能学习，同时，要加大对学校各项教育设施的资金投入，不断完善学校各项设施设备，更新和改良学校宿舍、活动场所、教学用具以及教学设施，尽可能地为农村残疾儿童创造良好的学习环境。

第三，健全教育服务功能，扩展教育服务领域。各地首先要重视残疾人的教育，尤其是农村残疾人这类特殊群体的道德教育。各地要充分认识到，要顺应当前社会发展形势，实现新农村建设，加快构建和谐社会的步伐，就需要从每一位公民入手，不断增强每一位公民的文化素质和文化修养，要坚持宣传和弘扬中华民族精神和时代精神，共同努力打造文明之乡。各项法律法规是农村残疾人社会保障事业发展的坚强后盾，每一位农村残疾人应当知法懂法，科学地运用法律武

① 余万斌：《残疾人职业教育"三因"模式探析——基于四川特殊教育学校残疾人职业教育的观察》，《成人教育》2014 年第 3 期。

器来维护自身利益。同时，农村残疾人本身就属于多重弱势群体，长期以来社会地位相对低下，心理问题严重，容易产生自暴自弃、自卑失落的情绪，甚至长期消沉堕落，难以进行自我调节，进而有可能产生对社会和周围正常人的仇视心理，为农村社会的不安定埋下伏笔，因此有必要加强农村残疾人的心理教育服务。①

第四，加大农村教育的科技投入。我国教育水平发展不均衡，大量优秀教师集中在城镇，农村教学质量远比城镇要低，导致了城乡间教育的不公平。许多偏远山村的教育经费、师资力量以及教育仪器设备均严重缺乏，与城镇地区相去甚远。因此，需要继续加大对农村教育经费的投入，改善农村教育环境。同时，师资力量集中在大城市的现象在短时期内是无法解决的，其替代方法就是利用现代技术来解决该矛盾。为了让农村残疾学生也享受到和城镇学生一样的教学资源，有必要充分利用现代网络技术，利用高科技网络建立远程教育制度，采取多媒体方式进行授课，使农村学生和城镇学生的受教育系统统一化，真正实现农村残疾学生和高级教师的直接沟通和有效互动，使其享受到优良的教育服务。②

第五，建立人才支持体系。根据我国农村残疾人社会事业建设的复杂性、艰巨性和特殊性的现状，要倡导和鼓励具有高职称、高学历、高文化的"三高"教师进入农村支教，并聘用高级残疾教师进入农村宣传思想教育和技术教育，以面对面解决农村残疾人在生活、劳动的过程中所遇到的难题，从而提高农村残疾人劳动技能，增强其就业、创业本领。③

（三）农村残疾人就业保障制度完善

随着我国经济社会的不断发展，社会各界对残疾人群的关注度日

---

① 渠鲲飞、左停、王琳瑛：《深度贫困区技能扶贫运行困境分析——基于能力贫困的视域》，《中央民族大学学报》（哲学社会科学版）2018 年第 3 期。

② 杨国斌：《少数民族地区残疾人远程教育的实践与对策——以内蒙古地区为例》，《广播电视大学学报》（哲学社会科学版）2014 年第 1 期。

③ 蒋娟娟、郭启华：《教育公平视野下的我国特殊教育教师资源配置》，《长春理工大学学报》（社会科学版）2014 年第 5 期。

益提高，国家财政对残疾人事业发展的投入力度也日益加大，在这样的背景下，残疾人的自我意识也在逐渐增强，希望通过自身的努力改变现状、融入社会、提高生活品质的残疾人与日俱增。正是在这样的背景下，残疾人的就业需求也日益显著，特别是农村残疾人更是如此。随着社会的发展，农村的生活水平在日益提高，大多数农村残疾人希望通过自己的努力改变命运，然而目前残疾人就业的形势依然非常严峻。因此，各地非常有必要根据《人力资源社会保障部办公厅中国残联办公厅关于开展农村贫困残疾人就业帮扶活动的通知》（人社厅函〔2018〕133 号）文件精神，加快完善农村残疾人就业保障制度，促进其就业。

第一，完善农村残疾人就业信息服务平台。为保障农村残疾人充分就业，地方政府可以发挥公共就业服务网络和残疾人就业服务网络平台的作用，通过平台及时发布职业供求信息以及行业动态信息。[①]鉴于农村经济和农村残疾人的特殊性，地方政府对其就业帮扶要具有更强的针对性。目前，在不少农村地区，网络尚没有完全普及，绝大多数农村残疾人对网络也不是太了解，很难有效利用，因而可借助村委会或社区等组织设立固定的就业咨询点和帮扶机构，实施专人管理，及时更新就业动态。农村残疾人可随时到指定地点进行就业信息咨询或是投递简历进行应聘，实现农村残疾人与市场沟通的无障碍化。就业帮扶机构也要及时关注残疾人的发展状况，及时向用人单位做好推荐工作，并跟踪其就业情况。同时，地方政府还要根据就业信息服务平台的就业需求信息，对残疾人提供订单培训、定向培训、定岗培训服务，提高培训的针对性和培训后的就业率。

第二，加强分类技能培训。通过培训服务让农村残疾人掌握一定的就业技能，提高其就业能力，是保障残疾人就业的一个主要手段，也是最快速、最直接促进残疾人就业的有效措施。近些年来，许多地方政府都建立了残疾人职业培训基地，但大多数培训基地都是针对城

---

① 贾玉娇：《反思与探讨：农村残疾人精准扶贫的目标与实践——基于新加坡的经验借鉴》，《社会科学辑刊》2018 年第 3 期。

镇残疾人展开的就业培训，农村残疾人就业培训机构的建设，特别是分类技能培训机构的建设还有待进一步加强。建立农村残疾人分类就业培训机构，可以利用地方政府扶持，以村委会或当地新型农业经营主体为依托，向企业或其他福利组织引进资金的方式来促进农村分类培训机构的建立与完善。农村残疾人分类就业培训机构的建立，可以使残疾人在自身"优势"的基础上，加上专业训练，便可以成为社会所需要的人才。如对盲人按摩培训、对听力残疾人进行生产线的培训。[①] 当然，地方政府还要努力开拓农村残疾人就业渠道，通过与地方经济实体合作，定期定量地向用人单位输送人才，充分保障农村残疾人就业数量与质量。

第三，健全农村残疾人法律援助机构。近些年来，侵犯残疾人就业权益的事件并不少见。据统计，河北省残疾人法律援助中心（工作站）2011 年集中办理的就业权益保护案件就多达 2392 起。[②] 可见，对残疾人就业权益的维护是非常有必要的。但因农村残疾人文化水平普遍较低，维权意识极其淡薄，导致对外出就业存在一定的畏惧心理。因而要改变农村残疾人的就业畏惧心理，更好地促进残疾人就业，就有必要成立免费法律援助机构，无偿为农村残疾人提供就业法律援助服务。乡镇政府、村委会以及其他公益组织要走进残疾人家中，就有关就业权益知识进行宣传，为其提供就业法律知识的答疑。当残疾人权益受到侵犯时，要及时帮助其维权，为其提供法律支持，保障其就业权益和劳动报酬获取权益不受侵犯。

第四，健全农村残疾人就业资料库。地方政府要成立专门的政府机构，建立残疾人就业信息库，并及时跟踪农村残疾人的就业动态，确保每一个残疾人都能享有同等的就业机会。建立信息库，跟踪分析农村残疾人在工作中所产生的问题，并积极寻求解决方法，才可能不断完善农村残疾人就业体系。农村残疾人就业信息库的建立，不仅能

---

① 张敬霞、刘禹萱：《农村残疾人就业保障机制探析》，《合作经济与科技》2014 年第19 期。

② 王晓光：《关于做好新常态下法律援助工作的思考》，《中国司法》2015 年第 11 期。

保护其基本利益不受侵犯，同时也能帮助地方政府了解农村残疾人在工作中所遇到的实际问题，有利于为地方政府有关优惠政策的制定提供翔实资料，降低政策制定成本，提高政策执行效率。

（四）农村残疾人养老保险制度完善

我国是世界上残疾人口最多的国家，而且超过 3/4 的残疾人分布在农村地区，农村残疾人养老保障制度的完善成为影响农村稳定的重要因素之一。在这样的社会背景下，构建和谐社会、推进乡村振兴均离不开农村社会的和谐与稳定发展。然而，现在农村残疾人养老面临着越来越多的问题与困境，当前的农村残疾人养老模式形同虚设，存在很多问题与不足①，因而有必要加快农村残疾人养老保险制度的完善。参考他人研究成果，本书就农村残疾人养老保险制度的完善提出如下建议：

第一，重视家庭为残疾人提供养老场所和精神慰藉的功能。每个有残疾人的家庭，要充分了解农村残疾人的特殊性，农村残疾人对家庭的高度依赖是很难改变的，对于乡土的眷恋同样很难消除。因此，农村残疾人养老的首先场所无疑是家庭。而且，家庭成员对残疾人的精神慰藉也是其他组织或个人无法取代的，家庭成员的关心和理解，能在很大程度上降低残疾人的疏离感，增加残疾人的生活信心，使其得到心理方面的安慰。②

第二，由农村社区提供照料服务。因为农村残疾人的特质，在养老地点的选择中，必然要以家庭养老为主，将经济供养、生活照料和精神慰藉三者有机地结合在一起。农村残疾人通常不愿意离开自己熟悉的环境，大部分也不愿意选择养老机构进行养老。因此，居家养老就是一种符合农村残疾老年人意愿的必然选择，居家养老服务本质上属于社区照料，是以家庭为核心、以社区为依托、以专业化服务为依靠，为居住在家的老年人提供以解决日常生活困难为主要内容的社会

---

① 解紫丹：《农村地区残疾人养老保险的参保现状及对策探讨》，《知识经济》2014 年第 2 期。

② 周琳：《我国农村残疾人养老问题及对策探讨》，《知识经济》2015 年第 22 期。

化服务。① 应该说，由农村社区提供照料服务，将是我国农村残疾人养老模式改革的重要方向之一。

第三，适度发展机构养老。机构养老是针对农村残疾人中的特殊群体而设置的，可谓是农村残疾人养老的最后一道保护网。那些生活不能自理的农村重度老年残疾人、重度贫困残疾人以及那些无生活来源、无劳动能力、无法定赡养人的农村残疾人，都需要长期有人进行照料，机构养老也许是一种不错的选择。② 对于这类农村残疾人，养老机构无疑应该接收他们，并且应该由政府加大投入力度，购买民间服务，加快农村残疾人、老年人托养机构的建设。

第四，逐步提高农村残疾人养老保险统筹层次。因为我国许多农村地区经济不是很发达，有工作能力的残疾人通常会到各类城市就业，这无疑加剧了残疾人口的流动性，各地区不同的养老保险制度会给外出务工的残疾人带来不必要的麻烦。因此，有必要先采取省级统筹，在全省范围内先实行统一的农村残疾人养老保险模式，然后待条件成熟时，上升到国家层次，进行国家统筹，统一标准。③

（五）农村残疾人救助制度完善

现有的农村残疾人社会救助制度，不仅加大了各级政府公共财政的负担，而且中央和地方财政之间的责任关系缺少明文规定、没有厘清，造成了救助资金短缺以致不能及时发放到农村残疾人手中，发挥不了农村社会救助的"应保尽保"作用，这就需要尽快形成一个农村残疾人一般与特殊相结合的救助机制。④

第一，完善农村残疾人残障定级鉴定。因受文化水平局限和生活氛围的长期影响，农村残疾人都是在家庭或者亲属的帮助下生存，并

---

① 李向东：《农村养老服务业发展困境与对策初探——基于对河南省的调查》，《长江论坛》2018年第3期。

② 杨瑞勇：《和谐社会视域下农村弱势群体救助的困境与路径探讨》，《新乡学院学报》（社会科学版）2012年第6期。

③ 毕天云：《论大福利视域下我国社会福利体系的整合》，《学习与实践》2012年第2期。

④ 李少民：《构建新型农村社会救助体系问题研究——基于三门峡市运行实践》，《地方财政研究》2016年第3期。

没有进行残疾定级鉴定的意识，也大都缺乏寻求社会救助的意愿。因此，不少农村残疾人没有去残疾人康复中心进行残疾鉴定，不持有残疾证，这是阻碍农村残疾人进行社会救助对象认定时的主要"瓶颈"。因此，有必要加大农村残疾人残障定级宣传力度，落实"宣传到村，通知到人"的工作原则，建立残障定级监督机制，从宣传到办证，实行全程服务，根据《残疾人残疾分类和分级》进行精准分类和精准定级，并及时录入农村残疾人大数据系统，及时更新，形成动态可监测的数据系统。① 完成对残疾人的残障定级工作后，要对农村残疾人的残疾类别与残疾等级进行有效区分，进行分类救助，如对智力残疾和聋哑类残疾人进行医疗康复，让其接受特殊学校教育和职业培训，提高其自身文化水平和提高自我谋生能力。

第二，建立村级残疾人社会救助所。地方政府要鼓励乡镇建立村级残疾人社会救助所，由乡镇残联直接管辖并监督。县（区）政府要设置残疾类别、医疗救助、教育救助、住房救助以及救助金发放等办公室，每个办公室聘请专业的办公人员，及时与上级残疾人救助部门对接。还要成立农村残疾人大数据中心，精确统计辖区农村残疾人人数、类别及等级、受教育程度以及家庭成员等信息，推进农村残疾人社会救助的数据化、信息化。② 农村级残疾人社会救助所是农村残疾人社会救助制度的主要平台，是服务农村残疾人的核心窗口。

第三，高度重视非政府组织在残疾人救助中的作用。非政府组织具有公益性和非营利性的特点，在维护社会稳定、促进社会和谐等方面具有重要的功能。近年来，我国慈善机构接收社会捐款、捐物数量呈现出不断上升趋势，这说明，我国非政府组织的公益能力在日益增强。因此，可以顺势鼓励、支持和引导非政府组织关注农村残疾人群体。国家和地方政府应鼓励、支持和引导这些非政府组织关注农村地

① 刘英哲、王红宇、韦潇湘：《国内外分级诊疗实施现状及改进思考》，《内科》2018年第3期。
② 高圆圆、苏士超：《扶贫攻坚背景下完善农村残疾人救助的关键问题及对策》，《社会福利》（理论版）2017年第7期。

区残疾人的基本生活保障、医疗救助、教育救助等，建立常态化的非政府组织帮扶机制。这既可以改变单纯依靠政府财政救助农村残疾人的模式，也可以以此为契机健全慈善机构"援残"机制。

第四，加快专业型残疾人救助服务人员的培养。农村残疾人社会救助工作离不开专业的工作人员。首先，地方政府要引进熟悉残疾人社会救助的人员，以推动农村残疾人类别及残疾等级的定级，要引进医疗保险专业领域的专门人才，以做好农村残疾人医疗救助事宜。其次，要进一步培养已有的残疾人工作人员，让其到高等院校或者特殊教育学校深入学习，要培养这些人员的计算机等现代设备运用能力，为精确统计残疾人的相关信息、开展远程教育等做好准备。最后，要选择残疾程度比较低、学历水平较高的当地残疾人，将其培养成专业型残疾人救助服务人员，实现专业人员培养的就地化。

第五节　本章小结

本章共分为四部分，第一部分先从残疾人日常生活的有关补助、生活环境改善的补助、受教育方面的补助、就业补助以及交通出行补助等方面介绍了英国的残疾人社会保障制度，然后从有关残疾人收入保障、残疾人医疗保障、残疾人雇用保障、残疾人教育保障以及残疾人出行权及信息获取权的保障等方面介绍了韩国的残疾人社会保障制度，然后从不断完善法律、注重法律实施、强调权利与义务的对应、强调无障碍环境建设与服务提供、高度重视残疾人教育以及福利补贴及保险提供等角度进行了反思总结。第二部分先阐明了中国农村残疾人社会保障制度完善的指导思想，然后提出了有限救济理念、适度保障理念、尊重人权理念、多支柱保障理念四大理念。第三部分主要提出了中国农村残疾人社会保障制度完善的五大原则，即保障水平与社会经济发展相适应原则、权利与义务相统一原则、公平和效率相促进原则、普惠与特惠协调发展原则、生存权保障和发展权保障相统一原则。第四部分从我国农村残疾人社会保障立法、农村残疾人社会保障意识加强、农村残疾人社会保障的资金投放力度加大、社会公共精神培育、农村残疾人社会保障的管理与监督强化等维度提出了完善建议，并对农村残疾人社会保障相关制度的完善提出了相应构想。

第六章　结论与展望

本书遵循"提出问题—分析问题—解决问题"的一般思路，综合运用管理学、法学、社会学、统计学、人口学等学科知识，在城乡统筹发展、城乡公共服务均等化、社会主要矛盾转变、乡村振兴等重大战略思想以及功能取向的 WHO 模型、疾病取向的公共卫生模型、残疾人标签理论、残疾人社会排斥理论、凯恩斯主义的社会保障思想、社会公正理论、唯物辩证法与合理性理论、人道主义与中国劳动福利型政策等的指导下，综合运用文献研究法、社会调查法、案例分析法、模型构建法、数理统计法等研究方法，围绕"乡村振兴战略：中国农村残疾人社会保障制度的完善"这一核心议题展开了实证与规范相结合的研究，得出了如下主要结论和研究展望。

第一节　研究结论

党的十九大提出，中国坚持以人民为中心，坚持在发展中保障和改善民生；中国将进一步发展残疾人事业，促进残疾人全面发展和共同富裕。自改革开放以来，我国残疾人事业的发展以及扶贫工作已经走过了近四十年的探索历程，目前已初步形成了一条符合中国国情、具有中国特色且取得了一定成效的道路，这无疑为我国残疾人事业的未来发展奠定了坚实的基础。"十三五"时期是全面建成小康社会的决胜阶段。残疾人是一个特殊困难群体，需要格外关心、格外关注。残疾人既是全面小康社会的受益者，也是重要的参与者和建设者。没有残疾人的小康，就不是真正意义上的全面小康。"十三五"时期，必须尽快补上中国农村残疾人事业的"短板",加快推进农村残疾人小康进程,尽快缩小农村残疾人与社会平均水平的差距,让农村残疾人和全国人民共同迈入全面小康社会。本书的结论主要有以下几点。

第一,经过近 5 年来中国农村残疾人社会保障事业的系统梳理以及实证调研发现,中国农村残疾人的出行、日常生活及就业、教育、康复等保障在得到不断增强的同时,也依然存在诸多不足之处。社会各界应认清当前我国农村残疾人社会保障的现实并把握未来的建设方向,将其与乡村振兴等重大战略思想紧密联系,然后凝聚政府、社会、家庭等力量,通过康复、教育、职业培训等途径,帮助农村残疾人掌握一定的技术技能,融入乡村振兴进程,合力加快中国农村残疾人社会保障事业的建设,也为乡村振兴战略的实施提供人力资本。

第二,整体上看,目前有关农村残疾人问题的研究还比较少,而有关农村残疾人社会保障的研究文献则更为稀少了。尽管医学、社会学、政治学、公共治理等相关学科的发展促进了国外残疾人社会保障研究的深化,但是有关农村残疾人社会保障的研究大都被淹没在老年人保障和残疾人保障的整体研究之中,国内的研究方法多限于定性研究而缺乏定性与定量相结合的研究。同时,中国农村残疾人社会保障相关研究领域明显存在理论创新的紧迫性和重要性,且这种理论创新应涉及更为基础且更为广泛的层面,包括与伦理、孝道、文化、制度等相关的一系列问题在内的农村残疾人社会保障问题。只有这样,才能为中国农村残疾人社会保障事业建设提供富有中国特色的理论支撑。

第三,残疾人是由于生理或精神上损伤而对一个人从事日常活动产生了实质性的和长期性的影响的人。残疾人社会保障是指国家给予残疾人特别扶助,满足其基本物质需求,以及提供专门针对残疾人的特殊保障的一个特殊制度安排。中国乡村振兴是指,在马克思主义理论、科学发展观指导下,遵循市场基本规律,以制度改革和政策创新为抓手,通过培育乡村发展内生力量,促进乡村全面复苏,进而实现城乡融合发展的一种发展战略。

第四,我国农村人口总数逐年下降的主要原因是农村劳动力市民化的结果，但在这个过程中，因身体的特殊原因，农村残疾人口市民化的情况只是少数，因而农村残疾人口减少的数量并不会与农村人口总数成比例下降。因此，采用基于人口总数推断的农村残疾人口数作为我国各年份农村残疾人口数更符合农村实际情况。也就是说，对城镇或农村残疾人的推算，采用当年全国或某地区人口总数乘以6.34%，得出当年残疾人总数，然后将其分别乘以24.96%和75.04%，即可得出当年的城镇或农村残疾人数量。2011—2015年，我国农村残疾人口数大致分别为6399.91万人、6431.69万人、6463.42万人、6497.15万人和6529.45万人。

第五，从农村残疾人义务教育阶段未入学学龄残疾儿童少年情况、高中教育情况、中等职业教育情况、高等教育情况、绝对就业情况和相对就业情况、农村残疾人社会救助与社会福利情况、农村贫困残疾人扶贫效果、农村贫困残疾人危房改造效果、乡（镇、街道）残联建设情况、村残人组织建设情况等指标来看，中国农村残疾人社会保障事业尽管依然存在诸多不足，但已经成就斐然。

第六，农村残疾人要参与乡村振兴，首先要实现就业，因为只有就业，才意味着真正参与到了乡村振兴的进程之中。实证调查结果显示，我国农村残疾人从事种植业者占总样本的14.9%，从事养殖业者占6.9%，从事个体工商业者占3.9%，进城务工者占13.0%，在农村被雇用者占7.2%，失业者占54.1%。如果将"失业"状态以外的就业状态统一归为"就业"，那么农村残疾人目前就业状态中"失业"者明显多于"就业"者。也就是说，只有45.9%左右的农村残疾人参与到了乡村振兴进程中。

第七，婚姻状况、文化程度、个人月收入、残疾类型、残疾类别、参加技术培训情况、参加城乡社会养老保险情况、参加新农合情况、接受救助情况、接受扶贫支持情况、乡镇残联建设情况、村残疾人组织建设效果、无障碍环境建设满意度对农村残疾人的就业状态（参与乡村振兴）具有显著影响。如丧偶的农村残疾人相对未婚的农村残疾人来说，处于就业状态的可能性下降67.1%；文化程度每提高一个层次，农村残疾人处于就业的可能性就增加30.4%；农村语言残疾人比视力残疾人就业的可能性要高出 263.8%。

第八，乡村振兴战略下农村残疾人社会保障存在的主要问题有：针对农村残疾人的特惠保障尚比较缺乏、农村残疾人社会保障的供给理念比较滞后、城乡残疾人社会保障差距大、残疾老人和重度残疾人的养老与生活照料问题突出、农村残疾人的服务保障供给普遍不足、农村残疾人社会保障体系运行不畅。导致这些问题的原因主要有：农村残疾人社会保障立法滞后、对农村残疾人社会保障事业的认识有待提高、城乡二元结构的深远影响、农村残疾人社会保障监督机制不健全、农村残疾人社会保障市场化改革过慢、社会公共精神有待增强。

第九，乡村振兴作为一项系统、复杂的工程，不可能一蹴而就，需要分阶段推进，需要与我国经济社会发展的阶段目标保持一致。中国农村残疾人社会保障制度建设同样如此，需要构建好乡村振兴战略下中国农村残疾人社会保障制度评价体系，并将各项指标的水平与乡村振兴进程保持同步提升。

第十，乡村振兴战略下中国农村残疾人社会保障制度的完善，需要明确指导思想、基本理念、基本原则，并从农村残疾人社会保障立法、农村残疾人社会保障意识加强、农村残疾人社会保障的资金投放力度加大、社会公共精神培育、农村残疾人社会保障的管理与监督强化等入手，有步骤地推进。

第二节　研究展望

本书对中国乡村振兴背景下农村残疾人社会保障制度及其完善进行了有一定深度的探讨，得出了一些有价值的结论，也提出了相应完善建议。然而，该课题涉及多方面的内容，加上水平局限，本书不可能穷尽所有研究内容，因而尚有以下问题需要在未来的工作中深入探究。

第一，本书构建的乡村振兴战略下中国农村残疾人社会保障制度评价体系，尽管得到了多位专家的认可，但其合理性和科学性还有待实践检验，且与乡村振兴战略推进阶段保持一致的相应指标水平，也存在比较多的主观成分。

第二，尽管本书多次提到了农村残疾人的异质性，但对不同性别、不同年龄、不同残疾类型和等级的农村残疾人的社会保障的实际需求的差异，没有进行深入探讨，这可能会导致相关的对策建议略显笼统。

第三，有关农村残疾人社会保障的研究，既要探讨制度及政策所产生的宏观效应，也要探讨制度中所涉及的相关主体行为所产生的微观效应，但本书对农村残疾人社会保障宏观效应的探讨稍显不足。

参考文献

[1] Price A B, "Social security for the disabled", *Archives of Physical Medicine & Rehabilitation*, Vol. 39, No. 2, 1958, p. 92.

[2] Dwyer D, Hu J, Vaughan D R, et al., "Counting the Disabled: Using Survey Self – Reports to Estimate Medical Eligibility for Social Security's Disability Programs", *Journal of Economic & Social Measurement*, Vol. 28, No. 3, 2002, p. 109.

[3] Rank M R, Hirschl T A, "The risk of developing a work disability across the adulthood years", *Disability & Health Journal*, Vol. 7, No. 2, 2014, pp. 191 – 192.

[4] Godtland E M, Grgich M, Petersen C D, et al., "Racial Disparities in Federal Disabilty Benefits", *Contemporary Economic Policy*, Vol. 25, No. 1, 2010, p. 32.

[5] Franklin J, "The Role of Physicians in the Disability Programs of the Social Security Administration or The Care and Feeding of A Beneficent Monster", *Journal of Law Medicine & Ethics*, Vol. 6, No. 3, 2010, p. 4.

[6] Miller W, Griffin R, "Adjudicating Addicts: Social Security Disability, The Failure to Adequately Address Substance Abuse, and Proposals for Change", *Administrative Law Review*, Vol. 64, No. 4, 2012, pp. 967 – 991.

[7] Carney Ao T, Keyzer P, "Private Trusts and Succession Planning for the Severely Disabled or Cognitively Impaired in Australia", *Social Science Electronic Publishing*, Vol. 19, No. 2, 2007, pp. 1 – 32.

[8] Creyke R, "Focusing on individual needs: Developing the law's

mechanisms for mentally disabled and elderly people", *International Social Security Review*, Vol. 46, No. 1, 2010, pp. 79 – 96.

[9] Gale A, "Headed for a fall: over the Social Security disability fiscal cliff", *Missouri Medicine*, Vol. 110, No. 2, 2013, p. 110.

[10] Wittenburg D C, Stapleton D C, Scrivner S B, "How raising the age of eligibility for social Security and medicare might affect the disability insurance and Medicare programs", *Social Security Bulletin*, Vol. 63, No. 4, 2000, p. 17.

[11] Siano A K, Ribeiro L C, Santiago A E, et al., "The influence of Social Security legislation changes on the profile of the granting of disability benefits for mental disorders", *Ciência & Saúde Coletiva*, Vol. 16, No. 4, 2011, p. 2189.

[12] Goss S C, "The financial outlook for the Social Security Disability Insurance program", *Soc Secur Bull*, 2006, Vol. 66, No. 3, 2006, pp. 47 – 52.

[13] Yin N, "Partial Benefits in the Social Security Disability Insurance Program: A Policy Alternative to Foster Work among the Disabled", *Journal of Risk & Insurance*, Vol. 14, No. 4, 2008, pp. 594 – 597.

[14] Michael D, "Chafetz Ph. D. Symptom validity issues in the psychological consultative examination for social security disability", *Clinical Neuropsychologist*, Vol. 24, No. 6, 2010, pp. 1045 – 1063.

[15] Grover C, "The end of an era? The resignation of Iain Duncan Smith, Conservatism and social security benefits for disabled people", *Disability & Society*, Vol. 31, No. 8, 2000, pp. 1 – 5.

[16] Birkhoff G, "Recruitment in the Mental Health Treatment Study: A Behavioral Health/Employment Intervention for Social Security Disabled – Worker Beneficiaries", *Social Security Bulletin*, Vol. 74, No. 2, 2014, pp. 27 – 46.

[17] Mccoy J L, Brown D L, "Health status among low – income elderly persons: rural – urban differences", *Social Security Bulletin*,

Vol. 41，No. 6，1978，p. 14.

［18］ Loyalka P，Zheng X，"The Cost of Disability in China"，*Demography*，Vol. 51，No. 1，2014，pp. 97 – 118.

［19］ Dimensions F S，"Empowering the rural disabled in Asia and the Pacific"，*Work A Journal of Prevention Assessment & Rehabilitation*，Vol. 34，No. 3，1997，p. 34.

［20］ Per Gunnar Edebalk，Mats Olsson， "Poor Relief，Taxes and the First Universal Pension Reform：the origin of the Swedish welfare state reconsidered"，*Scandinavian Journal of History*，Vol. 35，No. 4，2010，pp. 391 – 402.

［21］ Schwab J J，Warheit G J， "Mental health：rural – urban comparisons"，*Mental Health & Society*，Vol. 1，No. 5 – 6，1974，p. 265.

［22］ Shahid A，"The Socio – Legal Implications of Women's Work in the Informal Sector：A Case Study of Women Domestic Workers in Pakistan"，*Law Social Justice & Global Development Journal*，Vol. 1，No. 13，2009，p. 234.

［23］ 廖娟：《残疾人就业及其影响因素研究》，《残疾人研究》2014年第 4 期。

［24］ 高理想、罗遢：《农村残疾人就业影响因素实证研究》，《广西青年干部学院学报》2014 年第 3 期。

［25］ 刘勇：《论我国残疾人就业促进法律制度的完善》，《政治与法律》2013 年第 4 期。

［26］ 尚珂、梁土坤：《我国按比例安排残疾人就业地区差异及影响因素分析》，《华东经济管理》2013 年第 2 期。

［27］ 徐晓海：《农村残疾人扶贫合作网络模式研究》，《社会科学战线》2014 年第 12 期。

［28］ 万海远、李超、倪鹏飞：《贫困残疾人的识别及扶贫政策评价》，《中国人口科学》2011 年第 8 期。

［29］ 柳颖：《积极福利视角下的农村精准扶贫》，《内蒙古社会科学》2016 年第 5 期。

［30］汪三贵：《中国新时期农村扶贫与村级贫困瞄准》，《管理世界》2007 年第 1 期。

［31］刘冬梅：《对中国二十一世纪反贫困目标瞄准机制的思考》，《农业技术经济》2001 年第 9 期。

［32］刘菁、时立荣：《福利企业萎缩的政策因素分析》，《人民论坛》2015 年第 10 期。

［33］胡仕勇、梅紫：《公共服务状况对残疾人就业影响研究》，《调研世界》2015 年第 4 期。

［34］代懋：《国外残疾人就业政策转型：从保障到融合》，《中国劳动》2014 年第 12 期。

［35］王建军、刘诚、李哲：《全国农村贫困残疾人状况分析与精准扶贫对策》，《残疾人研究》2015 年第 2 期。

［36］周晓：《论中国残疾人劳动权救助的法制保障》，《贵州社会科学》2014 年第 1 期。

［37］许巧仙：《嵌入性视角下残疾人就业支持的制度困境》，《湖南科技大学学报》（社会科学版）2014 年第 6 期。

［38］周沛：《社会治理视角下中国特色残疾人事业探略及发展路径分析》，《社会科学》2015 年第 8 期。

［39］高圆圆：《农村特殊困难残疾人扶贫政策实证分析》，《残疾人研究》2015 年第 2 期。

［40］尚珂、梁土坤：《新形势下的中国残疾人就业问题研究》，中国劳动社会保障出版社 2011 年版。

［41］李宏：《从消极福利国家到积极福利国家——民主社会主义探索新福利制度》，《当代世界社会主义问题》2001 年第 1 期。

［42］许琳：《残疾人就业难与残疾人就业促进政策的完善》，《西北大学学报》（哲学社会科学版）2010 年第 1 期。

［43］马宇：《我国残疾人高等融合教育支持体系研究》，博士学位论文，南京师范大学，2014 年。

［44］吕学静、赵萌萌：《我国残疾人就业保障的核心问题及国际经验借鉴》，《经济论坛》2012 年第 10 期。

［45］张晖、王萍：《残疾人就业需求愿望与现实满足的影响因素研究》，《西北大学学报》（哲学社会科学版）2011 年第 6 期。

［46］李静、龚莹：《我国残疾人就业福利政策重构与耦合的国际经验与现实考量》，《华中科技大学学报》（社会科学版）2013 年第 2 期。

［47］刘婧娇：《 从形式平等到实质平等》，博士学位论文，吉林大学，2014 年。

［48］杨立雄：《中国残疾人社会政策范式变迁》，《湖北社会科学》2014 年第 11 期。

［49］郑功成：《中国社会福利的现状与发展取向》，《中国人民大学学报》2013 年第 2 期。

［50］丁学娜、李凤琴：《福利多元主义的发展研究——基于理论范式视角》，《中南大学学报》（社会科学版）2013 年第 6 期。

［51］王磊、周沛：《泰国残疾人赋权模式及启示——兼论我国现代残疾人社会福利模式构建》，《甘肃社会科学》2015 年第 1 期。

［52］王家峰：《后福利国家：走向积极多元的福利再生产》，《兰州学刊》2009 年第 9 期。

［53］刘旭东：《积极福利的理念及体系建构》，《湖北社会科学》2005 年第 5 期。

［54］中国残联教育就业部：《国外残疾人就业立法情况概述》，《中国残疾人》2007 年第 4 期。

［55］方舒：《构建科学合理的社会政策——"第三条道路"社会福利观的启示》，《理论导刊》2010 年第 9 期。

［56］钱宁：《论全球化背景下社会福利理论的价值取向——对新自由主义和"第三条道路"社会福利思想的反思》，《云南大学学报》（社会科学版）2005 年第 2 期。

［57］彭华民、万国威：《从沉寂到创新：中国社会福利 30 年学术轨迹审视》，《东岳论丛》2010 年第 8 期。

［58］杨伟国、陈玉杰：《美国残疾人就业政策的变迁》，《美国研究》2008 年第 3 期。

[59] 杨立雄：《中国残疾人福利制度建构模式：从慈善到社会权利》，《中国人民大学学报》2013 年第 2 期。

[60] 彭华民、万国威：《残疾人社会福利制度：内地与香港的三维比较》，《南开学报》（哲学社会科学版）2013 年第 1 期。

[61] 周沛：《积极福利视角下残疾人社会福利政策研究》，《东岳论丛》2014 年第 5 期。

[62] 周沛：《社会治理背景下中国残疾人福利模式构建——问题、逻辑及优化》，《南京大学学报》（哲学·人文科学·社会科学）2016 年第 5 期。

[63] 张建伟、胡隽：《中国残疾人就业的成就、问题与促进措施》，《人口学刊》2008 年第 3 期。

[64] 华丽：《2014 年中国残疾人事业发展统计公报》，《现代特殊教育》2015 年第 4 期。

[65] 中国残联教育就业部：《国外残疾人就业立法情况概述》，《中国残疾人》2007 年第 4 期。

[66] 章程：《社会质量视角下我国残疾人社会保障困境研究》，博士学位论文，吉林大学，2015 年。

[67] 许康定：《论残疾人劳动就业权的法律保护》，《法学评论》2008 年第 3 期。

[68] 杨海坤：《城乡一体化过程中农民土地权益维护的法律设计》，《山东大学学报》（哲学社会科学版）2012 年第 5 期。

[69] 谢晖：《平等机会视角下的残疾人权益保障》，《经济与社会发展》2009 年第 4 期。

[70] 王琴：《中部欠发达地区农民土地权益保障的现状与对策思考》，《山东行政学院学报》2011 年第 1 期。

[71] 葛忠明、杨彦：《残疾人权益保障研究现状与拓展》，《残疾人研究》2012 年第 4 期。

[72] 蒋瑞明、王兴平：《新型城市化背景下的残疾人就业空间研究——以南京市老城区为例》，《城市规划》2013 年第 8 期。

[73] 廖娟：《残疾人就业政策效果评估——来自 CHIP 数据的经验证

据》,《人口与经济》2015 年第 2 期。

[74] 廖娟:《残疾人就业政策:国际经验及对我国的启示》,《人口与经济》2008 年第 6 期。

[75] 廖娟、赖德胜:《残疾人就业服务体系的构建:从分构到融合》,《人口与发展》2010 年第 6 期。

[76] 廖慈卿、罗观翠:《基于残障概念模式的残疾人就业政策目标评价》,《华中科技大学学报》(社会科学版)2012 年第 2 期。

[77] 宋相鑫:《人的发展视角下农村老年残疾人社会保障问题研究》,博士学位论文,吉林大学,2014 年。

[78] 邓维杰:《精准扶贫的难点、对策与路径选择》,《农村经济》2014 年第 6 期。

[79] 汪三贵、郭子豪:《论中国的精准扶贫》,《贵州社会科学》2015 年第 5 期。

[80] 廖娟:《中国残疾人教育收益率研究》,《教育学报》2015 年第 1 期。

[81] 邢芸、汪斯斯:《残疾人就业:教育、残疾程度和性别的影响》,《教育与经济》2016 年第 6 期。

[82] 吕学静、赵萌萌:《经济增长对残疾人就业的影响分析》,《湖北社会科学》2012 年第 4 期。

[83] 刘婧娇、宋宝安:《农村残疾人就业保障问题研究——以东北为例》,《西北大学学报》(哲学社会科学版)2014 年第 2 期。

[84] 王豪:《积极福利视角下的残疾人就业保障问题研究》,博士学位论文,郑州大学,2017 年。

[85] 廖慧卿、罗观翠:《从国家到市场——中国大陆残疾人集中就业政策变迁(1949—2007)》,《学习与实践》2010 年第 10 期。

[86] 刘振杰、常为民、严少军:《农村残疾人生活状况调查——以河南省部分贫困地区为例》,《残疾人研究》2015 年第 1 期。

[87] 朱恒顺:《我国残疾人权利保障的理念更新与制度重构》,博士学位论文,山东大学,2016 年。

[88] 汤潇:《经济转型与残疾人就业的社会援助》,《残疾人研究》

2012 年第 3 期。

[89] 宋相鑫:《对农村残疾人规范化就业服务的探索》,《理论与改革》2013 年第 6 期。

[90] 张浩淼:《残疾人"量体裁衣"式个性化就业服务研究——以成都市青羊区为例》,《兰州学刊》2013 年第 12 期。

[91] 刘振杰:《农村残疾人社会福利权益支持研究——基于河南、山东等农业人口大省的实地调研》,《中国农业大学学报》(社会科学版)2014 年第 1 期。

[92] 吴国宝:《农村小额信贷扶贫经验及其启示》,《改革》1998 年第 4 期。

[93] 张微:《农村残疾人就业社会支持体系研究——基于武汉城市圈 13 县区市的调查》,《武汉理工大学学报》(社会科学版)2014 年第 5 期。

[94] 李静:《多中心治理视域下农村残疾人就业创业支持主体研究》,《南京大学学报》(哲学·人文科学·社会科学)2016 年第 5 期。

[95] 彭华民、齐麟:《中国社会福利制度发展与转型:一个制度主义分析》,《福建论坛》(人文社会科学版)2011 年第 10 期。

[96] 祝萍:《优势视角下残疾人劳动就业问题研究》,《东岳论丛》2014 年第 5 期。

[97] 梁德友、周沛:《中国特色残疾人事业发展的三个向度》,《河南社会科学》2015 年第 1 期。

[98] 傅珊:《离婚案件中残疾人权益保障研究——以立法论为视角的思考》,《残疾人研究》2012 年第 12 期。

[99] 赖勤学、颜慧萍:《促进残疾人就业的税收政策探讨》,《税务研究》2015 年第 8 期。

[100] 金中坤、潘镇:《税收减免对福利企业用工的经济效应分析》,《税务与经济》2016 年第 1 期。

[101] 张歌:《养老服务产业与居家养老的关系研究》,《现代管理科学》2018 年第 3 期。

[102] 穆光宗:《丧失和超越:寻求老龄政策的理论支点》,《市场与

人口分析》2002 年第 8 期。

[103] 闫蕊：《美国残疾人居住及相关服务制度的演变》，《残疾人研究》2011 年第 4 期。

[104] 郭士征、张腾：《中国住房保障体系构建研究——基于"三元到四维"的视角》，《广东社会科学》2010 年第 1 期。

[105] 庞永红：《英国福利制度的伦理考量及启示》，《道德与文明》2010 年第 6 期。

[106] 张品、彭军：《老年人和残疾人居住环境色彩的研究》，《包装工程》2003 年第 1 期。

[107] 关信平：《关于全面建立临时救助制度应当注意的几个问题》，《中国民政》2015 年第 7 期。

[108] 韩广富、王丽君：《当代中国农村扶贫开发的历史经验》，《东北师范大学学报》（哲学社会科学版）2006 年第 1 期。

[109] 韩广富：《中国共产党农村扶贫开发工作史纲的逻辑构建》，《理论学刊》2012 年第 6 期。

[110] 穆颜杰：《构建和谐社会的关键是社会制度公平与分配公平》，《东北师范大学学报》（哲学社会科学版）2005 年第 5 期。

[111] 郑功成：《残疾人社会保障：现状及发展思路》，《中国人民大学学报》2008 年第 1 期。

[112] 安扬、李彦熹：《我国农村残疾人扶持事业的问题与对策研究》，《劳动保障世界》（理论版）2011 年第 7 期。

[113] 钟宣：《实现全面建成小康社会农村残疾人扶贫应该怎么办》，《中国残疾人》2013 年第 5 期。

[114] 宋马林、金培振：《地方保护、资源错配与环境福利绩效》，《经济研究》2016 年第 12 期。

[115] 王欣：《云南省少数民族贫困地区农村残疾人社会保障问题研究》，硕士学位论文，云南财经大学，2018 年。

[116] 刘海军：《中国农村贫困成因研究综述》，《中国集体经济》2009 年第 25 期。

[117] 陈琪、励建安：《对残疾人康复需求调查分析》，《中国康复医

学杂志》1993 年第 5 期。

[118] 戴红、薛慧:《北京市宣武区康复对象对社区康复服务的需要及其影响因素分析》,《中国康复医学杂志》2004 年第 12 期。

[119] 赖晓龙:《河源市农村残疾人就业问题研究》,硕士学位论文,仲恺农业工程学院,2017 年。

[120] 钱鹏江:《残疾人就业之现状》,《中国残疾人》2004 年第 7 期。

[121] 杨俐:《残疾人权利研究》,博士学位论文,吉林大学,2009 年。

[122] 王雪梅:《残疾人就业问题与就业保障政策思考》,《北京行政学院学报》2006 年第 2 期。

[123] 甘肃省社会科学院残疾人事业研究中心:《社会主义新农村建设与残疾人事业笔谈》,《甘肃社会科学》2007 年第 1 期。

[124] 陈素敬:《福利三角与残疾人幸福感关系研究》,硕士学位论文,南京大学,2018 年。

[125] 党建强、常广玲:《构建和谐社会呼唤树立新的残疾人观》,《中国特殊教育》2005 年第 6 期。

[126] 周林刚:《残疾人社会保障体系与公共服务体系建设研究》,《中国人口科学》2011 年第 2 期。

[127] 赵萌萌:《从保障生活到促进发展:中国残疾人社会保障制度变迁与评价》,博士学位论文,首都经济贸易大学,2013 年。

[128] 陈功、吕庆喆:《2010 年度全国残疾人状况及小康进程监测报告》,《残疾人研究》2011 年第 1 期。

[129] 矫昊含:《积极福利视域下农村残疾人精准扶贫研究》,硕士学位论文,吉林大学,2017 年。

[130] 余向东:《残疾人社会保障法律制度研究》,博士学位论文,安徽大学,2011 年。

[131] 仇志娟:《公共治理视角下的灾残人口社会救助体系研究》,博士学位论文,西南财经大学,2012 年。

后 记

　　我国是世界上残疾人数最多的国家，改革开放以来我国经济快速发展已成为世界第二大经济体并且成功跻身中等收入国家行列，但中国残疾人社会保障的发展并没有与经济高速发展同步，特别是农村残疾人社会保障仍处于相对滞后甚至缺失的阶段，远不能满足农村残疾人日常生活的需求和需要。在乡村振兴战略全面实施的新时代，健全农村残疾人保障体系刻不容缓。

　　湖南农业大学以"农"为特色，立足乡村，建设农业，关注农民。湖南农业大学公共管理与法学学院拥有公共管理一级学科博士点，社会保障专业是学院重点建设的学科之一。农村残疾人社会保障是农村重要的民生问题，为其发展献计献策是我们责无旁贷的责任。在写作过程中，我们深深感受到神圣的使命感和强烈的责任感，希望能够为农村残疾人的幸福生活、为乡村的振兴与繁荣奉献绵薄之力。

　　全书的完成要感谢湖南农业大学公共管理一级学科博士点建设基金的资助，特别是院长李燕凌教授，他为本书提出了诸多宝贵的建议，为本书的成稿付出大量的心血，离开他的大力支持本书也就难以顺利出版。感谢国家社科基金"社会主要矛盾转变背景下被征地农民社会保障供给优化研究"（18BGL196）、"M - health 导向下农村公共卫生服务供给侧创新研究"（16BGL179）、"基于双层效率评价的农村公共产品与服务供给模式研究"（13CGL084）的资助。感谢湖南农业大学李立清教授，她带领社会保障学术团队努力奋斗，辛勤笔耕，按时按质地完成书籍撰写工作。三位作者在她的领导下通力合作，团结互助，多次对文章的结构进行深入细致的探讨，对文章内容进行了全面详细的设计，在写作过程中相互鼓励，常常共同工作到深夜，充分体现了团队的力量。感谢湖南农业大学李晚莲、贺林波、吴松江、王薇、刘远风、刘玮、刘冰等各位教授、老师，他们给予本书许多真知灼见，提升了本书的撰写质量。感谢我的妻子、儿子对我工作的理解，由于忙于写作，减少了陪伴他们的时间，但他们依然毫无怨言地支持我，做好后勤工作，是我坚强的后盾。最后对中国社会科学出版社的大力支持和编辑的热情帮助，在此一并致谢。

江维国

2018 年 8 月